TRÍBADES, SAFISTAS, SAPATONAS DO MUNDO, UNI-VOS: INVESTIGAÇÕES SOBRE A POÉTICA DAS LESBIANIDADES

TRÍBADES, SAFISTAS, SAPATONAS DO MUNDO, UNI-VOS:
INVESTIGAÇÕES SOBRE A POÉTICA DAS LESBIANIDADES

LEÍNER HOKI

MARGEM DA PALAVRA

2021

edição | Debora Ribeiro Rendelli e Wladimir Vaz
coordenação editorial | Tiago Fabris Rendelli
preparação de texto e revisão | Juliana Palermo
diagramação | Victor Prado
capa | Wladimir Vaz

SUMÁRIO

V
DIREITO DE FICCIONAR, DIREITO DE FRICCIONAR

VI
UMA VISADA ECONÔMICA

VII.
O SEXO

I

TODO RESTO É FRAGMENTO

CAPÍTULO 1

SAFO, UM COMEÇO (OU UM DESVIO)

Tôdas as mulheres!
Vinde!
Quero ensinar-vos a arte de amar.
Sou discípula de Safo
Sou o que ela foi,
aprendi palavras de amor no Templo de Lesbos.

CASSANDRA RIOS

Safo de Lesbos sobrevive — fantasmagórica, monumental, mítica. A ela rendem-se homenagens, conectam-se a sua estirpe as poetas, as artistas e as amantes em busca de uma tradição antiga de lesbianidade, em busca de seu espólio e sua autoridade. Sáficas, as filhas de Safo. Mesmo quando não se sabe dizer com certeza quem ela foi, não é incomum ouvir a explicação de que a palavra lésbica vem de Safo, de Lesbos: *A primeira lésbica, a décima Musa, a maior de todos os poetas.*

Esta pesquisa não é *sobre* Safo. Mas cabe dizer que qualquer coisa escrita sobre as lésbicas nasce um pouco sobre o espectro de Safo, à sombra de Safo projetada de muito distante e, assim, exatamente, distorcida, monstruosa, soberana. Então, se ela existiu, quem foi Safo? O que é verdade sobre ela? Achei, por bem, começar assim, desanuviando a referência sáfica, deixando-a menos embaçada, menos cambaleante.

Apesar de ter sido às vezes descrita como a décima Musa, Safo foi uma mulher mortal e não uma divindade. Tudo indica que viveu na principal cidade da Ilha de Lesbos, Mitilene, na Grécia, nas últimas décadas do século VII a.C. e primeiras décadas do século VI a.C., e há indícios de seu exílio por volta de 590 a.C. na Sicília, mas não sabemos exatamente o porquê (provavelmente motivos políticos). Nada pode ser atestado sobre sua origem familiar, apesar de comentadores antigos afirmarem ascendência aristocrática, a existência de um marido, Cércolas de Andros, e de uma filha, Cleís (FLORES, 2017. p. 8). Guilherme Gontijo Flores, estudioso e tradutor da obra Safo para o português, escreveu:

> Alguns testemunhos antigos afirmam também que Safo era baixa, morena e feia, o que é pouco confiável, ou de pouquíssima relevância. Que tinha relações sexuais com jovens garotas da ilha, que foi professora de uma escola feminina e compunha seus poemas nesse contexto de performance ritual, tais como epitalâmios, hinos, ritos de passagem, dentre outros, com um cargo de formação pedagógica feminina, que seria um espelho da instituição pederástica da pedagogia ateniense (no caso, a professora seria também uma amante da aluna, sua amada), ou uma espécie de heteria feminina (uma espécie de sororidade em paralelo à heteria masculina, que vinculava grupos políticos afins), instituição que nunca foi de fato registrada no mundo grego antigo; porém nada disso pode ser confirmado. (FLORES, 2017. p. 8)

Segundo o volume I da *Poesia lírica grega*, da LOEB Classical Library da Universidade de Harvard (CAMPBELL, 1982), se há poucas evidências sobre a vida de Safo, em contrapartida, sua maneira de vivê-la é objeto de especulação até hoje:

> Sua poesia nos dá inconfundíveis (*unmistaklable)* evidências de fortes sentimentos homossexuais, e foi usada por muitos escritores depois dela para fazer inferências sobre sua vida e até mesmo sua profissão: cf. Biografia de Oxyrhynchus (test.1): "ela foi, por alguns, acusada de ser irregular em seus modos e uma amante de mulheres (*women-lover*)"; ou [...]: "ela sujou seu nome *(she got a bad name)* por conta de sua amizade impura com Atthis, Telesippa e Megara". (CAMPBELL, 1982, p. xi)

Fig. 1 Mulher com tabuletas de cera e estilete (considerada Safo)

Fig. 2 Provavelmente copiada de uma estátua de Safo feita por Silanion (aprox. 340–330 a.C.)

Fig. 3. *Sappho e Erinna em um jardim de Mitilene* – Simeon Solomon.
Aquarela sobre papel (1864) – Tate Collection

Há referências a uma Safo "masculina" por Horácio, e Didymus Bronze-Guts se perguntou: "Era Safo uma prostituta ou não era?", ao mesmo tempo em que vozes se levantaram para defendê-la ao longo da história, descrevendo-a como uma mãe amorosa e uma boa dona de casa (CAMPBELL, 1982, p. XII). Muito do que se sabe sobre Safo é uma suposição a partir do que escreveram sobre ela posteriormente ou do que restou de sua poesia. Também se supõe que Safo tinha uma audiência majoritariamente formada por mulheres e meninas e que ela teve pupilas, às quais ensinava, em Miletus, Colophon e Salamis. Uma referência de Safo a uma "casa daqueles os quais servem às Musas" sugere algum tipo de associação literária, apesar de informal (CAMPBELL, 1982, p. XII-XIII).

Anne Carson escreveu, em sua tradução integral de Safo para o inglês *If not, Winter*, "Safo foi musicista. Sua poesia é *letra*, isto é, composta para ser cantada com a lira" e "toda a música de Safo foi perdida" (CARSON, 2003, p. IX). Aliás, como acrescenta Gontijo Flores:

> [...] aí está a dor maior, toda a música de Safo se perdeu, bem como toda a música da Grécia Arcaica; a "música de Safo" é então, um risco da recriação imaginativa ou performativa que apenas o presente pode tentar fazer, se assumir o anacronismo como condição. (FLORES, 2017, p. 7)

Há, nas pinturas de cerâmica grega antiga, imagens representando Safo com seu instrumento. A diferença entre a poesia lírica cantada pela poeta e a poesia cantada por um coral são inúmeras, e vão do que tange à estrutura das estrofes e refrões até a língua usada em sua composição. A poesia lírica de Safo é chamada de música solo, é uma *solo song*. Anne Carson continua:

> Safo foi também poeta. Há uma hídria do século V no Museu Nacional de Atenas que retrata Safo, identificada pelo nome, lendo um papiro. Esta é uma imagem idealizada; se ela própria era ou não letrada é um fato desconhecido. Mas parece provável que as palavras de suas canções tenham sido escritas durante ou logo após

> sua vida e existissem em rolos de papiro no final do século v a.C. Em um rolo de papiro, o texto é escrito em colunas, sem divisão de palavras, pontuação ou delineamento (*lineation*). Ler textos assim é difícil, mesmo quando nos chegam inteiros, o que não é o caso da maioria dos papiros. Dos nove livros de letras (*lyrics*) que se diz que Safo compôs, um único poema sobreviveu completo. Todo o resto é fragmento. (CARSON, 2003, p. IX)

No entanto, é improvável que Safo tenha inventado o que os estudiosos chamam de *estrofe sáfica*. Ela dava continuidade a uma tradição de ritmos, modos, melodias, uma tradição que se perdeu (FLORES, 2017, p. 8-9). Nas palavras de Gontijo Flores, "muito mais provável é admitir que se trata de um ritmo que se remete a muito antes da escrita na Grécia, quem sabe às poéticas indo-europeias" (FLORES, 2017, p. 9). Acho bonita a imagem que Gontijo Flores faz:

> Nisso, o corpo sáfico, como um vetor, aponta tanto para frente como para o passado ainda mais arcaico, realizando uma confluência. O que resta, então, é uma figura de fato mítica: uma mulher, compositora e poeta, num mundo arcaico patriarcal (atentem que, em Atenas, por exemplo, as mulheres casadas mal saíam de casa, se bem que pouco sabemos sobre as práticas de Mitilene), que, se não chegou a ser caso único, já que conhecemos poucas poetas gregas, tais como Corina ou Erina, é certamente única no impacto que teve. Foi imitada por poetas como Teócrito, Catulo, Horácio, Ovídio, entre outros, aparece em inúmeros tratados antigos, foi elencada como o grande exemplo do sublime por Pseudo-Longino e exerceu influência no imaginário de toda a literatura ocidental, chegando aos dias atuais como uma figura que interessa tanto ao formalismo quanto aos estudos de gênero. Num mundo arcaico, uma mulher, com poesia sobre mulheres (talvez para mulheres, talvez realmente para seduzir mulheres), alcançou o patamar do divino por meio da poesia. No mundo grego arcaico, só se equiparam a ela as épicas homéricas e o *corpus* atribuído a Arquíloco; ou seja, Safo é de fato o mel do melhor. Mas, ainda repito, quase nada sabemos sobre ela. (FLORES, 2017, p. 9)

Quero retomar isso mais para a frente. A imagem do corpo de Safo como um vetor e sua poesia em frangalhos, "todo o resto é fragmento".

MAS AGORA UM SALTO

No primeiro semestre de 2008, os jornais estrangeiros *The Guardian* (SMITH, 2008), *BBC NEWS* (BRABANT, 2008) e *The Telegraph* (ANAST, 2008) repercutiram a notícia de que habitantes da Ilha de Lesbos, na Grécia, iniciaram uma batalha legal ao reclamarem o termo "lésbica", exigindo que a suprema corte julgasse contra a Comunidade Grega de Homossexuais e Lésbicas, e os obrigasse a mudar seu nome. Dimitris Lambrou, um dos autores do processo, assegurou: "nosso processo é uma tentativa de acabar com o insulto que nossa ilha vem sofrendo, tanto na Grécia quanto internacionalmente" (ANAST, 2008). Basicamente, a ação deveria proibir que lésbica significasse outra coisa senão uma mulher que nasceu na Ilha de Lesbos, e, caso obtivesse sucesso nacionalmente, os autores prometiam lutar pela causa ao redor do mundo.

A ativista lésbica grega Evangelia Vlami (que, segundo consta, no mesmo ano casou-se com sua esposa, tornando-se a primeira mulher a casar-se com outra mulher na Grécia) foi ouvida pela imprensa sobre o caso da nomenclatura. Ela rebateu: "afirmar que a palavra insulta sua história é ridículo. É uma palavra que evoluiu inofensivamente da história e da mitologia" (ANAST, 2008). Buscando desatrelar-se de uma postura lesbofóbica, Dimitris Lambrou afirmou:

> Isso não deve ser confundido com os direitos dos homossexuais, ou direitos humanos ou direitos das mulheres, ou qualquer outra coisa. Elas podem fazer o que quiserem com seus corpos e podem se chamar como quiserem — mas não lésbicas. (ANAST, 2008)

O jornal *NBC NEWS* descreveu a situação como: "a um tribunal grego foi solicitado que se traçasse uma linha entre os nativos da Ilha de Lesbos, do Mar Egeu, e as mulheres gays do mundo" (NBC NEWS, 2008). O Jornal

Fig. 4. Hidria ática de figuras vermelhas lendo poesia de Safo, provavelmente pela própria poeta. De Vari, Attika. Grupo Polygnotos. 440-430 a.C.

The Telegraph publicou uma foto de um dos requerentes do processo, Paul Thymou, segurando uma bandeira de listras verdes e amarelas na qual se lê: "CHEGA DE SILÊNCIO! Se você não é de Lesbos, você não é uma lésbica" (ANAST, 2008).

Eles perderam a causa e prometeram apelar. Seguimos.

Safo, pelo que consta, era uma lésbica de nascimento. Mas no sentido de seu amor por mulheres, como conhecemos o significado de "lésbica", não é tão simples. Anne Carson escreveu: "Parece que ela conheceu e amou mulheres tão profundamente quanto a música. Podemos deixar a questão assim?" (CARSON, 2013, p. x).

No livro *Reading Sappho: contemporary approaches* [Lendo Safo: abordagens contemporâneas] (GREENE, 1996), editado por Ellen Greene, Thomas Habinek escreve sobre a importância da retomada de Safo pelos estudos de mulheres e estudos feministas, por ser ela a autora dos primeiros escritos de autoria feminina, na tradição ocidental, que sobreviveram em qualquer quantidade (HABINEK, 1996, p. XII). Ele define Safo como *proto-queer*, em uma tentativa de esclarecer que séculos nos separam de Safo e de sua sexualidade, e portanto não podemos simplesmente aplicar determinantes contemporâneos para designá-la. No entanto, mesmo isso é um anacronismo.

De toda maneira, no *corpus* de suas composições, podemos identificar o amor que nos interessa. E essa dificuldade de definição, essa história fantasmagórica também é importante. Gontijo Flores escreveu que

> não precisamos acreditar piamente que os poemas aqui traduzidos sejam de Safo, da pessoa Safo, dessa mulher que viveu em Mitilene no século VII. (FLORES, 2017, p. 9)

Isso porque mesmo a noção de autoria que temos hoje é anacrônica, diferente da do mundo antigo, eminentemente oral. A proposta é:

> Pense que os poemas, estes poemas sáficos, tiveram sua vida pela Grécia sob o nome de Safo e que, em geral, quem cantasse qualquer

> um deles teria, inevitavelmente, de incorporar Safo, tornar-se Safo por um átimo, tal como diz Gregory Nagy que o aedo que cantava Homero tornava-se Homero enquanto o cantava [...]. Porque no mundo oral não há como estancar o canto, e Safo só pode ser Safo porque muitos corpos cantaram poemas que remetiam ao corpo de uma Safo; porque muitos corpos cantaram tornando-se essa Safo autoral, mesmo que o poema cantado nunca tenha passado efetivamente pela Safo biográfica, ou que tenha vindo até de muito antes do período arcaico e o tenha atravessado, talvez via Safo. (FLORES, 2017, p. 9-10)

Esse corpo não é um corpo neutro, mas um corpo *feminino*. Destaquemos isso, "num mundo patriarcal que muitas vezes relegava boa parte de suas funções apenas aos homens, inclusive a música e a poesia profissional, exceção feita às *hetairas*, cortesãs que tocavam, cantavam e dançavam para os homens em banquetes" (FLORES, 2017, p. 10). Então, quando cantamos Safo, quando a conjuramos, estamos conjurando uma série de corpos hoje anônimos e incorporações que deram voz a essa voz: e assim Safo sobreviveu e se criou (FLORES, 2017, p. 11). Não é um resgate simples de uma origem, mas uma história craquelada, cheia de desvios e grandes precipícios.

> [...] desvios: tanto por causa do *corpus* sáfico, então muito heterogêneo, quanto por causa dos editores em suas divergências; e também dos eventuais copistas, e dos copistas dos copistas, num longo trajeto de desvios que só assim puderam nos trazer uma Safo, a imagem de uma Safo possível, um corpo que entre corpos revela-se no *corpus* sáfico, tudo o que resta, rastro de texto, canto incompleto. (FLORES, 2017, p. 11)

Invoco então a imagem do canto incompleto e invoco aquilo que resta (do rastro daquilo que sobrou). Safo será nossa musa e metáfora. Porque, se quero falar de uma história das lesbianidades, eu tenho que avisar que estou falando de uma história fragmentada, de vestígios, daquilo que aconteceu quase sempre escondido, sem registro. Sem registro porque proibido ou porque sem importância, de uma história que se faz através dessa série de corpos quase sempre anônimos (mas não neutros). Por isso eu quis falar de Safo e de sua poesia amorosa, dolorida, e de seus amores, de sua autoria conturbada: porque vejo nessa história um triunfo, apesar daquilo que perdemos, daquilo que é incerto. Acho que só posso escrever sobre lesbianidades se souber que estamos falando de rastros de trajetórias distantes, desviadas.

Como escreveu Maria Isabel Iorio:

> uma mulher molhada
> sobre uma mulher molhada
> é audível, sólido
>
> *
>
> uma mulher sobre outra mulher
> não é preliminar é pré
> histórico
>
> *
>
> uma mulher
> para amar uma mulher
> é preciso comer com as mãos
>
> *
>
> uma mulher
> para amar uma mulher
> é preciso cortar as unhas
>
> *
>
> colar a trajetória no epicentro:
> uma mulher que ama uma mulher aprende a lamber as coisas por dentro.
> (IORIO, 2019, p. 55)

Então, não posso dizer que vou tentar uma "história das lésbicas". Mas que vou tentar, com o meu corpo, fazer uma confluência, tornar-me uma via, vetorizar nossos trajetos, apontar para fora de mim, marcar, traduzir, continuar nossas histórias em frangalhos, colar os fragmentos, cantar nosso canto incompleto, de muitas antes de mim. Ressoar o canto pré-histórico das mulheres que amaram mulheres.

Fig. 5. *Estudos de Safo* – Simeon Solomon, grafite sobre papel (1862) – Tate Collection

CAPÍTULO 2

ESTRATÉGIAS PARA UMA HISTÓRIA DE RASTROS

Com uma caneta rosa-choque, no meu diário de processo, anotei: "a historiografia é muito cautelosa (mas não deixa de ser ideológica)". Na verdade, eu queria pensar de forma elaborada os motivos pelos quais eu escolhi as Artes Visuais e não a História, ou a Sociologia, ou até mesmo as Letras, para continuar minha pesquisa sobre representações lésbicas, a que eu havia dado corpo no meu trabalho de conclusão de curso, "A Língua das lésbicas: A visibilidade lésbica enquanto questão política e questão artística". Minha orientadora no TCC, Patrícia Franca-Huchet, de fato havia sugerido que eu continuasse minha pesquisa em algum lugar mais perto do Serviço Social, em detrimento do que ela percebia como caráter feminista e ativista do que eu estava fazendo. O lugar no qual deveria estar a minha pesquisa era problemático, e escolhi permanecer no campo das Artes Visuais, não porque o campo acolheu o tema, mas talvez porque ele seja o mais *plástico*. Assim, eu estou sempre tendo que defender fazer minha pesquisa no campo que escolhi.

Uma história interessante para ilustrar esse fenômeno: durante a escrita do TCC no final da graduação, só um professor homem leu o meu trabalho antes que eu o entregasse à banca. Eu entreguei a última versão impressa, como parte das exigências da sua disciplina, e ele leu. Uma semana depois, me encontrou na saída de um banheiro (que era utilizado para limpar telas de serigrafia), e eu estava no meio de uma aula que não era a dele. Esse professor é um homem alto: eu segurava minha tela, pingando, recém-lavada, quando ele bloqueou a porta de saída com o seu corpo e começou a me dizer o que tinha achado da leitura do meu texto. Uma das coisas que ele me disse foi que eu falava demais de literatura e pouco de artes visuais. Ele também me disse que eu escrevia bem, mas bateu na tecla da minha suposta predileção por literatura e o quanto isso era problemático considerando que meu TCC era em um curso de Artes Visuais. Ele disse exatamente essas palavras: "sinto falta da arte". E nada o fazia parar de repetir que eu deveria suprir "a falta de arte" do meu trabalho. Só uma coisa o fez mudar de assunto: sua sugestão, igualmente apaixonada, de que eu deveria chamar um homem para minha banca, porque seria muito mais interessante do que uma banca *só de mulheres*.

É claro que meu trabalho tem a ver com um resgate histórico das artistas lésbicas/bissexuais/sexualmente divergentes. Mas, ao mesmo tempo, seria difícil realizar meu desenho/desejo com relação a minha pesquisa em um campo tão *metodologicamente cauteloso*. Para explicar isso melhor, emprestei do estudo de Georges Didi-Huberman sobre Bertolt Brecht (DIDI-HUBERMAN, 2017) a conceituação da "forma aberta".

No começo do livro, Didi-Huberman localiza a situação do Brecht exilado para propor um axioma: "para saber é preciso tomar posição" (DIDI-HUBERMAN, 2017, p. 15). Essa tomada de posição compreende, pelo menos, dois gestos: um no sentido de afrontar algo e o outro no sentido de situar-se no tempo. "Tomar posição é desejar, é exigir algo, é situar-se no presente e visar um futuro" (DIDI-HUBERMAN, 2017, p. 15). Assim, para saber, é preciso "implicar-se" e, nesse sentido, enfrentar as resistências. Pois bem, tomei emprestado esse pensamento para aplicá-lo ao meu trabalho. Eu estou implicada aqui, tomo posição: sou uma feminista sapatão, lésbica, entendo politicamente essa posição (que é diversa em significados e contextos), e me engajo. Então quero falar sobre lesbianidades para abrir caminhos: contar histórias, antagonizar com o silêncio, disputar as memórias, disputar os significados.

Em resposta ao professor incomodado, não modifiquei a "quantidade de arte" do meu trabalho para equilibrar a balança, e minha banca foi composta apenas por mulheres. Uma delas foi quem viria a ser minha orientadora no mestrado, e a outra, uma artista lésbica e doutoranda, Bárbara Ahouagi, que se tornou uma amiga.

Não posso ser ingênua e acreditar que seria capaz de desenterrar, simplesmente, a real, única, verdadeira "história das lésbicas". Não vou encontrar a ponta de uma linha e ir puxando até a origem, como o fio de Ariadne. Tomo para mim a "forma aberta". Forma aberta porque "capaz de romper as barreiras entre o privado e a história, a ficção e o documento, a literatura e o resto" (DIDI-HUBERMAN, 2017, p. 26). As mulheres, lésbicas, sapatonas, racializadas, pobres, latinas etc. não são simples *objetos da história*, e essa é uma hipótese que, acredito, vou comprovar aos poucos neste texto. Não são os objetos tradicionais de história e em geral não foram *consideradas*. Buscar o rastro do passado que essas mulheres deixaram exige uma abordagem diferenciada: outra metodologia, ou muitas outras.

Para pensar metodologias, através de uma crítica desconstrutiva das historiografias tradicionais, vou trazer aqui o texto *O movimento de arte pornô no Brasil: "Genealogias ficcionais" das pornografias do Sul* (NOGUEIRA, 2015), no qual Fernanda Nogueira escreveu sobre o Movimento de Arte Pornô (MAP), que aconteceu no período conhecido como "abertura política" no final dos anos 1970 e início dos anos 1980, durante o qual, segundo a autora "a violência praticada pelo Estado brasileiro se recrudesce com objetivo claro: a limpeza do espaço público" (NOGUEIRA, 2015, p. 19-20). Era um momento especial de repressão, que "passa a ter como foco aqueles que representam a dissidência à ordem heteronormativa imposta e reafirmada em todas as instituições oficiais de governo" (NOGUEIRA, 2015, p. 19-20). Para a autora:

> Esse processo persecutório se associava a um conjunto de medidas para a normalização da sociedade, alinhando-se às políticas econômicas neoliberais voltadas à criação do mercado de consumo massivo no Brasil. E eram justamente as comunidades do "submundo", marginalizadas, consideradas "minoritárias" e incontroláveis, que contradiziam o controle e a normalização da vida pretendido tanto

pela política ditatorial quanto pela ordem econômica neoliberal naquele momento. (NOGUEIRA, 2015, p. 19-20)

Com a "anistia geral e irrestrita" (que se estendeu absurdamente aos torturadores da ditadura militar) aprovada pelo ditador-chefe presidente João Figueiredo no ano de 1979, voltavam ao Brasil intelectuais, militantes e guerrilheiros "e com eles, uma mentalidade crítica mais ousada em relação aos comportamentos no espaço público" (NOGUEIRA, 2015, p. 19-20). No Verão da Abertura, como ficou conhecida a estação de calor e férias do ano de 1980, uma situação foi pontual para o surgimento do MAP:

> Em fevereiro de 1980, Verônica Maieski, naquele momento com 17 anos, protestava a favor da liberdade sobre seu próprio corpo fazendo *topless* nas areias de Ipanema. Ela estava com as amigas Maria Autuori e Isabel Amorim quando foram violentamente hostilizadas por frequentadores da praia. Elas foram cercadas por mais de 100 homens e atacadas com copos cheios de areia e latas de cerveja. Resultado previsível numa sociedade machista, patriarcal e conservadora como a brasileira: Verônica é quem acaba sendo presa. Na semana seguinte, um grupo de feministas protestou em Ipanema em prol do *topless*, "pelo direito de tomar sol em pé de igualdade com os homens, sem sexualizar os seios". (NOGUEIRA, 2015, p. 20)

Fernanda Nogueira percebe na "crise do *topless*" um momento de inflexão crucial para que o movimento de mulheres exigisse igualdade de direitos, mas também levantasse o "debate sobre a construção social e discursiva do pudor" (NOGUEIRA, 2015, p. 21), já que ficava evidente que a nudez do corpo feminino era aprovada no Brasil, desde que fosse submetida a questões comerciais, como no caso do nosso famoso Carnaval. Assim:

> O MAP começa, a partir de 1980, com uma reunião convocada por Eduardo Kac com os poetas Claufe Rodrigues, Leila Míccolis, Tanussi Cardoso e Mano Melo, na casa de Denise e Cairo Assis Trindade, no bairro Peixoto, Rio de Janeiro. Na mesma noite, o grupo redige o esboço do que seria seu *manifesto feito nas coxas*.

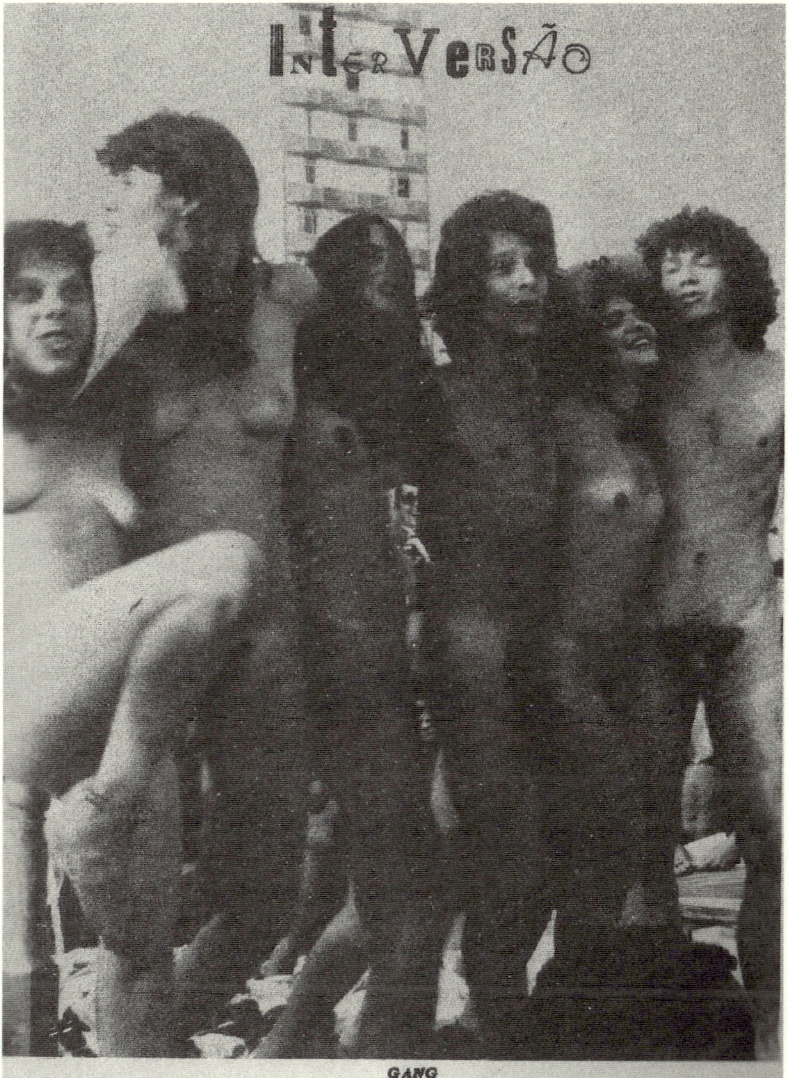

Fig. 6. Foto-registro do *happening* Interversão da Gang em Ipanema, em 1982.
Fonte: KAC, E.; TRINDADE, C. A. (org.). *Antolorgia. Arte Pornô*. Rio de Janeiro: CODECRI, 1984, p. 205.

> Propõe, também, fazer uma passeata política pelo *topless* literário, percorrendo a praia de Ipanema com *slogans* poéticos em solidariedade aos grupos feministas que estavam lutando pelo direito ao *topless*. O ato, que misturou protesto, performance e poesia, acabou agregando vários grupos de poetas, entre eles Gandaia, Poetagem e Bandidos do Céu, que contava, na época, com mais de dezoito participantes. Na manifestação, apareceram faixas que diziam: "BANDIDOS DO CÉU saúdam o povo e exigem um troco", "BARULHO: poetas trabalhando", "POETAGEM Pelo *Topless* Literário", "Estamos abrindo os anos 80". Foi assim que, naquele contexto, a poesia banida dos circuitos institucionalizados assume sua condição de "maldita" para propor respostas radicais aos fatos do momento. (NOGUEIRA, 2015, p. 24)

É necessário pontuar: o Movimento de Arte Pornô não foi um *movimento lésbico*, nem um movimento só de artistas mulheres. No entanto, por dois motivos, quis resgatá-lo aqui: o primeiro é porque ele traz, como escreveu Fernanda Nogueira:

> em sua órbita de 'poéticas minoritárias', o teatro de revista, a pornochanchada, o movimento homossexual, o carnaval de rua, o cenário punk, a arte do grafite e da pichação, os quadrinhos, a serigrafia popular etc. (NOGUEIRA, 2015, p. 31)

E, portanto, foi um movimento de potencial subversivo, tanto das linguagens quanto do comportamento:

> capaz de afetar o sistema de pensamento imperante (no qual a heterossexualidade compulsória e a coerência sexo-gênero masculino e feminino são norma). (NOGUEIRA, 2015, p. 31)

Nesse sentido, o MAP tem seu lugar no projeto que construo, mesmo que meu recorte seja o das lesbianidades.

O segundo motivo, no entanto, tem a ver com a elaboração crítica que Fernanda Nogueira faz da ausência de seu objeto na historiografia tradicional, qualquer que seja sua especificidade:

> A ausência do Movimento de Arte Pornô na história da arte, da literatura, da performance e inclusive da própria pornografia é sintomática [...]. Uma manifestação que, ainda que se identifique com os movimentos políticos de vanguarda no Brasil, da antropofagia até a contracultura, "não ficou para a História". Certamente o problema não se restringe à conhecida estreiteza dos campos estéticos, ou melhor, a sua "disciplina", que se dedica a aglutinar práticas e estéticas semelhantes. A questão é a historiografia, a própria ciência de historiografar, seus métodos, interesses, formas de construir hierarquias discursivas, e consciência seletiva e ideológica sobre o passado. (NOGUEIRA, 2015, p. 31-34)

Fernanda Nogueira não é ingênua com relação ao apagamento do MAP da história, e portanto, como pesquisadora, evidencia que seu interesse é de "co-laborar na re-construção das memórias dessas desobediências, suas formas e ferramentas de ação" (NOGUEIRA, 2015, p. 34). Segundo ela, "narrar a irrupção da Gang do Movimento de Arte Pornô e suas interferências hibridizadas é uma tentativa de reunir uma comunidade impedida, conectar diferentes gerações, territórios e lutas incomuns", configurando-se, assim, em "exercício de 'desprogramação' e confrontação com as histórias hegemônicas que continuam sendo escritas" (NOGUEIRA, 2015, p. 34). Justamente, para escrever uma "história das artistas lésbicas", compartilho das questões teóricas levantadas por Nogueira. Para ela:

> Ativar outras histórias, ou "histórias menores", das práticas artísticas e políticas requer escapar de armadilhas conceituais coloniais constantes, como "origem", "descobrimento", "originalidade" e "autoria" (tão conectadas aos autoritarismos), e passar a considerar a geopolítica de produção e distribuição de conhecimento, e os sujeitos que dela participam. Requer empregar uma contrametodologia para desconstruir a criação do "obsceno" pela historiografia tradicional. (NOGUEIRA, 2015, p. 34-6)

Contrametodologia, *forma aberta*, possibilidades de fugir de uma *gramática normativa* através de *genealogias alternativas* (NOGUEIRA, 2015, p. 34-6): é preciso que tudo isso seja considerado no desenho da minha escrita.

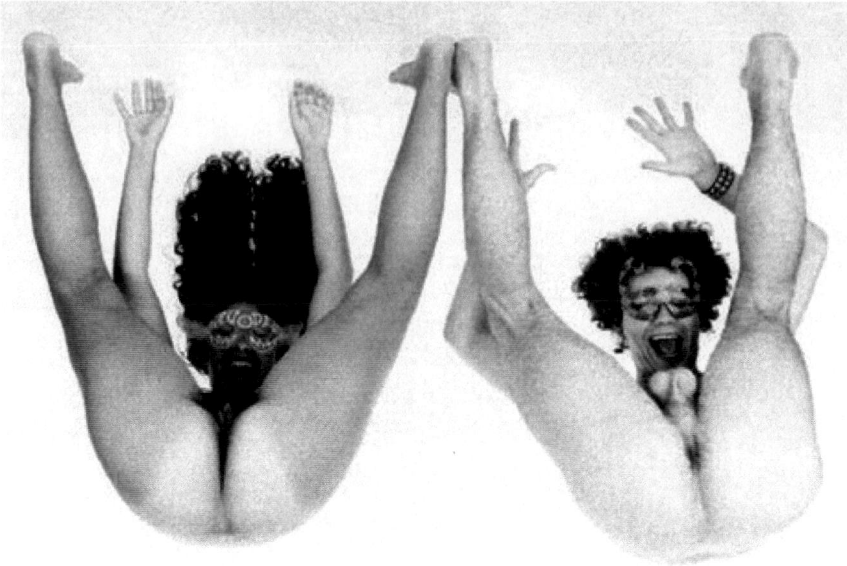

Fig. 7 Eduardo Kac, *Pornograma 3,* imagem fotográfica sobre papel de algodão, 49x73cm, 1981.
FONTE: KAC, Eduardo. O Movimento de Arte Pornô: a Aventura de uma Vanguarda nos Anos 80.
ARS (São Paulo) vol.11 no.22 São Paulo July/Dec. 2013

CAPÍTULO 3

O PECADO DE CASSANDRA RIOS, A SAFO BRASILEIRA

Frequentemente chamada de *Safo de Perdizes*, em referência ao bairro onde morou em São Paulo, sua cidade natal, Cassandra Rios (pseudônimo de Odete Rios) escreveu sua obra literária versando sobre a lesbianidade, a bissexualidade, os papéis sexuais, o sexo e o erótico. Seu trabalho teve um alcance massivo, cerca de meia centena de livros, em tiragens que recorrentemente alcançavam 300.000 exemplares, com várias edições, demonstrando uma ressonância cultural sem precedentes. O estilo pouco sofisticado de sua narrativa, direta e linear, foi muito criticado a despeito de seu sucesso como escritora. Em sua pesquisa de mestrado, Adriane Piovezan escreveu:

> Se a Universidade podia se permitir ignorar sua produção com base em argumentos consistentes relativos à qualidade de sua prosa, o mesmo não podiam fazer instituições como o Estado e a Igreja. Em meio à censura, advinda ora do mercado, ora do Estado, ora de organizações conservadoras, que dominavam os meios de comunicação e a vida cultural do país como um todo, Cassandra Rios construiu sua obra baseada na temática erótica e mais especificamente no amor homossexual feminino. Seu nome se tornaria no imaginário coletivo quase que sinônimo de literatura lésbica. (PIOVEZAN, 2005, p. 8)

No período em que Cassandra Rios publicava, nem o termo GLS havia sido criado, e, como Piovezan bem observa, a autora foi "alvo privilegiado" da repressão da Ditadura Militar. Mesmo assim: "chegou a vender trezentas mil cópias em um ano, mas também teve trinta e seis dos seus quase cinquenta livros publicados proibidos até 1974 — quando o afrouxamento do regime permitiu a publicação de suas obras" (PIOVEZAN, 2005, p. 9). Dessa maneira, podemos nos perguntar:

> Como, diante desse contexto, suas obras tinham tamanha aceitação? A explicação pode estar no fato de que seu estilo ousado e extrovertido tratava de assuntos como o prazer feminino de maneira clara e direta. Era uma mulher escrevendo sobre o prazer com outra mulher em uma época em que concepções religiosas afirmavam que o sexo tinha apenas a função de reprodução e a ideia de que as mulheres não sentiam prazer era compartilhada entre diversos setores da sociedade. A maternidade ainda era tida como missão última da mulher nesta sociedade patriarcal, razão pela qual sua obra tendeu sempre a ser encarada como marginal.
>
> O estilo de Cassandra, assumidamente popular, escrito em prosa simples e direta, quando não chula e popularesca, veiculada em livros baratos, apelando para capas provocantes e títulos diretos, surpreendia e cativava um vasto número de leitores, cujas tiragens a eles associadas permite afirmar com acerto que transcendia o público exclusivamente lésbico ou mesmo feminino. (PIOVEZAN, 2005, p. 9)

Em um processo de vanguarda, Cassandra Rios já "discutia em sua ficção a questão da procura pela posição do homossexual no processo social" (PIOVEZAN, 2005, p. 10). Isso mesmo antes do surgimento do que consideramos o movimento de gays e lésbicas, que começaram a se organizar a partir de 1978, sobre o qual falarei mais aqui ao tratar do periódico *ChanaComChana*. O livro de estreia de Cassandra Rios, *A volúpia do Pecado*, que pode ser considerado o primeiro romance de temática lésbica de alcance nacional, foi publicado em 1948.

SERVIÇO PÚBLICO FEDERAL

DEPARTAMENTO DE POLÍCIA FEDERAL

SERVIÇO DE CENSURA DE DIVERSÕES PÚBLICAS

PARECER, nº 1711

CONTEÚDO: LIVRO
TÍTULO: " COPACABANA POSTO 6 " A MADRASTA.
AUTORA: CASSANDRA RIOS
EDITORA: MUNDO MUSICAL LIMITADA
CLASSIFICAÇÃO: V E T A D A

O livro da senhora Cassandra Rios é um romance sobre uma jovem lésbica, suas conquistas e seu ambiente familiar. Suas atitudes são referendadas como a causa de seu desajuste. Mensagem negativa, psicologicamente falsa em certos aspéctos de relacionamento, nociva e deprimente principalmente pela conquista lésbica da heroina junto à madrasta e o duplo suicídio final.

À página 200,201, 202 a autora tenta com injustificadas citações Bíblicas subverter conceitos morais em uma infeliz sub literatice para justificar o tema a que se propos. O poder econômico é, também um fatal coator, segundo ela, das anomalias a que se compraz em relatar.

Enquadramos, pois, o compendio em o Dec.Lei 1077 de 1970. V E T A D O.

Fig. 8. Parecer de censor veta livro de Cassandra, *Copacabana Posto 6.*
FONTE: https://g1.globo.com/pop-arte/noticia/2019/03/31/quem-foi-cassandra-rios-a-escritora-mais-censurada-da-ditadura-militar.ghtml

> A literatura com a temática da homossexualidade no Brasil possui uma variedade de obras que tratam o aspecto do homoerotismo masculino em diferentes épocas. Se desde as décadas de 1960 e 70 já podemos encontrar na literatura brasileira um aumento significativo de textos que abordam claramente o homoerotismo masculino, apenas no final da década de 1990 as mulheres começam a se desvencilhar da necessidade de dizer seus amores, embutidos no silêncio. Durante muito tempo, as mulheres tiveram seus desejos enclausurados em modelos de comportamento frígidos, em que o sexo tinha como única função proporcionar aos homens prazer e filhos. O prazer homoerótico feminino apresentou-se como uma das formas pelas quais as mulheres buscavam sua realização amorosa aliada à sexual — afinal, descartado o homem da relação, a liberação de uma moral voltada ao prazer da mulher tornava-se mais fácil. A literatura de Cassandra Rios, neste aspecto, revela-se inovadora, e mesmo revolucionária, ao retirar a libido feminina de seu claustro forçado, trazendo-a à luz. (PIOVEZAN, 2005, p. 11-12)

Um trechinho de sua obra: "Engraçado o mundo! A sociedade! O homem! A mulher! E ela: a lésbica! Enfim, o convencimento, a segurança, a certeza para a definição da personalidade estabelecida, do caráter, da moral e do que ela era: Homossexual!" (RIOS, 1972a, p. 27). E mais outro: "Outra! Era mais outra! Em todo canto as encontraria. Era um clã que se identificava misteriosamente e ia crescendo, aumentando, como se todas as mulheres do mundo estivessem sujeitas a determinado feitiço. O feitiço daquela perversão" (RIOS, 1972b, p. 146).

Cassandra Rios, vetada pela ditadura, não recebeu da parte do movimento lésbico, até hoje, os louros pela sua obra pioneira. Em 2019, a *BBC NEWS* publicou a matéria "Quem foi Cassandra Rios, a escritora mais censurada da ditadura militar", na qual se lê:

> Apesar da perseguição recorde, Cassandra Rios se tornou a primeira escritora brasileira a vender 1 milhão de exemplares, meta alcançada em 1970, superando escritores populares de sua época, como Jorge Amado, Clarice Lispector e Érico Veríssimo. Foi, ainda, o primeiro caso conhecido de uma escritora nacional a viver exclusivamente

> da venda de seus livros, nunca tendo exercido outra profissão. (BBC NEWS, 2018, online)

Porém, apesar do sucesso de seus livros, se quiser comprar um exemplar de Cassandra Rios, você não os encontrará novinhos, embalados nas livrarias, mas de segunda mão, em lojas de livros usados. Um dos motivos pode ser explicado por Piovezan:

> De uma maneira geral, a literatura lésbica contemporânea desconsidera o conjunto do trabalho pioneiro e ao mesmo tempo popular da obra de Cassandra Rios, classificando-a de moralista a estereotipada e assim descartando ou culpando-a por uma visão deformada das lésbicas. Esta recusa em considerar a originalidade da contribuição da autora se refere ao tratamento que a maior parte destas obras, a partir dos anos 90, forneceu ao tema: uma busca constante por apresentar de uma maneira socialmente aceitável e politicamente correta o homoerotismo feminino. (PIOVEZAN, 2005, p. 13)

É a partir da década de 1990 que, no âmbito editorial, a proposta inusitada de uma literatura que forneça uma imagem positiva dos homossexuais surge no Brasil, através dos selos GLS, do Grupo Editorial Summus, e Aletheia, da Brasiliense (PIOVEZAN, 2005, p. 14). É interessante provocar o pensamento e considerar se esse movimento de construção de uma identidade positiva não cobra o preço caro do apagamento de experiências subversivas, como as de Cassandra Rios, não levando em conta a complexidade da existência e das relações na sociedade ao homogeneizar o discurso, apagando as diferenças e as contradições. Como observa Piovezan, "a tentativa de criar um padrão em nome de uma visão positiva do homoerotismo feminino supõe a todas as lésbicas um final feliz, banindo outras possibilidades de reflexão sobre o tema" (PIOVEZAN, 2005, p. 15). Um perigo nos espreita: "Busca-se a visibilidade, a obviedade" (PIOVEZAN, 2005, p. 16). Portanto, de acordo com a elaboração de Piovezan, podemos dizer que nossa *Safo brasileira*, Cassandra Rios, é ainda mais subversiva do que parece (e, por isso, mais censurada):

Fig. 9. Cassandra Rios — Foto de Vânia Toledo.
FONTE: https://g1.globo.com/pop-arte/noticia/2019/03/31/quem-foi-cassandra-rios-a-escritora-mais-censurada-da-ditadura-militar.ghtml

Fig. 10. Catálogo com capas de livros de Cassandra Rios

> Seu discurso é original, pois a autora não demoniza nem enaltece a figura do homossexual por ser homossexual. Ela apresenta aos leitores de forma transgressora um outro modelo de afetividade, fora do modelo patriarcalista de heteronormatividade. Cassandra Rios e seus personagens femininos, que seriam supostamente estereotipados, entram em contradição, em primeiro lugar, quando se analisa a complexidade da vida das mulheres lésbicas que Rios retrata em suas obras e, em segundo lugar, quando compreendemos que estas mesmas críticas partem de um padrão literário que busca enquadrar o lesbianismo nos padrões heteronormativos com suas histórias de final feliz. (PIOVEZAN, 2005, p. 19-20)

A relação de Cassandra Rios com a mitologia grega também é um ponto interessante, que nos remete à própria escolha de seu pseudônimo,

> Cassandra, que na mitologia clássica era filha de Príamo, rei de Troia. Era amada por Apolo, que a dotou com o poder da profecia. Porém, quando Cassandra recusou satisfazer suas vontades sexuais, Apolo jogou-lhe uma maldição — ninguém acreditaria em suas profecias. (PIOVEZAN, 2005, p. 21)

A identificação com Safo não passou despercebida pela própria Cassandra. Contando sobre a proibição de seu livro, *Nicoleta Ninfeta*, em 1973, (que é dedicado *Aos entendidos*), ela escreveu:

> Um outro delegado picou diante dos meus olhos Nicoleta Ninfeta e ameaçou "é isso que vamos fazer com todos os seus livros e queimá-los em praça pública!". Um arrepio percorreu-me. Seria eu a reencarnação de Safo, a grande poetisa de Lesbos, cujas obras o Papa Gregório VII, cheio de ódio, mandou queimar, seus riquíssimos versos, numa fogueira, em praça pública, epitalâmios, himeneus, poesias, excomungando a mais célebre poetisa do mundo. (RIOS, 2000, p. 360)

Há um poema de Helena Zelic, mulher lésbica nascida em São Paulo e graduada em Letras pela USP, que faz parte do livro *Durante um terremoto*, publicado em 2018. O poema se chama "Cassandra". Pode ser que ele esteja falando de Cassandra Rios:

> como um país que não se esquece de seus mortos e seus vivos
> como um povo que resguarda a língua anterior às fronteiras
> porque são eles mesmos a língua,
> a língua é eles
> como tua capacidade de amar novas pessoas
> e reconhecer cheiros antigos
> e querê-los, porque assim respira mais.
>
> como a dura revolta de nossos ossos,
> como as multidões que se levantam,
> tu tem direito à tua história.
> (ZELIC, 2018, p. 41)

No livro de Zelic, o poema que precede "Cassandra" termina com a palavra *rios*. Outro poema da mesma autora, "Contemporâneas", versa sobre autoras/es que se perderam na história, *no curso do mundo*:

> daqui a cinquenta anos
> dirão ser Grande essa literatura
> redigida em letras menores que mãos
> machucadas pelo toque dos declives
> os altos e baixos de hoje
> não farão cócegas nos livros de história
> dos cinquenta anos que seguem.
> duzentos.
>
> [...]
>
> quantos autores houveram
> que se perderam no curso do mundo?
> deixando uma cópia de cada livro
> no baú saudoso dos filhos, netos
> bisnetos

[...]

me submeto à ciência estatística
o que nela houver de cru
e revoltante. decidi
estou na multidão até o fim
conversas no ponto de ônibus
quais palavras poderiam mais?
queda dura de poetas flutuantes.

mas desse fluido tempo-espaço
destas pernas e coxas inquietas
da solidão aproximadamente anônima
de proporções continentais
que gritaremos a cheia dos rios
do que vai, do que fica
do que pertence às profundezas
quase lâmina, sedenta e mangue
do curso dos rios.
(ZELIC, 2018, p. 39-40)

Com essas palavras frescas nos olhos, vou reconjurar a Safo grega, no poema de Zelic do mesmo livro, que se chama "Os Clássicos":

quem sabe quais seriam
as palavras de Safo
censuradas pelo tempo
[pela igreja católica]
abarcadas como ilhas mudas
pelos colchetes e chaves da história?

quantos beijos na boca
quantas bocas
[quantas? como?]
a despeito de covardes
bibliotecários da moral?

o que sussurravam as mulheres

nos ouvidos?
um mundo em festa.

os fragmentos das letras
são lacunas do encontro
entre uns corpos e outros.

há amores como há embarcações
e somem no mediterrâneo,
enormes e invisíveis.
[um mundo em festa!]
mais que ilhados,
subaquáticos.
(ZELIC, 2018, p. 32)

Helena Zelic apresenta os colchetes dos fragmentos sáficos como ilhas mudas e, através de uma lente irônica, pergunta-se daquilo que perdemos para o tempo/para a Igreja católica. O segundo poema do livro nos empresta a chave. Sob o título "Meninas", Zelic escreve:

faz tempo
um poema que expresse
amor
só o amor, sem tempos duros
sem pratos quebrados na parede
e a angústia das lâmpadas
[...]

não consigo escrever esses versos
sem pensar em seu rosto
e seus cabelos

[...]

não consigo imaginar alguém
que leia este poema
e não veja nele

o seu rosto e seus cabelos
meu rosto
meus cabelos. (ZELIC, 2018, p. 14)

Zelic começa nos dizendo que há duas meninas "para ver" nos poemas: a própria Helena, quem escreve, e Mariana, sua namorada, a quem o livro é dedicado. A autora continua, no quarto poema do livro, "Conjecturas" (ZELIC, 2018, p. 17), explicitamente em diálogo com Mariana, com o primeiro verso "sabe, mariana". É no poema seguinte, "Bandeira" (ZELIC, 2018, p. 20), que conhecemos a história das duas como casal. Zelic nos conta que, em uma brincadeira de fazer desejos com um cílio que cai no olho, Mariana desejou ser sua namorada, e que seu desejo se realizou. O que quero explicitar é que *Durante um terremoto* é um livro de poemas no qual, através dele, lê-se a história de um romance entre Helena e Mariana. Sabendo disso, então, fica ainda mais forte a noção de que "Os Clássicos" é um poema-crítica ao apagamento sistemático das mulheres e das lésbicas, inserido nessa teia da lesbianidade real da poeta descrita no livro.

CAPÍTULO 4

O ESPAÇO ENTRE COLCHETES

Gontijo Flores, ainda em seu livro sobre Safo, explica-nos tecnicamente o que são os colchetes, no contexto da tradução de fragmentos antigos. Ele escreveu:

> *Colchetes* ([ ]) indicam que não temos conhecimento do que falta no começo do verso ou no seu fim, ou no meio. O que estiver escrito dentro de um colchete é pura conjetura dos estudiosos, que se baseiam em tópicas da época, estruturas métricas e dialetais, para supor o que poderia estar no trecho que nos falta. É impressionante ver como, por vezes quando aparece um novo papiro com um fragmento maior de outro que já tínhamos, descobrimos que alguns editores acertaram praticamente na mosca o que estava escrito. Porém, se o leitor quiser se deter no que chegou materialmente, pode ficar apenas com o que está fora dos colchetes. (FLORES, 2017, p. 23)

Anne Carson, por sua vez, reserva aos colchetes um espaço especial, "emocionante", de aventura:

> Enfatizo a distinção entre parênteses e sem parênteses, porque isso afetará sua experiência de leitura, se você permitir. Colchetes são emocionantes. Mesmo que você esteja se aproximando de Safo na tradução, não é por isso que você deve perder o drama de tentar ler um papiro rasgado ao meio ou cheio de buracos ou menores que um selo postal — colchetes implicam um espaço livre de aventura imaginária. (CARSON, 2003, p. XI)

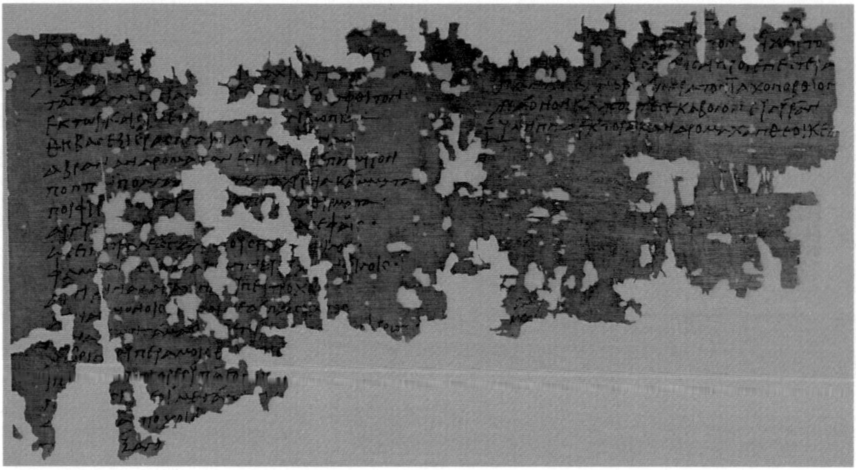

Fig. 11. Fragmento Sáfico - B.P. Grenfell & A.S. Hunt, The Oxyrhynchus Papyri: Part X (London: The Egypt Exploration Fund, 1914)

O fragmento, então, não deixa de ser uma experiência "positiva" de leitura. Nas traduções, portanto, há "as palavras hipotéticas, os trechos em disputa, os provavelmente corrompidos etc." (FLORES, 2017, p. 20), e Gontijo Flores indica que tenta manter as coisas assim, mesmo que em detrimento de uma leitura mais fluida. Para ele, é importante que o leitor tenha "a percepção de que lida diretamente com um fragmento instável" (FLORES, 2017, p. 20). Ele justifica:

> quero imaginar aqui uma poética radical do fragmento, uma experiência similar à que podemos ter diante das estátuas da Vênus de Milo ou da Vitória de Samotrácia; nesses casos, é o próprio fragmento que nos interessa; e, no caso específico de Safo, é impressionante como alguns deles podem virar verdadeiros haikus helênicos, uma pedra de toque em sua incompletude. Nessa poética, o ruído do excesso de sinais torna-se parte expressiva do que o fragmento nos oferece; ela anuncia sua incompletude por um excesso em torno do ausente. (FLORES, 2017, p. 20)

É potência poética e ética do fragmento. Porque o perigo de apresentar o fragmento restaurado é o de perder duplamente: primeiro aquilo que foi perdido (ou censurado), e agora a marca da história daquilo que se perdeu. Ao insistir no fragmento, mantendo espaço vazio entre colchetes, a ausência ilha-muda grita seu silenciamento de volta, em um grito surdo de revolta.

Em "Carta a Safo", a poeta mineira Ana Martins Marques usa colchetes — e outros marcadores gráficos do fragmento — para escrever um poema de amor "aberto" e cheio de ausências.

> perto [   ]
> escuta
>
>] noite e cabelos [

...
inadvertidamente

é doce [   ]
era doce
porém
tu [   ]

entre automóveis e pássaros
queimarei para ti

longe [   ]
escuta

diante [distante (?)] de ti

o [mesmo] mel
há milênios

teu corpo quebrado pelo amor
[   ] infinitas estrelas [sobre]
[uma] pequena praia

vem
veloz
[   ] escrita
[brilhando]
combater [comigo]
               [contra mim]

pequena
e no entanto

também ardo
[de desejo] por

nem céu
nem setas

Eros e
[outros] erros

mas para um tempo intenso
e sem cuidados
vigorosamente pelas tuas mãos
eu... (MARQUES, 2011, p. 39-40)

Como uma metáfora para a própria História, tanto o que está ausente em Safo quanto o que se faz com aquilo que resta dela deve ser entendido com cautela. Tudo está em disputa. Perceba o exemplo da autora de *The Sappho History,* [A História de Safo], Margaret Reynolds (REYNOLDS, 2003), que dedica seu livro À Jeanette Winterson, com amor. Segundo Emily Wilson, que escreveu a resenha do livro para o jornal *The Guardian,* Margaret Reynolds declara que a Safo fictícia de Jeanette Winterson, descrita em seu livro *Art and Lies* (WINTERSON, 1994), é o mais próximo que se pode chegar da "verdadeira Safo" (WILSON, 2004). Ambas as autoras, tanto Reynolds quanto Winterson, consideram Safo uma artista emblemática, cuja obra foi mutilada por escritores, críticos e estudiosos do sexo masculino.

Reynolds argumenta que tanto Baudelaire quanto Swinburne "separam Safo, dissecam-na, fragmentam-na e inserem a si mesmos em seus espaços" (WILSON, 2004). Para ela, em contraste, as escritoras mulheres trataram esses espaços em branco como uma oportunidade de compartilhamento. No século XIX, Katherine Harris Bradley e Edith Emma Cooper, um casal de lésbicas — no sentido contemporâneo do termo —, também tia e sobrinha, respectivamente, publicaram um conjunto de poemas, imitações de Safo, sob o pseudônimo de Michael Field. Para Margaret Reynolds, o que elas alcançaram é um "dueto no qual Safo não é uma rival, mas uma parceira" (WILSON, 2004). É óbvio que há quem discorde da crítica feminista de Margaret Reynolds. De todo modo, não estou aqui para resolver o problema de Safo. Ao contrário, o espaço entre colchetes é uma imagem que evoco, justamente, por sua propriedade múltipla. Os fragmentos perdidos são deslizantes. Por vezes, em uma abordagem positiva, pode-se perceber a potência no ausente, sua possibilidade criativa, sua aventura emocionante e sua liberdade; e, por vezes, em uma visada negativa, o que se vê na perda é algo além do simples acaso, de uma fatalidade da conservação, mas a denúncia daquilo que, sistematicamente, buscou-se apagar.

II

COMO AS LÉSBICAS TRANSAM?
OU: VOCÊS SÃO IRMÃS?

Cultura pop ou a culpa não é minha

atômica
atômica
loira atômica
uns meses atrás eu era a pura atomicidade
cabelo branco
blonde black power
(frank ocean tocando)
e uns beijos numas garotas
constrangimento
nem olho pra tv

porque se eu olho me denuncio

agente secreta
rebuliço
duas mulheres se pegando
sala da casa tv ligada

.

oi família
tudo bem
com vocês?

RAFAELA MIRANDA

CAPÍTULO 5

COMO AS LÉSBICAS TRANSAM? OU: VOCÊS SÃO IRMÃS?

"Como lésbicas transam?" é uma pergunta comum que costuma trazer em si a má intenção masculina de menosprezar o sexo entre duas mulheres. É como se a (suposta) falta de um pênis anexado necessariamente ao corpo de um homem acarretasse a impossibilidade do ato sexual. Entretanto, se pensarmos com generosidade sobre a adolescência, quando as jovens e os jovens estão descobrindo como e o que é o sexo, essa pergunta faz sentido e merece outra resposta. É possível que duas mulheres transem? Como? Duas mulheres "podem" se beijar, ou o beijo só existe entre pessoas de "sexos opostos" (dentro de uma perspectiva heteronormativa, a suposição da cisgeneridade — de que mulheres têm necessariamente um corpo de "fêmea" — é, via de regra, tão obrigatória quanto a ideia de que a sexualidade é meramente/naturalmente/compulsoriamente heterossexual — entre um homem, macho, e uma mulher, fêmea)? A sexualidade das mulheres (jovens, adultas ou idosas) é tratada como grande tabu, e não são raras pesquisas que mostram mulheres que nunca olharam suas próprias vulvas, nunca tiveram orgasmos, nunca se masturbaram.

Em contrapartida, na nossa sociedade, ninguém espera a mesma coisa de um homem. Ninguém se pergunta como dois homens gays transam, e as crianças crescem ouvindo xingamentos homofóbicos que *ilustram* o sexo gay. "Para além de ser maldita, a homossexualidade é sobretudo *dita*" (PORTINARI, 1989, p. 15), escreveu Denise Portinari. Apesar de Portinari escrever isso no contexto da *homossexualidade feminina*, o maldizer, isto é, a "propaganda" negativa sobre a homossexualidade é, em geral, sobre a experiência masculina.

A impossibilidade de nivelar as experiências homossexuais masculina e feminina (de sujeitos historicamente construídos como homens e mulheres) se dá por conta da formação generificada de tais sujeitos. Nesse sentido, a separação das pessoas em duas categorias (homens e mulheres) não é puramente formal, natural, transcendental, mas hierarquicamente construída, implicada em realidades complexas.

Em uma visada histórica, Sara F. Matthews-Grieco (MATTHEWS-GRIECO, 2010) escreveu sobre corpo e sexualidade no contexto do Antigo Regime europeu, compreendendo a diferença entre a homossexualidade feminina e a masculina. Segundo a autora, enquanto os homens homossexuais gozavam de sua liberdade masculina, frequentando a cidade, exercendo a vida pública, as lésbicas (no sentido contemporâneo), por serem mulheres, estavam confinadas à vida privada. Ela chama atenção para um fenômeno que ocorreu na Inglaterra, entre o fim do século XVII e o início do século XVIII: certas "organizações reformadoras", compostas por homens comuns, artesãos e comerciantes, que não só buscavam processar, com êxito, casos de "comportamento desregrado" nos tribunais como também "utilizavam a imprensa popular para mobilizar a opinião pública em favor de suas causas" (MATTHEWS-GRIECO, 2010, p. 291). Assim:

> As transcrições de processos, os sermões e os relatórios sobre as atividades militantes das sociedades eram publicados sob forma de brochuras para convencer melhor e conseguir adesões. As incursões punitivas nas tabernas e bordéis onde se reuniam os homossexuais permitiam, além disso, recolher exatamente o tipo de material "sensacional" que garantia o sucesso desta propaganda. Os sodomitas que frequentavam as tabernas ou *Molly Houses* manifestavam uma afetação efeminada no modo de vestir-se e no discurso: seu maneirismo criava, em última análise, uma cultura sexual alternativa que possuía, graças aos panfletos populares, uma expressão pública. (MATTHEWS-GRIECO, 2010, p. 291)

No caso das *tríbades* e das *fricatrizes* (nomes pelos quais se chamavam as "lésbicas" à época, remetendo ao ato sexual de roçar as vulvas), suas relações homossexuais "raramente, ou talvez nunca [...], eram colocadas em paralelo com a homossexualidade masculina" (MATTHEWS-GRIECO, 2010, p. 293). Dentro da problemática da escrita de uma "história das lésbicas", a questão da documentação se torna um agravante. Matthews-Grieco pondera que "os testemunhos de relações eróticas entre mulheres são bastante raros, em razão de sua quase-invisibilidade" (MATTHEWS-GRIECO, 2010, p. 294). Segundo ela:

> As mulheres partilhavam o leito de outras mulheres desde o nascimento até o casamento e mesmo além dele. As celibatárias viviam juntas a fim de dividir as despesas e pôr em comum suas parcas rendas. As comunidades femininas religiosas, escolares e penitenciárias ofereciam outros quadros do cotidiano em que as relações sensuais entre mulheres podiam facilmente ter lugar. As estruturas femininas de trabalho e de sociabilidade levavam as mulheres a passar o essencial do seu tempo em companhia de outras mulheres onde encontravam muitas vezes mais conforto emocional e físico elementar, do que junto dos homens, que elas aliás só viam raramente. (MATTHEWS-GRIECO, 2010, p. 294)

Um outro marcador da experiência generificada dos homossexuais homens e mulheres é a relativa falta de severidade com a qual os teólogos e reformadores católicos tratavam as relações eróticas "de uma mulher com uma mulher" — dois anos de penitência. Por outro lado: "para um homem que confessasse relações carnais com outro homem, a penitência era de sete a quinze anos" (MATTHEWS-GRIECO, 2010, p. 294).

Essencial para o componente do gênero, o falocentrismo também organizava a dinâmica cultural a respeito do sexo, de modo que "as relações homossexuais entre mulheres escapavam à legislação sobre o mau comportamento sexual, a menos que elas recorressem ao *godemiché* (acessório em forma de falo para provocar o prazer sexual)" (MATTHEWS-GRIECO, 2010, p. 293). Dentro dessa lógica:

> a masturbação mútua entre parceiras femininas dificilmente era considerada como uma prática sexual, pois só um ato que comportasse a penetração e a ejaculação podia ser definido como uma verdadeira relação carnal. Esta é a razão pela qual as relações entre homens eram levadas a sério, ao passo que as relações entre mulheres eram ridicularizadas, julgadas necessariamente imperfeitas e insatisfatórias. A natureza criou o homem e a mulher de tal forma que a forte libido do sexo fraco garantisse que ela sempre escolheria a penetração heterossexual, de preferência à masturbação solitária ou ao amor lésbico, embora a iniciação sexual pudesse começar — segundo um *topos* recorrente na literatura erótica do século XVIII — por um antegosto sáfico do prazer sensual, um despertar dos sentidos que não fazia mais do que abrir o apetite para a experiência mais satisfatória da penetração heterossexual. (MATTHEWS-GRIECO, 2010, p. 293)

Assim, não há registro nessa época de algo que pudesse ter possibilitado algum senso de identidade compartilhada entre as "mulheres homossexuais", e poucas expressões públicas de sua existência.

> nenhuma rede clandestina, nenhum lugar de encontro público ou privado, nenhuma *Molly House* especializada estava à disposição das mulheres que amavam suas semelhantes. Como tinha pouca mobilidade no espaço público, o sexo feminino quase não gozava dessa liberdade que havia favorecido, no caso do seu homólogo masculino, uma subcultura homossexual que possuía sua própria identidade de grupo. (MATTHEWS-GRIECO, 2010, p. 299)

Mesmo os homens homossexuais, em algum nível, beneficiam-se da divisão sexual entre as pessoas. Por ser um operador hierárquico:

> esta divisão do mundo, esta cosmogonia baseada sobre o gênero, mantém-se e é regulada por violências: violências múltiplas e variadas as quais — das violências masculinas domésticas aos estupros de guerra, passando pelas violências no trabalho — tendem a preservar os poderes que se atribuem coletivamente e individualmente os homens à custa das mulheres. (WELZER-LANG, 2000, p. 461)

A invisibilidade lésbica, "deixar invisível a possibilidade lésbica" (RICH, 2010, p. 34), tanto por uma abordagem homossexual que não questiona divisão de gênero como por uma abordagem feminista que teme a estigmatização da lesbianidade, reforça o apagamento sistemático das vivências das mulheres sexualmente desviantes e, consequentemente, desviantes em seus papéis de gênero. A ideia de que a heterossexualidade é uma instituição política reforça o caráter opressor das relações homem/mulher e modifica aquilo que entendemos simplesmente por homofobia, tornando complexa a situação diferenciada entre gays e lésbicas.

Para Rich, o "reforço da heterossexualidade para as mulheres [é] como um meio de assegurar o direito masculino de acesso físico, econômico e emocional a elas" (RICH, 2010, p. 36). E o apagamento histórico das lesbianidades é parte de uma agenda política, para que não se garanta às mulheres que amam mulheres o "acesso a qualquer conhecimento de tradição, continuidade e esteico social" (RICH, 2010, p. 36). Segundo a autora,

> a destruição de registros, memórias e cartas documentando as realidades da existência lésbica deve ser tomada seriamente como um meio de manter a heterossexualidade compulsória para as mulheres, afinal, o que tem sido colocado à parte de nosso conhecimento é a alegria, a sensualidade, a coragem e a comunidade, bem como a culpa, a autonegação e a dor. (RICH, 2010, p. 36)

Se a epistemologia é a ciência do conhecimento, existe a crítica — da qual faz parte nomear o fenômeno — do epistemicídio, palavra cunhada por militantes negras e negros para dar conta de denunciar o apagamento sistemático das histórias, conhecimentos e tradições da negritude. Sueli Carneiro, filósofa antirracista brasileira, segundo consta no portal *Geledés*, definiu assim o conceito do epistemicídio:

> o aparelho educacional tem se constituído, de forma quase absoluta, para os racialmente inferiorizados, como fonte de múltiplos processos de aniquilamento da capacidade cognitiva e da confiança intelectual. É fenômeno que ocorre pelo rebaixamento da autoestima

> que o racismo e a discriminação provocam no cotidiano escolar; pela negação aos negros da condição de sujeitos de conhecimento, por meio da desvalorização, negação ou ocultamento das contribuições do Continente Africano e da diáspora africana ao patrimônio cultural da humanidade; pela imposição do embranquecimento cultural e pela produção do fracasso e evasão escolar. A esses processos denominamos epistemicídio. (CARNEIRO, 2014)

Negras e lésbicas, latinas sapatonas, caminhoneiras racializadas, lésbicas amarelas, mulheres indígenas que amam mulheres têm em comum a luta contra o perigo de serem deliberadamente esquecidas, engolidas por essa rede epistemicida que é tanto heterocentrada quanto racista e colonial (frente à experiência das indígenas que vivem relacionamentos homoafetivos, faz-se necessário acrescentar que a categoria "lésbica" muitas vezes não dá conta de nomeá-las. A pesquisadora Josiane Otaviano Guilherme escreveu sobre isso em sua monografia "Relacionamento homoafetivo, uma etnografia entre dois casais de mulheres ticunas", esclarecendo que "nos velhos tempos, não havia palavras gays e lésbicas para discriminar certas relações, nossos ancestrais não sabiam desses conceitos" (GUILHERME, 2017, p. 43). Isso não significa que não havia relações homoafetivas entre as mulheres e os homens ticunas; pelo contrário, essas pessoas têm nomes ancestrais, na língua indígena, para defini-los. Para a pesquisadora, portanto, chamá-las lésbicas traria uma carga discriminatória e branca-colonial, que as mulheres ticunas entrevistadas rejeitam). Tais questões não passam despercebidas à crítica de Adrienne Rich, que destaca os trabalhos de Anna Ata Aidoo, Toni Cade Bambara, Buchi Emecheta, Bessie Head, Zora Neale Hurston, Alice Walker, Donna Alegra, Red Jordan Arobateau, Audre Lorde, Ann Alley Shockley, dentre outras, que escreveram marcadamente como lésbicas negras (RICH, 2010, p. 20).

No entanto, "a história tende a enterrar o que ela procura rejeitar" (COOK, 1979, p. 719-720, apud RICH, 2010, p. 36), e as lesbianidades, principalmente as racializadas, fazem parte daquilo que não deveria "ficar para a história".

Fig. 13. Audre Lorde,
Meridel Lesueur e
Adrienne Rich em 1980
– Foto de K. Kendall

Fig. 14. Sueli Carneiro.
Foto: Mario Ladeira/
Acervo Trip

Assim, para Rich:

> Quando nós encaramos de modo mais crítico e claro a abrangência e a elaboração das medidas formuladas a fim de manter as mulheres dentro dos limites sexuais masculinos, quaisquer que sejam suas origens, torna-se uma questão inescapável que o problema que as feministas devem tratar não é simplesmente a "desigualdade de gênero", nem a dominação da cultura por parte dos homens, nem qualquer "tabu contra a homossexualidade", mas, sobretudo, o reforço da heterossexualidade para as mulheres como um meio de assegurar o direito masculino de acesso físico, econômico e emocional a elas. Um dos muitos meios de reforço é, obviamente, deixar invisível a possibilidade lésbica, um continente engolfado que emerge à nossa vista de modo fragmentado de tempos em tempos para, depois, voltar a ser submerso novamente. (RICH, 2010, p. 34)

As considerações de Matthews-Grieco de uma sociabilidade feminina que resultava em uma vida essencialmente entre mulheres, criando laços afetivos especiais, vão ao encontro da proposta de Rich de *continuum* lésbico (RICH, 2010, p. 37), que a autora elabora em diálogo com os escritos de Audre Lorde sobre erotismo (LORDE, 2019). Lorde percebe nos usos do erótico uma capacidade feminina poderosa. Ela escreveu:

> Existem muitos tipos de poder, reconhecidos ou ignorados, utilizados ou não. O erótico é um recurso intrínseco a cada uma de nós, localizado em um plano profundamente feminino e espiritual, e que tem firmes raízes no poder de nossos sentimentos reprimidos e desconsiderados. Para se perpetuar, toda opressão precisa corromper ou deturpar as várias fontes de poder na cultura do oprimido que podem fornecer a energia necessária à mudança. No caso das mulheres, isso significou a supressão do erótico como fonte considerável de poder e de informação ao longo de nossas vidas. (LORDE, 2019, p. 58)

Para Lorde, a posição hierarquicamente inferior das mulheres perante os homens faz parte de uma estrutura patriarcal que "ordenha" psicologicamente as mulheres (LORDE, 2019, p. 59). No entanto, o erótico ofereceria "uma fonte de energia revigorante e provocativa para as mulheres que não temem sua revelação" (LORDE, 2019, p. 59). Assim, um dos usos do erótico estaria no fato de ele ser uma fonte de estímulos para um desabrochar feminino, contrário a sua posição subalternizada. Dando enfoque a uma noção de compartilhamento entre mulheres, Audre Lorde continua:

> O erótico não pode ser sentido de segunda mão. Como uma lésbica negra feminista, tenho um sentimento, um conhecimento e um entendimento específicos em relação às irmãs com quem dancei muito, brinquei ou mesmo briguei. Essa intensa comunhão tem frequentemente precedido a articulação de ações conjuntas antes impossíveis.
>
> No entanto, essa carga erótica não é compartilhada facilmente entre as mulheres que continuam a operar sob uma tradição masculina exclusivamente europeia/americana. Sei que ela não me era acessível enquanto eu ainda tentava adaptar minha consciência a esse modo de viver e sentir.
>
> Só agora eu encontro mais e mais mulheres-que-priorizam-mulheres corajosas o suficiente para se arriscar a compartilhar a carga elétrica do erótico sem ter que desviar o olhar, e sem distorcer a extremamente poderosa e criativa natureza dessa troca. Reconhecer o poder do erótico nas nossas vidas pode nos dar a energia necessária para lutarmos por mudanças genuínas em nosso mundo, em vez de apenas nos conformarmos com trocas de personagens no mesmo drama batido.
>
> Pois não apenas entramos em contato com as fontes da nossa mais intensa criatividade, como também com o que é feminino e autoafirmativo diante de uma sociedade racista, patriarcal e antierótica. (LORDE, 2019, p. 65-66)

Não é uma proposta ingênua, mas profundamente política e engajada, concebendo a sexualidade e a afetividade dentro de um escopo político-espiritual. Adrienne Rich denuncia como a instituição da heterossexualidade transforma as experiências de compartilhamento entre mulheres em simplórios frutos do amargor, da rejeição, da "inveja do pênis" (RICH, 2010, p. 39): "sensualidade erótica que tem sido, seguramente, o fato mais violentamente apagado da experiência feminina" (RICH, 2010, p. 40). Já a heterossexualidade, caracterizada como compulsória pelo viés crítico de Rich, é apresentada como um "imperativo orgânico" (RICH, 2010, p.41) na vida das mulheres, sendo, assim, normal, natural e inata:

> Na tradição das ciências sociais, afirma-se que o amor primário entre os sexos é "normal", que as mulheres *precisam* dos homens como seus protetores sociais e econômicos, para a sexualidade adulta e para a complexão psicológica ou, então, que a família constituída heterossexualmente seria a unidade social básica, que as mulheres que não estão ligadas, em sua intensidade primária, aos homens devem ser, em termos funcionais, condenadas a uma devastadora marginalidade, muito maior que a de ser mulher. (RICH, 2010, p. 41)

O historiador francês Alain Corbin, em *O encontro dos corpos* (CORBIN, 2012), escreve sobre a ideia difundida, em meados da primeira metade do século XIX, da mulher lésbica como uma "espécie psicopatológica construída sobre o modelo de uma heterossexualidade disfarçada, adicionada de uma hipersexualidade":

> embora suas relações sejam vistas pelos homens como agitadas, convulsivas, a energia de sua *performance*, a sexualidade intensa que as leva de orgasmo em orgasmo parece algo tranquilizador. Tudo isso é prova da insaciabilidade devida à ausência do sêmen masculino, único capaz de levar a mulher à saciedade. (CORBIN, 2012, p. 252)

O próprio Corbin ironiza: "é consolador para o homem considerar que o prazer entre mulheres não constitui um fim em si mesmo" (CORBIN, 2012, p. 252). Para ele, o construído social do que seria uma lésbica:

Fig. 15. Audre Lorde e Gloria Joseph

> Alimenta-se dos fantasmas e das angústias dos homens. É uma exploração inquieta do insondável mistério do desejo e do prazer femininos. Ele reflete a fascinação exercida pela ideia de gozos inusitados e, sobretudo, ilimitados no tempo, que escapam ao *decrescendo* do desejo que o homem experimenta após o orgasmo. Esta figura do êxtase lesbiano incita, nele, a necessidade de imaginá-la e de expressá-la a fim de exorcizar seu mistério e, portanto, seu perigo. A lésbica, tenebrosa e fatal, tal como aparece nos textos masculinos do começo do século XIX, ilustra, ao mesmo tempo, a angústia suscitada pela sexualidade e a busca de uma beleza misteriosa. (CORBIN, 2012, p. 253)

O *êxtase lesbiano*, capaz de provocar tanta fascinação e ódio, é reelaborado como potência por Audre Lorde, como "manutenção do nosso poder" (LORDE, 2019, p. 65).

> Em contato com o erótico, eu me torno menos disposta a aceitar a impotência, ou aqueles outros estados do ser que nos são impostos e que não são inerentes a mim, tais como a resignação, o desespero, o autoapagamento, a depressão e a autonegação.
>
> E sim, existe uma hierarquia. Existe uma diferença entre pintar uma cerca dos fundos e escrever um poema, mas é apenas quantitativa. E não existe, para mim, nenhuma diferença entre escrever um bom poema e caminhar sob o sol junto ao corpo de uma mulher que eu amo. (LORDE, 2019, p. 64)

Fig. 16. Audre Lorde. Foto: Robert Alexander

Fig. 17. Fotografia de Zanele Muholi

Fig. 18. Livro de fotografias *Lesbians for Men* (Lésbicas para homens). Dian Hanson, TASCHEN, 2016

CAPÍTULO 6

SAGRADO CORAÇÃO

Conto que integra o projeto *História de Sapatão*, livro de minha autoria.

Chaleira que apita, crescente, e acusa a fervura do chá ou o leite que derrama pela metade no alumínio quente do fogão, as palavras borbulharam para fora de sua garganta, saídas de todos os orifícios cavernosos de sua cabeça. Imagine um homem careca gritar para uma menina nova, de uniforme do time de vôlei do Colégio Sagrado Coração, que não chorava: você sabe o que é PARAÍBA? MULHER MACHO? SAPATONA? Mulher que beija mulher, ele cospe na cara da filha.

O que aconteceu horas antes foi assim: Andressa havia sido deixada em casa pela amiga, Cidinha, que apesar da idade já dirigia o próprio carro velho. Há meses, elas faziam pequenos rituais que terminavam em longas caronas até a casa com portão branco. Dentro do carro, Andressa respirava fundo, cheirando o ar quente e abafado do carro de Cidinha, que tinha o cheiro da Cidinha, e a carona se estendia por voltas e mais voltas na cidade que não era grande.

Cida assistia a todos os jogos do time de vôlei do Sagrado Coração. Sempre ia. Sempre levava Andressa de volta pra casa e uma vez, muito cansadas, pararam na praça de uma igreja e Cidinha repousou a cabeça no colo de Andressa. Elas tocavam as mãos, às vezes. Coração tumtumtumtum, das duas. Mas até o dia em que o pai careca e bravo perguntou se ela sabia o que era sapatona, mulher macho, paraíba, a ideia não tinha ainda corpo.

Depois disso teve.

III.

COMO EU EXPLICO ISSO PRO MEU FILHO?

CAPÍTULO 7

BEIJO GAY E IDEOLOGIA DE GÊNERO

Uma tentativa de construir uma história lésbica, seja na sociologia ou na história da arte, envolve confrontar silêncio, apagamento, deturpação e preconceito — cada qual representando um obstáculo formidável ao pesquisar e ao escrever historicamente. Como é possível reconstruir uma história a partir de evidências parciais, ausentes, ocultadas, negadas, ofuscadas, banalizadas, quando não suprimidas?
A metodologia tradicional da pesquisa histórica e, por extensão, o sistema de valores usado para avaliar a qualidade dos textos escritos em nome da história, são necessariamente superdeterminados pela priorização de fontes primárias. Mas e se essas fontes primárias não existirem porque os governos não contaram ou documentaram o(s) assunto(s) histórico(s); ou porque a perseguição social e política a tais sujeitos os encorajou a se silenciarem; ou porque o preconceito permitiu que famílias e biógrafos destruíssem documentos como cartas e diários que continha o conteúdo crucial que poderia constituir testemunho ou evidência? Algumas historiadoras lésbicas, compreensivelmente, acreditam que existam mais informações sobre as lésbicas do passado do que as que temos acesso e, portanto, mais fontes e mais história tradicional está por vir. Mas também se poderia facilmente assumir que a disponibilidade de provas escritas sobre lésbicas e lesbianismo seja significativamente menos presente e existente que as próprias lésbicas e a lesbianidade de fato foram, nos séculos xix e xx na história europeia e americana.

LAURA COTTINGHAM

Em setembro de 2019, acontecia na cidade do Rio de Janeiro a x Bienal do Livro. Em alguns estandes da Bienal, era comercializada a HQ *Vingadores: A Cruzada das crianças*. A trama é a história de uma heroína desaparecida, a Feiticeira Escarlate, que, para seu resgate, conta com a ajuda dos Vingadores (personagens adultos) e dos Jovens Vingadores, trabalhando juntos. "Por seu trabalho na saga dos Jovens Vingadores, o roteirista Allan Heinberg foi indicado em 2006 ao prêmio Eisner, um dos mais importantes do mundo" (GAGLIONI, 2019), publicou o *Nexo Jornal*, esclarecendo que, no Brasil, a HQ só foi lançada em 2016, como parte da *Coleção Oficial de Graphic Novels* pela Editora Salvat. A edição era colorida e de capa dura, da categoria "Álbum de luxo". Já havia sido comercializada em 2017 na Bienal do Livro, justamente no primeiro ano do mandato do prefeito Marcelo Crivella.

No entanto, na quinta-feira, 5 de setembro de 2019, Crivella publicou no *Twitter* um vídeo no qual afirmava ter enviado à organização da Bienal uma determinação para recolher todas as cópias de *Vingadores: A Cruzada das crianças* que estivessem no evento. Na reportagem "O que há de ilegal na censura de Crivella na Bienal do Rio" (GAGLIONI, 2019), o *Nexo Jornal* resumiu:

> Na HQ, há uma cena em que os personagens Hulkling e Wiccano, dois homens, se beijam. No vídeo, Crivella diz que o quadrinho "traz conteúdo sexual para menores" e que, por isso, deveria circular embalado em plástico preto, lacrado, com um aviso sobre o teor do conteúdo. O prefeito diz que a decisão está "protegendo os menores da cidade". (GAGLIONI, 2019)

A Bienal não recolheu os exemplares, e a ação de Crivella foi considerada "censura", "homofobia" e "conduta abusiva da prefeitura" por inúmeros profissionais da Lei, como é o caso dos que foram ouvidos pelo *Nexo*: Ariel de Castro Alves, advogado, ex-conselheiro do Conanda, Conselho Nacional dos Direitos da Criança e do Adolescente, e atual conselheiro do Conselho Estadual dos Direitos Humanos de São Paulo; Iberê Dias, juiz da infância pelo Tribunal de Justiça de São Paulo; Thiago Amparo, professor de direitos humanos e diversidade da FGV Direito de São Paulo. Todos foram unânimes em esclarecer que apenas o Poder Judiciário poderia decidir se os exemplares poderiam ou não ser vendidos, deliberando se seu conteúdo era, de fato, pornográfico, como sugeriu Crivella. Thiago Amparo avaliou a ação do prefeito da seguinte maneira:

> A justificativa legal do prefeito Marcelo Crivella, baseada nos artigos 78-80 do ECA que falam de conteúdo impróprio, inadequado, pornográfico ou obsceno para crianças e adolescentes, é descabida porque pressupõe que o afeto por meio do beijo entre dois personagens masculinos seria algo em si pornográfico, o que não é o caso dada a plena igualdade de direitos de casais LGBTs e heterossexuais. Definir afeto LGBT como obsceno é fazer uma diferenciação de conteúdo que não cabe ao prefeito, e sequer é feita para casais heterossexuais. O mesmo beijo não seria considerado impróprio pelo prefeito entre dois personagens de sexos opostos. Para Crivella, a obscenidade não está no desenho mas no fato de ser um casal LGBT, o que configura discriminação que a própria legislação fluminense proíbe. Ademais, há de se prestar atenção na natureza do evento em questão. É um evento aberto a diferentes públicos e não somente a crianças e adolescentes, recolher os livros impõe censura a todo o público do evento. (GAGLIONI, 2019)

No rastro desse acontecimento, proponho pensar: do que é capaz uma imagem de afeto? É muito comum o argumento para a censura de vinculações de imagens de afeto LGBTQI+ ser pautado no medo do que a visão do amor entre um casal não hetero pode causar em uma criança ou uma adolescente, com a justificativa de que essas pessoas estão ainda em formação e devem ser protegidas. É claro que esse questionamento é consequência de um pressuposto de que todos os seres humanos são inatamente heterossexuais (e que, se não sofrerem nenhum desvio, "o caminho normal" é o de ser heterossexual), mas, olhando o argumento mais de perto, parece possível demonstrar que essa reclamação é também uma crença no poder das imagens e das representações.

Mesmo quando as/os roteiristas oficiais não concebem seus personagens como homossexuais/bissexuais/não heterossexuais, destaca-se o esforço da disputa pela representação e representatividade LGBTQI+. Isso pode acontecer quando, por exemplo, são criadas as *fanfics*, que são, em muitos sentidos, uma ferramenta de subversão. Escritas por fãs, são emprestadas personagens já existentes na cultura midiática (ou figuras públicas, como as cantoras e atrizes), e as narrativas se desdobram em uma infinidade de possibilidades. Um exemplo é *Skyfall*, somando mais de 200 mil *views* no *site Spirit Fanfiction*: trata-se de uma história baseada no romance fictício das cantoras internacionalmente famosas Camila Cabello e Lauren Jauregui. As produções *femslash* (que são as de romance entre mulheres) são também uma forma potente de exploração da própria sexualidade de jovens LGBTQI+, sendo capazes de reinventar narrativas que não possuem essa representatividade e reelaborá-las de forma não heteronormativa. Com a internet, uma grande parcela da população jovem tem acesso a esse tipo de informação, e adolescentes, uma vez inseridos nessas comunidades, sentem-se parte integrante de algo maior, experimentando suas afetividades, sexualidades e erotismos de maneira menos solitária e dolorosa. Com o fenômeno das *fics*, absolutamente qualquer HQ poderia virar uma *história erótica homossexual.*

De fato, ninguém "vira gay" porque *viu* um "beijo gay" ilustrado em uma revista. Entretanto, a impossibilidade de conceber uma afetividade ou um comportamento que destoe da norma talvez possa atrasar a identificação de crianças e adolescentes LGBTQI+, que se desenvolvem sob o regime da heterossexualidade de uma forma compulsória e infeliz.

De toda maneira, como podemos observar com o caso da HQ *Vingadores: A Cruzada das crianças*, há uma enorme e poderosa manifestação da força contrária, repressiva, contra tudo aquilo que se apresenta como alternativa à norma hetero-patriarcal, porque, justamente, tal alternativa colocaria em risco "as nossas crianças". Crivella afirmou, em seu *Twitter*: "Pessoal, precisamos proteger as nossas crianças" (CRIVELLA, apud GAGLIONI, 2019).

Fig. 19. Reprodução do livro *Vingadores: A Cruzada das Crianças* da Marvel

A influenciadora paranaense branca Jéssica, da página *Jessicão A Opressora*, em um vídeo repostado pelo canal oficial de Jair Bolsonaro, começa seu vídeo de apoio ao então candidato à presidência dizendo: "Bolsonaro e Sapatão, no mesmo vídeo? O que é isso?". O título do vídeo é: "Jéssica, de Londrina/PR, e as minorias. Quem é o preconceituoso?". Nele, ela afirma que veio desmentir esses "grupinhos L,G,B,T,Q,I.... não dá nem para se atualizar: esses comunistas, petistas, psolistas, que ficam mentindo que Bolsonaro é homofóbico". Batendo no peito, ela diz:

> Eu, sapatão, já estive com Bolsonaro e NUNCA fui tratada com homofobia, NUNCA fui tratada com preconceito por ele. Ele luta contra ideologia de gênero dentro das escolas; querem tirar a inocência das crianças, querem estragar a infância das nossas crianças com essa patifaria de ideologia de gênero. Essa luta nunca foi homofobia. (JESSICA A OPRESSORA, on-line)

Segundo ela, os preconceituosos são os "grupinhos de ativistas", que não permitem que ela frequente mais bares LGBTs por ser eleitora de Bolsonaro. Já seu candidato, "só está lutando a favor das nossas crianças, a favor da nossa família, poxa!". Outra apoiadora lésbica de Bolsonaro, Karol Eller, posicionou-se na internet dizendo:

> Eu sou sim a favor de Bolsonaro, porque em momento algum eu vejo que essas coisas que o pessoal tenta manchar a figura de Bolsonaro, dizendo que ele é contra os gays, eu não vejo nenhuma palavra saindo da boca dele dizendo que ele odeia os gays. Eu acho que ele, assim como eu também, repudia o ativismo. Eu também sou contra o ativismo, então ele não é contra mim, porque não sou uma gay ativista, eu sou uma gay que vivo a minha vida e acho que tem muitos gays também que simplesmente querem viver as suas vidas, eu sou desse tipo. Eu acho que a minha sexualidade não é da conta de ninguém, não tem que ser exposta pra ninguém e ninguém tem que dar pitaco. Ou seja, eu não tenho problema nenhum quando o Bolsonaro se refere aos gays ativistas porque não me incluo nesse pacote (KAROL ELLER, on-line).

É importante expor a cruzada antigênero para me situar no mundo (2018, 2019, 2020, Brasil), e as questões das lesbianidades estão dentro desse escopo. Não posso encarar a minha escrita aqui simplesmente destacada dessa realidade, separada da divulgação moralista da "ideologia de gênero", intimamente preocupada com a manutenção da ordem econômica capitalista-colonial-patriarcal-racista.

Diante disso, pretendo materializar alguns exemplos de apagamento das realidades de sujeitas e sujeitos dissidentes, em detrimento de uma hegemonia heteronormatizada. Não é incomum que a lesbianidade passe às cegas na vida de muitas mulheres, que vão descobrir ou explorar sua sexualidade muito depois de terem sido engolidas por um mundo de afetos obrigatoriamente heterossexuais, ou vivido uma vida celibatária porque "não viam" uma outra possibilidade.

Marco Aurélio Máximo Prado e Sonia Corrêa são os organizadores do dossiê *Retratos transnacionais e nacionais das cruzadas antigênero* (PRADO E CORRÊA, 2018), publicado pela *Revista Psicologia Política* em dezembro de 2018. Dentre os artigos, há o trabalho de Rogério Diniz Junqueira (JUNQUEIRA, 2018), "A invenção da 'ideologia de gênero': a emergência de um cenário político-discursivo e a elaboração de uma retórica reacionária antigênero" (JUNQUEIRA, 2018, p. 449-502).

O autor chama atenção à marcante e incisiva presença de um ativismo religioso, de amplas frentes, muitas vezes apresentadas como laicas (ou simplesmente civis), que

> encontraram em um neologismo ou, mais precisamente, no sintagma neológico 'ideologia de gênero' (ou 'teoria do gênero' e outras variações), um artefato retórico e persuasivo em torno do qual reorganizar seu discurso e desencadear novas estratégias de mobilização política e intervenção na arena pública. (JUNQUEIRA, 2018, p. 451)

A ofensiva reacionária e fundamentalista não é apenas local, mas se desdobra transnacionalmente, assumindo a conformação de "guerras culturais" ao conquistarem o centro do debate público em diversos países (JUNQUEIRA, 2018, p. 451). Segundo o autor, "em diferentes circunstâncias, no curso de batalhas por hegemonia, processos de reorganização do discurso político por parte de tais cruzados morais parecem conduzir, inclusive, a uma reconfiguração dos cenários de disputa discursiva" (JUNQUEIRA, 2018, p. 451). Isso se dá, em certa medida, porque esses grupos "demonstram saber se valer e se apropriar do léxico e da gramática antigênero para alavancar sua visibilidade e sua influência" (JUNQUEIRA, 2018, p. 452). O estudo de Junqueira percebe nessa retórica uma matriz católica, conclusão tomada "a partir da análise de documentos eclesiásticos e textos de religiosos e laicos produzidos no âmbito desse projeto de poder" (JUNQUEIRA, 2018, p. 452), rastreando assim

> o processo de configuração de um cenário político-discursivo em que setores ultraconservadores da Santa Sé, em articulação com atores do mundo católico e outras forças políticas, engajaram-se na elaboração de uma retórica antigênero, na qual o sintagma "ideologia de gênero" emergiu, adquiriu centralidade e contribuiu para catalisar estratégias de poder que investem na mobilização da ordem moral e no revigoramento de visões de mundo tradicionalistas. (JUNQUEIRA, 2018, p. 452)

Tais grupos possuem interesse em "promover uma agenda política moralmente regressiva" (JUNQUEIRA, 2018, p. 451) e, notadamente, buscam reafirmar "disposições tradicionalistas, pontos doutrinais dogmáticos e princípios religiosos 'não negociáveis'" (JUNQUEIRA, 2018, p. 451). Cito o autor:

> Assim, como é próprio das disputas por hegemonia [...], que envolvem a produção e a ativação de práticas e representações sobre a totalidade da vida e do mundo, no cerne dessa ofensiva, as estratégias discursivas orientam-se não apenas a contrastar concepções desnaturalizantes de humanidade, corpo, gênero e sexualidade, mas sobretudo a promover a rebiologização da diferença sexual, a renaturalização das arbitrariedades da ordem social, moral e sexual tradicional, a (re)hierarquização das diferenças e a

afirmação restritiva, (hetero)sexista e transfóbica das normas de gênero. (JUNQUEIRA, 2018, p. 452)

O caráter transnacional da ofensiva pode ser visto, de maneira bastante ilustrativa, no documentário *Gênero sob Ataque* (2018). Nele, acompanhamos a cruzada antigênero de Costa Rica, Peru, Colômbia e Brasil: políticos conservadores, pastores, padres, pessoas comuns se mobilizaram, mesclando ataques a políticas de prevenção ao feminicídio, educação sexual, contra LGBTQI+fobia. Um pânico moral poderoso, sob o pretexto de que, por exemplo, essas políticas buscam "homossexualizar" as crianças desde a escola, ou que são ações de grupos organizados de pedófilos que querem ter acesso a crianças.

Em 2018 o Brasil elegeu o candidato de extrema direita, abertamente homofóbico, Jair Messias Bolsonaro, que dava declarações mentirosas sobre políticas públicas (como as tímidas iniciativas do Projeto Escola Sem Homofobia) que, segundo ele, estavam "estimulando o homossexualismo e escancarando as portas para a pedofilia" (veja o vídeo no *YouTube*, "Bolsonaro: sou homofóbico sim! E com orgulho!"). Em uma entrevista, ao ser questionado: "o senhor se considera homofóbico?", Bolsonaro respondeu "sim, para defender a família", e acrescentou, referindo-se à imunidade parlamentar, regra que "impede que deputados e senadores respondam na Justiça por discursos proferidos no mandato": "e eu tenho imunidade pra falar que sou homofóbico sim, com muito orgulho, se é pra defender as crianças nas escolas".

Em "Nota Oficial sobre o Projeto Escola Sem Homofobia", publicada no *site* do Ministério Público Federal, há a seguinte explicação:

> O que é o Projeto Escola Sem Homofobia? O Projeto Escola Sem Homofobia, apoiado pelo Ministério da Educação/Secretaria de Educação Continuada, Alfabetização e Diversidade (MEC/SECAD), tem como objetivo contribuir para a implementação do Programa Brasil sem Homofobia pelo Ministério da Educação, através de ações que promovam ambientes políticos e sociais favoráveis à

> garantia dos direitos humanos e da respeitabilidade das orientações sexuais e identidade de gênero no âmbito escolar brasileiro. (NOTA DO MINISTÉRIO PÚBLICO, *on-line*)

Uma análise de situação justificando o projeto e suas atividades se encontra ao final desse documento. O Projeto foi planejado e executado em parceria entre a rede internacional *Global Alliance for LGBT Education* — GALE; a organização não governamental Pathfinder do Brasil; a ECOS — Comunicação em Sexualidade; a Reprolatina — Soluções Inovadoras em Saúde Sexual e Reprodutiva; e a ABGLT — Associação Brasileira de Lésbicas, Gays, Bissexuais, Travestis e Transexuais. Todas as etapas de seu planejamento e execução foram amplamente discutidas e acompanhadas de perto pelo MEC/SECAD.

Bolsonaro é um político conservador, de extrema direita, mas é necessário acrescentar, como aponta Junqueira, que:

> as batalhas sobre o que conta como natural ou social em relação a gênero e sexualidade não se repartem simples e linearmente entre direita ou esquerda [...]. Não se excluem situações em que, movidos por diferentes razões, atores e forças políticas comumente associados ao pensamento crítico possam adotar posições que, quanto a questões de gênero e sexualidade, os coloquem em sintonia com uma direita moral. (JUNQUEIRA, 2018, p.452)

Um exemplo disso ocorreu em 26 de maio de 2011, quando, como diz manchete do jornal *Folha de S. Paulo*, "Sob pressão, Dilma faz concessões ao Congresso" (CRUZ, BRAGON, FLOR, 2011), seguido de "Presidente atende à bancada religiosa e cancela kit anti-homofobia do MEC". A matéria esclarece:

> Em meio à sua primeira derrota no Congresso, com seu principal ministro enfraquecido e um clima de crescente rebelião na base aliada, a presidente Dilma Rousseff foi obrigada a fazer concessões ao Legislativo. Cedeu à bancada religiosa do Congresso e anunciou ontem a suspensão do kit anti-homofobia depois de deputados evangélicos e católicos protestarem contra o material didático

Fig. 20. "Con mis hijos no te metas": a reação da direita às comemorações feministas do 8 de março de 2017 no Peru

> que seria distribuído nas escolas pelo Ministério da Educação. Os evangélicos ameaçavam obstruir a pauta e votar a favor da convocação do ministro Antonio Palocci (Casa Civil) para explicar a multiplicação de seu patrimônio, revelada pela Folha. (CRUZ, BRAGON E FLOR, 2011)

Em coletiva de imprensa (veja o vídeo "Dilma Rousseff vetou o 'Kit Anti-Homofobia' que segundo Fernando Haddad 'nunca existiu'"), a presidenta Dilma anuncia o cancelamento do kit anti-homofobia dizendo:

> (...) o governo defende a educação e também a luta contra práticas homofóbicas, no entanto, o governo não vai... não vai ser permitido, a nenhum órgão do governo, *fazer propaganda de opções sexuais*. Nem de nenhuma forma, nós não podemos interferir na vida privada das pessoas. Agora, o governo pode sim fazer uma educação de que é necessário respeitar a diferença e que você não pode exercer práticas violentas contra aqueles que são diferentes de você. (DILMA, EM COLETIVA DE IMPRENSA , *on-line*, grifos nossos)

É absolutamente inconcebível *equiparar* a postura da presidenta Dilma Rousseff à de Jair Bolsonaro. No entanto, colhemos em 2018, na campanha eleitoral que elegeu o então deputado, os frutos da postura conciliadora, sintonizada com a direita moral, que podemos observar no exemplo do Projeto Escola Sem Homofobia protagonizado por Dilma em 2011. Na campanha de Bolsonaro, sete anos depois, o *kit anti-homofobia* se transformou definitivamente no *kit gay*, mentira instrumentalizada para a instauração do pânico moral, chave de sua diligência. Mesmo depois de eleito, Bolsonaro jamais abriu mão de sua narrativa, declarando ao *Jornal Nacional*, no dia 29 de outubro de 2018:

> Eu ganhei o rótulo, por muito tempo, de homofóbico. Na verdade, eu fui contra a um kit feito pelo então ministro da Educação, Haddad, em 2009 para 2010, onde chegaria nas escolas um conjunto de livros, cartazes e filmes onde passariam crianças se acariciando

> e meninos se beijando. Não poderia concordar com isso... (CARTA CAPITAL, 2018)

De fato, a argumentação antigênero necessita da criação de supostos "grupos radicais" (como é o caso, dentro da retórica mentirosa de Bolsonaro, do tal grupo responsável pelo *kit gay*, liderado por Fernando Haddad) que, "por meio de discursos envolventes sobre a promoção da igualdade e o questionamento dos estereótipos, promoveriam a disseminação e imposição ideológica de um termo novo, perigoso e impreciso: o *gender*/gênero" (JUNQUEIRA, 2018, p. 452). Como explica Junqueira, os *radicais* teriam uma agenda clara:

> Seu intuito seria extinguir a "diferença sexual natural" entre homens e mulheres, heterossexuais e homossexuais, difundindo-se a crença enganosa de que tais diferenças seriam meros produtos de processos opressivos de construção social e que poderiam constituir simples escolha do indivíduo. Para o Vaticano e seus aliados, seria preciso interromper esses manipuladores, pois tal agenda político-ideológica, ao subverter a ordem natural da sexualidade, comportaria uma autêntica ameaça à "família natural", ao bem-estar das crianças, à sobrevivência da sociedade e da civilização. (JUNQUEIRA, 2018, p. 452)

Enquanto lutam contra *a ideologia de gênero* — ideologia doutrinada conforme crenças e valores de um sistema de "pensamento único", "hermético, deliberadamente ambíguo, sedutor, enganoso, danoso e manipulador da natureza humana" (JUNQUEIRA, 2018, p. 453) —, agentes como Bolsonaro fantasiam, disfarçam *sua própria ideologia*: pois a maneira como *eles* enxergam o mundo é apresentada e percebida "como ordenamentos naturais para continuarem a ser impostas e perpetuadas como legítimas, necessárias, imutáveis ou inevitáveis" (JUNQUEIRA, 2018, p. 454). Como explica Junqueira:

> Processos relacionados ao estabelecimento ou à manutenção de hegemonia envolvem produção e ativação de práticas e represen-

> tações sobre a totalidade da vida e o mundo, no curso dos quais se desdobram disputas em torno do cultivo de sentidos, significados, valores, percepções relativas à constituição de senso de realidade para a maioria das pessoas de uma sociedade [...]. Então, não é surpresa que nas arremetidas polêmicas contra a "ideologia de gênero" assumam centralidade os esforços para não apenas rechaçar a desmistificação de compreensões naturalizadoras do humano, do sexo, da sexualidade e das relações sociais, mas também para investir na (re)hierarquização das diferenças, especialmente a partir da rebiologização essencializadora das concepções de *família* (declinada sempre no singular: a "única família natural", patriarcal, biologicamente radicada, fundada na união monogâmica homem-mulher, presumivelmente por matrimônio sacramentado e indissolúvel, com prole), *matrimônio* (intíma comunhão de vida e amor conjugal, e inscrito na natureza do homem e da mulher), *maternidade* (atributo e vocação inerente à mulher, também mãe--esposa-afetuosa-cuidadora-submissa), *filiação* (biologicamente estabelecida mediante a conjugalidade complementar homem-mulher), *parentesco* (equiparado à consanguinidade), *sexo* (realidade fundamentalmente corpórea, ordenada e finalizada à procriação), *sexualidade* (ligada à complementaridade imanente entre homem e mulher), *heterossexualidade* (expressão da complementaridade e única via natural de manifestação do desejo sexual e de realização da vocação reprodutiva), *identidade* e *diferença sexual* (binárias, fixas, inalteráveis, cromossômicas e hierarquizadas). (JUNQUEIRA, 2018, p. 454-455)

Assim como gênero é uma questão política e (sempre) ideológica, a questão da sexualidade também é. E, é importante ressaltar, apesar de a sexualidade tangenciar o gênero, sexo e sexualidade exigem abordagens rigorosas e específicas. Também é um erro acreditar e difundir a ideia de que esses temas só podem ser debatidos por pessoas que vivem "fora da norma". Todo mundo deveria debater e se engajar em um pensamento crítico sobre sexo, sexualidade, gênero, hierarquias, diferenças etc. Essa é uma afirmação difícil de fazer. Vou voltar a ela, mas antes quero dividir uma história que aconteceu comigo.

Durante o segundo ano do mestrado, eu participava do Grupo de Estudos em Lesbianidades, organizado pela professora Joana Ziller, quando ela estendeu às participantes um convite feito por um professor da Faculdade de Educação, Paulo Henrique de Queiroz Nogueira. Ele estava nos chamando a participar de uma aula de sua disciplina sobre gênero e sexualidade, na qual o tema debatido seria o pensamento lésbico, particularmente Monique Wittig e Adrienne Rich. No final, só eu pude ir. Revisei as autoras mais uma vez, li as traduções específicas com que eles estavam trabalhando. Ele me apresentou para a turma e me disse que eu poderia falar livremente, quando quisesse, e abriu o debate sobre os textos. No começo, só os homens falavam, as mulheres pareciam acanhadas. Os homens dividiam suas dúvidas, contavam casos, pensavam alto. Eu fui a primeira a me fazer ouvir. Falei sobre o que eu achava potente na obra de Rich e Wittig, principalmente no ponto em que Rich nos convida (a todas as mulheres) a pensar detidamente sobre sexualidade. Melhor dizendo, repensar a heterossexualidade, que, segundo Rich, se apresenta compulsoriamente a todas as mulheres. O professor então me explicou que todos os homens na sala eram gays e todas as mulheres eram heterossexuais. Brincando, eu respondi: *por enquanto!*

Meu ponto não era que eu esperava que elas se "convertessem", mas que eu achava que uma das potências do pensamento lésbico é a de desestruturar certas "verdades imputadas" sobre o desejo e o erotismo feminino. Eu disse o quanto isso era problemático: ver que as "mulheres heterossexuais" não sentiam que lhes convinha participar ativamente sobre um debate sobre teoria lésbica. Debater a lesbianidade é debater a sexualidade, e, consequentemente, a heterossexualidade. Outro problema que me incomodava (e incomoda) é a ideia de que pessoas LGBTQs seriam, necessariamente, indivíduos com uma visão progressista, o que, em contrapartida, acaba por imputar às pessoas não LGBTQs um caráter conservador, à revelia.

No final da aula, uma das alunas me procurou. Ela me disse que sempre se sentia envergonhada de se dizer mulher cisgênero e heterossexual, principalmente porque, em sua pesquisa, ela estava em contato com mulheres trans, com muitas lésbicas e bissexuais. Ela me disse: "eu percebi que eu também tenho o que dizer". Então a gente conversou sobre respeito, sobre pontos de vista diferentes, sobre ter tato na hora de dividir, falar e ouvir, sobre tomar cuidado para não cair no mesmo lugar de sempre, o da vergonha, da culpa e do silêncio.

Às vezes é difícil admitir que todo mundo deveria ter lugar em um debate sobre gênero e sexualidade, porque em geral precisamos assegurar que vozes nunca ouvidas pronunciem sua diferença. E que vozes autorizadas/autoritárias aprendam a ouvir, respeitar, dividir. Nas eleições de 2018, (apesar de a maioria dos eleitores do projeto protofascista brasileiro ser de homens, brancos e ricos), vimos pessoas LGBTQI+, pessoas negras e mulheres em geral apoiarem o candidato LGBTQI+fóbico, racista, misógino. Isso tem que nos ensinar alguma coisa sobre aliança, solidariedade e respeito.

CAPÍTULO 8

SUPERPODERES DE INVISIBILIDADE

[...]

eu tive uma namorada
com superpoderes
de invisibilidade
e quando andava com ela
também era invisível
mas quando ela usava
uma blusa transparente
virava a incrível
mulher-teta
eu continuava
sob o guarda-chuva
de superpoderes
superinvisível
invejável
ao lado das
cervejas e
superamendoins

ANGÉLICA FREITAS

Fig. 21. Encontro com Liliana Porter e Ana Tiscornia na Beatriz Gil Galería (2016)

*

A artista Liliana Porter é o tema da nossa aula. As luzes estão apagadas por conta do projetor: na tela à nossa frente, uma senhora de pele e cabelos brancos, cortados curtos, aproxima-se calmamente com uma caixa cheia de miniaturas. Atrás dela, outra senhora, pele clara, cabelos brancos e curtos, vem trazendo mais das caixas com objetos. Minha empolgação aumenta: *são um casal!* Liliana Porter monta, calmamente, seu trabalho combinando e encenando seus objetos: homenzinhos, soldados, xícaras, cacos, um piano de criança, quebrado. É um vídeo da obra *Man with Axe* [Homem com machado] (2017). Ninguém fala da outra mulher, na sala de aula, mas é claro (é?) que as duas são companheiras. A outra mulher é Ana Tiscornia, e ela nasceu no Uruguai. Liliana Porter é argentina, e ambas moram nos Estados Unidos. As duas são artistas e às vezes trabalham juntas. Na verdade, nada em suas obras poderia dizer, necessariamente, algo sobre lesbianidade. Mas, como Porter e seu impulso colecionador de bibelôs e pequenas estatuetas, eu transformo as duas em parte da minha mais amada coleção imaginária de artistas lésbicas.

*

Em "Artistas Lésbicas", publicado originalmente em 1978, no livro *Our Right to Love* [Nosso Direito de Amar], a artista, crítica e curadora norte-americana branca Harmony Hammond escreveu:

> O que posso lhes dizer, senão a verdade? Não temos uma história. Nem sequer somos visíveis umas às outras. Muitas artistas famosas do século 20 são lésbicas, mas, se são famosas como artistas, nunca se menciona que são lésbicas ou como isso pode afetar a vida, a obra ou os processos de trabalho delas. O máximo que temos é Romaine Brooks (1874-1970), mas ela era rica e se abrigava em mansões, cercada por condessas elegantes. Pode parecer uma maravilha, mas não é realista para os meus 360 dólares por mês. Rosa Bonheur

(1822-1899) viveu 40 anos com sua Natalie e usava calças, mas não achava que outras mulheres deveriam fazer a mesma coisa.

Na minha pesquisa por artistas lésbicas contemporâneas, gastei muita energia me perguntando e especulando sobre as mulheres que recusavam papéis femininos passivos e se dedicavam à arte. Afinal, elas tinham moças como assistentes e acompanhantes. Mas há um espaço entre nós — um tempo… um silêncio enorme como o deserto, porque a história ignora as artistas visuais lésbicas. O patriarcado se apoderou delas.

Por causa desse silêncio, das palavras omitidas das biografias das artistas lésbicas, não temos modelos a adotar, não temos possibilidade de desenvolver um trabalho que reconheça a experiência lésbica como fonte criativa para a arte e como contexto para explorá-la. Recuso-me a deixar que me descartem dessa maneira — que apaguem minha existência como lésbica e como artista. Recuso-me a calar; quero que as artistas lésbicas tenham visibilidade.

A arte não só reflete como também cria e transforma a realidade cultural. A realidade cultural é um todo, formado por realidades individuais. Revelei-me lésbica antes de me deitar com uma mulher. Foi em meu trabalho que confrontei a mim mesma, dei forma a meus pensamentos, medos, fantasias e ideias.

[...] Onde coloco minha energia criativa é uma decisão política. É importante que nos identifiquemos não só como artistas, mas também como lésbicas. Ninguém virá nos dar espaço ou visibilidade. Nós é que temos de conquistá-los. Como não temos história, podemos começar a pintar, desenhar, tecer e escrever nossa própria história. Em sororidade… (HAMMOND, 2019, p. 82-83)

Fig. 22. Harmony Hammond por Judith Cooper, 2010

Fig. 23. Autoretrato de Romaine Brooks - Smithsonian American Art Museum (1923)

Não é uma postura absurda nem alarmista Harmony Hammond escrever que *se recusa a deixar que a descartem, que a apaguem* tanto enquanto lésbica como enquanto artista. Justamente, a crítica, curadora e artista visual norte-americana lésbica Laura Cottingham (COTTINGHAM, 1996) escreve em *Notes on Lesbian* [Notas sobre Lésbica] sobre o apagamento sofrido por Hammond em um contexto bastante complexo: de tentativa de dar *visibilidade às mulheres artistas*. Cottingham considera que, desde 1996, houve apenas duas exposições de museus organizadas nos Estados Unidos que especificamente destacaram (e denominaram) trabalhos produzidos pelo movimento de arte feminista da década de 1970. As exposições foram: *Division of Labor: "Women's Work" in Contemporary Art* (1995) [Divisão do Trabalho: "Trabalho de Mulher" em Arte Contemporânea], organizada pelo Bronx Museum Angeles; e *Sexual Politics: Judy Chicago's "Dinner Party" in Feminists Art History* (1996) [Política Sexual: "Dinner Party" de Judy Chicago na História da Arte Feminista], organizada pelo Armand Hammer Museum da Universidade da Califórnia, Los Angeles. Para ela, ambas as exposições se abstiveram de demarcar a energia artística da década de 1970 como movimento artístico e incluíram a arte das décadas de 1980 e 1990, o que, segundo Cottingham, foi uma decisão curatorial que minimizou a posição geradora dos anos setenta. Isso porque, ao esticar a influência do feminismo ao longo das três décadas, os curadores estariam reduzindo a arte feminista a uma mera tendência, e não a marcando como um movimento importante que aconteceu nos anos 1970. No entanto, as exposições inadvertidamente reconheceram a posição formativa da década de setenta para as produções subsequentes, pelo simples fato de que, nas *checklists* das exposições, as primeiras obras remetiam ao final dos anos 1960 e 1970.

Ainda segundo Cottingham, a exposição *Sexual Politics* traçou uma trajetória complicada e calorosamente contestada da história da arte, ao situar dezenas de mulheres artistas dos anos setenta, oitenta e noventa em torno de uma peça central, a obra feminista, do final dos anos setenta:

"Dinner Party" (1979), de Judy Chicago. A centralidade curatorial e física atribuída a Chicago forçou mais do que só algumas feministas dos anos setenta a se recusarem a participar da exposição. Cito Cottingham:

> Tanto *Division of Labor* quanto *Sexual Politics* super heterossexualizaram o movimento de arte feminista da década de 1970, através da omissão e falta de contextualização da arte feita por e sobre lésbicas. O eclipsar do lesbianismo aparece em cada um dos títulos das exposições. A "Divisão do Trabalho" sugere imediatamente a divisão heterossexualizada sob a qual as mulheres são elencadas como empregadas domésticas dos homens, donas de casa e esposas — uma conotação corroborada por uma ênfase curatorial nas obras que interagiam com a tradição dos artesanatos domésticos. Ao incluir obras de arte inspiradas no artesanato feita por homens dos anos 80 e 90, *Division of Labor* atingiu uma posição curatorial que propunha um diálogo homem-mulher, sem reconhecer o diálogo ou a argumentação feita entre mulheres lésbicas e não lésbicas. Harmony Hammond era a única lésbica incluída em *Division of Labor*. Apesar de Hammond publicamente, em seu trabalho, promover a visibilidade lésbica como artista, escritora e educadora, suas peças expostas *Floorpieces* foram discutidas no ensaio da curadora exclusivamente no contexto do minimalismo; especificamente, como referência a Carl Andre! De fato, enquanto historiadores e críticos insistirem em examinar toda e qualquer obra de arte em relação ao trabalho de artistas (mais) famosos (brancos) e homens, as possibilidades de entender a arte lésbica, na verdade toda arte, continuarão sendo bastante reduzidas. (COTTINGHAM, 1996, p. 76)

O que Cottingham aponta é, em última instância, a problemática da própria definição da categoria mulher, em detrimento, obrigatoriamente, da categoria homem, fator que institucionaliza a heterossexualidade. Com relação à exposição *Sexual Politics*, cujo título é emprestado do título do livro mais famoso de Kate Millett, Cottingham problematiza a ideia de uma "política sexual" que não é crítica à heterossexualidade: tanto a mostra como o livro desconsideram as autoras lésbicas e as implicações sobre lesbianidade. Assim, ambas as exposições relegaram a lesbianidade

Fig. 24. Judy Chicago – Dinner Party (1979)

e as lésbicas à marginalidade. Para Cottingham, embora a *Sexual Politics* inclua mais artistas lésbicas (como Tee Corinne, Nicole Eisenman e Cheryl Glaulke), seus trabalhos são deixados sem explicação dentro da exposição: nenhuma das duas mostras abordou a crítica que o feminismo lésbico dos anos setenta e suas praticantes artistas propuseram para o movimento feminista. Assim, segundo Cottingham, a inclusão ilustrativa das obras de algumas artistas lésbicas, considerando o abandono seus contextos, "parece ser um dos dispositivos mais populares para impedir as implicações reais de toda política de identidades" (COTTINGHAM, 1996, p. 76-77). Assim, para a autora:

> as pessoas fazem um aceno à lesbianidade, sem reconhecer sua perseguição, usam a palavra *gênero* mas esquecem de discutir sexismo ou escrevem a palavra *raça* quando o verdadeiro problema é o racismo. (COTTINGHAM, 1996, p. 76-77)

"Quantas vezes", ela questiona, "fui perguntada por historiadores e críticos de arte heterossexuais, depois de algumas taças de vinho, se realmente importa se uma artista é lésbica ou gay?"; ao que responde:

> Permitam-me dizer que para muitas de nós isso é muito importante — e é obviamente de importância significativa para os governos do passado e do presente que promulgaram e continuam a promulgar leis e outras proibições contra nós. (COTTINGHAM, 1996, p. 74)

Dessa maneira, quando Hammond se queixa da energia gasta em busca de outras artistas lésbicas e conclui que não as encontra porque *o patriarcado se apoderou delas*, é necessário pontuar que nessa apropriação existem forças e mecanismos diversos, que se combinam e obtêm êxito, mesmo no que tange àquelas que publicamente se assumem e reivindicam a lesbianidade, como é o caso de Hammond. *Superpoderes de invisibilidade*, como a namorada de Angélica Freitas, no poema: seja pela presunção de heterossexualidade; seja por uma noção de "privacidade" que aparece,

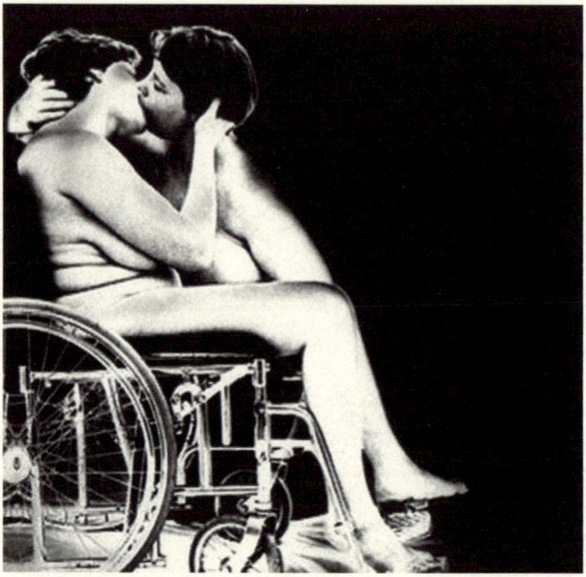

Fig. 25. Fotorafia de Tee Corinne

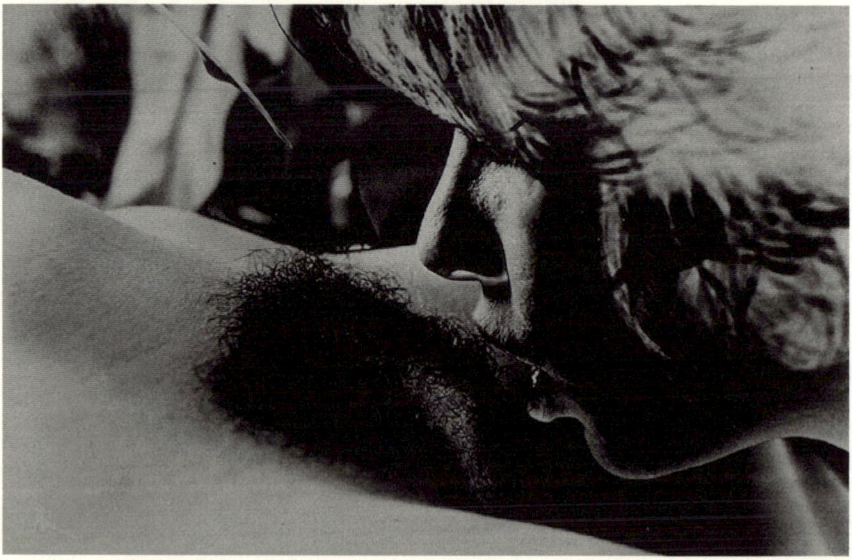

Fig. 26. Fotorafia de Tee Corinne

ironicamente, quando pessoas heterossexuais pensam nas pessoas LGBTQIs (em uma noção torta que não percebe que a realidade não é neutra, mas heteronormativamente hegemônica); seja por um desejo da pessoa sexualmente discordante de se resguardar (quando é possível) perante uma situação perigosa ou constrangedora. O "Lesbi-Lambe", trabalho da lésbica soteropolitana Eduarda Nieto, é para ser colado pelos muros das cidades. Ele diz: *ela não é minha amiga, ela é mia gata*. A *sapatão da sua rua* assina a declaração. O lambe-lambe é uma afronta à possibilidade de aplicar uma demão de heterossexualidade a todas as mulheres.

Eve Kosofsky Sedgwick, poeta e crítica literária norte-americana branca de origem judaica, escreve sobre o "segredo aberto" ou o "armário", a visibilidade e o sigilo em *A epistemologia do armário*. Para ela:

> Mesmo num nível individual, até entre as pessoas mais assumidamente gays há pouquíssimas que não estejam no armário com alguém que seja pessoal, econômica ou institucionalmente importante para elas. Além disso, a elasticidade mortífera da presunção heterossexista significa que, como Wendy em *Peter Pan*, as pessoas encontram novos muros que surgem à volta delas até quando cochilam. Cada encontro com uma nova turma de estudantes, para não falar de um novo chefe, assistente social, gerente de banco, senhorio, médico, constrói novos armários cujas leis características de ótica e física exigem, pelo menos da parte de pessoas gays, novos levantamentos, novos cálculos, novos esquemas e demandas de sigilo ou exposição. Mesmo uma pessoa gay assumida lida diariamente com interlocutores que ela não sabe se sabem ou não. (SEDGWICK, 2007, p. 22)

Para Sedgwick, o armário é mais que uma simples característica na vida das pessoas gays. Ele é uma presença formadora, mesmo nos casos afortunados de gente que recebe apoio de suas comunidades e pode viver abertamente sua sexualidade. Sedgwick apresenta o exemplo de Joe Acanfora, caso que aconteceu no Condado de Montgomery, Maryland, em 1973. Acanfora era professor em uma escola quando foi transferido para uma posição sem funções de ensino pelo Conselho de Educação, após seus supervisores descobrirem que ele era gay. Acanfora ficou indignado e falou sobre seu caso aos telejornais, e mesmo assim a renovação de seu contrato foi negada. Ele entrou com um processo, e o desenvolver das decisões é bastante esclarecedor. Depois de discordarem dos motivos para manter o professor fora da sala de aula, a Corte de Apelações foi categórica:

> negou a Acanfora o direito de entrar com o processo, com base em que ele deixara de registrar, em sua primeira candidatura ao emprego, que, na universidade, fora dirigente de uma organização homófila estudantil — registro este que teria impedido que ele fosse contratado, conforme admitiram à corte alguns dirigentes da escola. (SEDGWICK, 2007, p. 24)

Desse modo, "o argumento para manter Acanfora fora da sala de aula, assim, não era mais que ele revelara demais sobre sua homossexualidade, mas o oposto, que ele não revelara o suficiente" (SEDGWICK, 2007, p. 24). A Suprema Corte recusou o recurso. A administração da informação sobre a sexualidade heterodiscordante, digamos assim, é um assunto delicado e por vezes paradoxal. O segredo e a revelação da sexualidade, a possibilidade de assumir-se ou esconder-se revelam simbolicamente as contradições e dificuldades no discurso sobre homossexualidade. Para Sedgwick:

> grande parte da energia de atenção e demarcação que girou em torno de questões relativas à homossexualidade desde o final do século XIX, na Europa e nos EUA, foi impulsionada pela relação distintivamente indicativa entre homossexualidade e mapeamentos mais amplos do segredo e da revelação, do privado e do público, que eram e são criticamente problemáticos para as estruturas econômicas, sexuais e de gênero da cultura heterossexista como um todo; mapeamentos cuja incoerência capacitadora, mas perigosa, foi condensada de maneira opressiva e duradoura em certas figuras da homossexualidade. "O armário" e "a saída do armário", ou "assumir-se", agora expressões quase comuns para o potente cruzamento e recruzamento de quase todas as linhas de repre-

Fig. 27. Fotografia de Angélica Freitas

Fig. 28. Lesbilambe, lambe-lambe por Eduarda Nieto

> sentação politicamente carregadas, têm sido as mais magnéticas e ameaçadoras dessas figuras. (SEDGWICK, 2007, p. 26)

A autora nos conta de ter ouvido na rádio alguém referindo-se aos anos 1960 como década em que "os negros saíram do armário". Nesse sentido, sair do armário seria assumir politicamente uma posição. No entanto, diferente da questão da homossexualidade, que por vezes pode ser perfeitamente disfarçada, uma pessoa negra não consegue esconder a cor de sua pele se assim o desejar. Nem uma mulher gorda, como é o caso de Sedgwick, é capaz de por vezes esconder-se e por vezes revelar-se enquanto mulher gorda. Para a autora, o par segredo/revelação figura ao lado do par público/privado e, com eles, "outros pares tão básicos para a organização cultural moderna, como masculino/feminino, maioria/minoria" (SEDGWICK, 2007, p. 28-29). Sedgwick analisa o discurso sobre homossexualidade encontrando contradições naquilo que ela chama de "problema da definição homo/heterossexual" (SEDGWICK, 2007, p. 51), que tende a apresentar-se como par enganosamente simétrico e antagônico. No entanto, a realidade não se apresenta como "ou isto ou aquilo", mas dotada de contradições, situações específicas, paradoxalmente uma coisa e outra. Da mesma maneira:

> O efeito do impasse da definição de gênero, assim como o do impasse minoritarizante/universalizante, deve ser visto, antes de mais nada, na criação de um campo de incoerência discursiva altamente estruturada e intratável num nódulo crucial da organização social. (SEDGWICK, 2007, p. 52)

Deixo então sublinhada a complexidade do problema que estou enfrentando aqui. De um lado, a pauta da identidade, a criação de um imaginário de representações lesbianas, a importância política de marcar-se como sujeito dissidente, apagado, discordante. Do outro lado, a problemática da definição monolítica, os limites do posicionamento político, as incoerências entre os sujeitos individuais e as organizações coletivas, o fantasma sempre presente do autoritarismo quando por vezes queremos que a realidade se encaixe em nossa síntese de mundo, a tarefa difícil de lidar com a diferença. Mesmo a metáfora que usei agora, "de um lado/ por outro lado", é uma categorização binária: útil para a comunicação da minha análise, mas incapaz de dar conta da constelação do problema.

Não sei se há como *resolver* isso, um universo de contradições. Por isso decido por trazer os trabalhos, as artistas, as teóricas, as poetas (muitas vezes uma mesma autora é tudo isso, como eu mesma sou), e tentar um *estudo da própria incoerência*, como propõe Sedgwick. Estudar "o indivisível espartilho de incongruências sob cujo alcance frustrante se desenrolaram, na maior parte do século, os enredos mais produtivos e mais mortíferos de nossa cultura" (SEDGWICK, 2007, p. 53). É uma boa justificativa para pesquisar *em arte* — e como artista — a questão das lesbianidades.

Fig. 29. Eve Kosofsky Sedgwick, Durham, NC, 1992.
Foto de H. A. Sedgwick.

Fig. 30. Joe Aconfara.

CAPÍTULO 9

AMIGAS ÍNTIMAS

Um poema que vou escrever para sempre (coleção).

Tem a Virgínia Woolf
Tem a Angélica Freitas
Tem a Rafaela Silva do judô
Tem a Mulher Aranha
e a Conga
La Conga
espanhola lindíssima
cabelos pretos
uma pinta em cima da boca

Tem a King Kong
que era menina
mas não usava sutiã
nem depilava
ela não usava roupa nenhuma
e era vegetariana
tomou a mocinha por boneca
e já ia desfigurá-la
com uma caneta
para fazer uma maquiagem *bic*
e sobrancelha definitiva
muito na moda nos anos 90
quando ela gritou
ela gritou mas demorou a gritar
porque apesar de tudo a educação
era mais forte que o medo

Linda, uma fofa, ela
mas hétero
um mal-entendido

As chaves da minha casa estão em um tirante
que minha namorada comprou pra mim
em uma viagem pra praia
Já falei disso outras vezes, já escrevi
Cinco lésbicas em um celtinha prateado
A faixa etária: vinte e sete
porque havia lésbica de trinta e dois e lésbica de vinte e três
A vinte-três dirigindo na BR
As cinco pararam num restaurante de beira de estrada
e o tirante estava em exibição
junto com os salgadinhos
salsicha empanada no espeto
o cafezinho
uma coleção absurda de móveis antigos
e umas cuspideiras de porcelana

O tirante é como um colar
para quem não sabe
ou tipo as antenas de uma medalha
pendurada no pescoço daquela sapatão do handball
nas olimpíadas da escola
é vermelho
vivo
antes de encardir
lê-se:
Ford caminhões Ford caminhões Ford caminhões Ford caminhões
do começo ao fim dando a volta

Cinco reais em uma obra prima
todos os dias eu o ostento no pescoço
nunca mais tranquei a porta
e esqueci a chave na fechadura
e isso já é uma vitória

Tem a Marlene Mattos
Tem a Gertrude Stein
Tem a tia Eliana
a Angela Ro Ro
Tem a Bruna Linzmeyer
a Priscila Visman
Tem a Cássia Eller
a Maria Eugênia
Tem o boato que a Xuxa e a Veveta

Tem pelo menos duas do sertanejo
Todas da MPB
a Maria Gadú
e a Lua Leça também
a Ellen Oléria
e a Poliana Martins
Marielle Franco
e a Mônica Benício
Pepê e Neném
Potiguara e Potiara
Tem a Daniela Mercury
e tem a Malu Verçosa
90% das goleiras
de handball e futsal
99% das jogadoras de rugby
nacionais e internacionais
profissionais e amadoras
No vôlei tem demais e no ballet
tem
as que dirigem
as que pilotam
Luana Barbosa dos Reis
Tem as cinco lésbicas no carro de passeio
Ford caminhões Ford caminhões Ford caminhões Ford

IV.

ARQUIVO TRÍBADE

CAPÍTULO 10

INSTAURAR O RASTRO, CORROMPER O ARQUIVO, INVENTAR *THE WATERMELON WOMAN* DE *CHERYL DUNYE*

Rumo ao I Encontro Nacional de Jovens Feministas, por vezes fomos surpreendidas com questionamentos que nos interpelavam sobre o lugar de onde falávamos. Ouvíamos: De que lugar as Negras Jovens Feministas estão falando? Nossa resposta não poderia ser outra: Falamos do lugar das indocumentadas, aquelas de quem a história "oficial" não cita nomes e sobrenomes; as resistentes Mulheres Negras sequestradas na África e escravizadas no Brasil, as guerreiras quilombolas, as sobreviventes do 14 de Maio de 1888. Muito pouco foi escrito sobre as lutas emancipatórias dessas Mulheres Negras, e esse pouco do que sabemos nos foi transmitido por nossos gritos, acervo ancestral vivo que com sua sabedoria preservaram histórias e segredos de Yabas, da dialeticamente matricialidade africana de GUELEDES E YALODES; de negras mulheres cujas existências foram profundamente marcadas e diferenciadas pela resistência à opressão de raça e gênero, imposta pelo regime escravista, patriarcal e capitalista.

LATOYA GUIMARÃES

O longa-metragem de 1996 dirigido por Cheryl Dunye, seu filme de estreia, *The Watermelon Woman*, retrata a vida de uma jovem negra e lésbica de 25 anos, Cheryl, e sua amiga Tamara, também jovem, lésbica e negra. Ambas vivem os anos noventa na Filadélfia, uma populosa cidade do estado da Pensilvânia nos Estados Unidos da América. Cheryl e Tamara trabalham em uma videolocadora e fazem filmagens comerciais. A cena de início do filme consiste em uma recepção de casamento que as amigas filmam. Há convidados vestidos a caráter, bebidas e comidas. Escutamos a voz da pessoa por trás da câmera. É Cheryl, que então deixa os "bastidores" e aparece, pela primeira vez, pedindo licença, com uma voz assertiva, ao fotógrafo, um senhor branco, que havia invadido a cena que ela estava se preparando para filmar. Ela diz: "você não está vendo o equipamento de vídeo, por que você não vai embora e espera sua vez?".

Esse é o primeiro movimento de mudança de foco que Cheryl marca, ao pedir para o homem branco sair e esperar a vez. A cena do casamento também é a primeira cena em que vemos Tamara e Cheryl e *percebemos* suas maneiras de vestir-se, movimentar-se, falar. Ambas têm cabelos muito curtos, pequenos brincos nas orelhas, vestem camisas e calças e se comportam de uma forma "não feminina": sapatão. Logo no início, há também uma cena em que Tamara explicita sua lesbianidade, ao falar sobre o desejo de levar a namorada para jantar naquela noite.

Na volta para casa, dentro de um carro, Tamara filma a cidade, e as duas amigas mantêm um diálogo despreocupado sobre o clima, os projetos de Cheryl e os planos de Tamara. Até agora, tudo a que estamos assistindo é do ponto de vista das filmagens que elas fazem, e seus diálogos aparecem para nós como se capturados casualmente. Tamara filma a cidade sob o pretexto de mostrar aos noivos sua própria impressão do dia do casamento deles, colocando em si o estatuto de autoria de uma filmagem de casamento que foi contratada para fazer. Ao mesmo tempo, Cheryl pede os equipamentos de vídeo para continuar o filme no qual está trabalhando, e Tamara se mantém cética a respeito. Somos apresentadas finalmente ao *The Watermelon Woman*, como projeto de Cheryl, sobre o qual Tamara diz: "quem é *The Watermelon Woman*? Que diabos é *The Watermelon Woman*? Quem se importa?".

Na cena seguinte, Cheryl, conseguiu o equipamento com a amiga. Ela aparece sozinha em sua casa, com outras roupas — uma blusa branca e uma calça larga escura. Ela se senta na frente da câmera e começa a responder a esta pergunta:

> Eu estou trabalhando para ser uma diretora de cinema. O problema é que eu não sei sobre o que eu quero fazer o filme. Eu sei que tem que ser sobre mulheres negras, porque nossas histórias nunca foram contadas. Então eu tenho alugado filmes... não, eu não tenho alugado filmes, mas eu tenho pegado filmes da locadora que eu trabalho e peguei filmes de 1930 e 1940 que têm mulheres negras, como Hattie McDaniel, Louise Beavers. Em alguns destes filmes as atrizes negras nem entram nos créditos e eu fiquei totalmente chocada com isso. (*THE WATERMELON WOMAN*, cena do longa metragem, 1996)

Tanto o formato tradicional de narração ficcional como o formato do documentário são utilizados nesse filme. Algumas cenas parecem um vídeo-diário da vida de Cheryl, outras estão de acordo com os métodos tradicionais de narrar uma história, isto é, formulação na qual a história é estruturada por cenas filmadas por uma câmera "escondida", reforçando a ilusão cinematográfica de uma realidade ficcional. Há também momentos em que Cheryl entrevista a si mesma e a outras pessoas. Cheryl deixa evidente sua vontade de contar histórias sobre as mulheres negras, histórias que nunca foram contadas.

No texto "Negras jovens e feministas: nossos passos vieram de longe", escrito por Latoya Guimarães em 2008, a autora diz falar "do lugar das indocumentadas" e que as mulheres negras são "aquelas de quem a história 'oficial' não cita nomes e sobrenomes" (GUIMARÃES, 2016, p. 20). Djamila Ribeiro, em *Feminismo negro para um novo marco civilizatório* (RIBEIRO, 2017), retoma o pensamento crítico da escritora estadunidense bell hooks (pseudônimo de Gloria Jean Watkins, que a autora escolheu grafar em minúsculas para que sua importância como autora recaia sobre seus livros, e não sobre a autoridade de seu nome) para pensar "como as opressões se combinam e entrecruzam, gerando outras formas de opressão" (RIBEIRO, 2017, p. 354), fundamentais para se pensar outras formas de existência. Djamila retoma o debate das feministas negras, mobilizando Sojourner Truth e Angela Davis (DAVIS, 2016), que questionavam a situação da mulher negra perante a situação da mulher branca e o estatuto radicalmente diferente de cada uma. Apesar de as feministas negras já se utilizarem das análises interseccionais (isto é, que consideravam a dinâmica de interação entre eixos de subordinação como raça, classe, gênero, sexualidade, por exemplo), é em 1989 que Kimberlé Creshaw (CRESHAW, 1989, apud RIBEIRO, 2017, p. 355) cunha o termo *interseccionalidade* em sua tese de doutorado. As feministas negras sofisticam o debate acerca das questões "das mulheres" ao incluírem o debate da interseccionalidade.

O trabalho de Grada Kilomba (KILOMBA, 2012, apud RIBEIRO, 2017, p. 356), por sua vez, questiona o status de "outro absoluto" dado à mulher branca no pensamento feminista de Simone de Beauvoir, em *O segundo sexo* (BEAUVOIR, 1980, p. 23). Para Kilomba, tanto a mulher branca quanto o homem negro possuem um status oscilante com o qual, em dados momentos, podem ser tidos como sujeitos. A partir desta constatação, Kilomba permite que se pense a especificidade da mulher negra, rompendo com sua invisibilidade (RIBEIRO, 2017, p. 356-357). Segundo Ribeiro, "para usar os termos de Beauvoir, seria a mulher negra, então, o outro absoluto" (RIBEIRO, 2017, p. 357).

Esse aporte teórico a respeito das intersecções de opressões, seu dinamismo e consequências, bem como a consideração de nossa herança escravocrata, patriarcal e classista, permite-nos encarar com mais ferramentas a obra de Cheryl Dunye e seu papel enquanto cineasta, que em *The Watermelon Woman* está interpretando uma versão de si mesma, mulher lésbica negra de 25 anos com o sonho de se tornar diretora de cinema. Cheryl nos mostra uma cena que encontrou em suas pesquisas, um VHS de título *Plantation Memories*, no qual há "a mais linda criada [*mamy*],

Elsie". Cheryl filma sua televisão, mostrando-nos a estereotipada cena de uma criada negra consolando sua sinhá [*missy*] branca, que chora pela volta de seu amor. Cheryl, em seguida, torna a falar para a câmera, contando que o nome da atriz que interpreta Elsie aparece nos créditos como *Fae The Watermelon Woman Richards* [Fae Mulher Melancia Richards], uma desconsideração racista com o nome da atriz (que será, ao longo do texto, grafado de maneiras diferentes: tanto Fae, abreviação de Faith, como Richards, abreviação de Richardson. Todos esses nomes se referem à mesma personagem).

Vale ressaltar agora o caráter simbólico que a melancia possui com relação às pessoas negras nos Estados Unidos. O símbolo da melancia relacionado à raça surge no contexto da Guerra Civil norte-americana, na qual os negros escravizados ganharam sua emancipação. Libertas, as populações de ex-escravizados começaram a plantar, comer e vender melancias, fazendo delas, portanto, símbolo de sua liberdade. Os brancos sulistas responderam a esse movimento criando imagens racistas que relacionavam a melancia com a presença "não quista" das pessoas negras: sua suposta "sujeira", "preguiça", "infantilidade", de modo a disputar a simbologia da melancia e ligá-la definitivamente a estereótipos racistas (para mais informações sobre esse debate, conferir o texto do doutorando em história William R. Black, da William Marsh Rice University, publicado pelo jornal *The Atlantic* em dezembro de 2014). Para se ter uma ideia da força dessa simbologia, no contexto das eleições presidenciais que elegeram Barack Obama presidente dos EUA, em 2014, o jornal norte-americano *The Boston Herald* publicou uma tirinha que relacionava a negritude de Obama com a melancia, de autoria do cartunista Jerry Holbert. A repercussão foi tão ruim que o jornal, e também Holbert, tiveram que se desculpar publicamente.

Cheryl Dunye, por sua vez, retoma a imagem da melancia para, à sua maneira, disputar ela mesma sua representação. Ela nos diz que seu filme será sobre descobrir e nos contar tudo a respeito da chamada "mulher

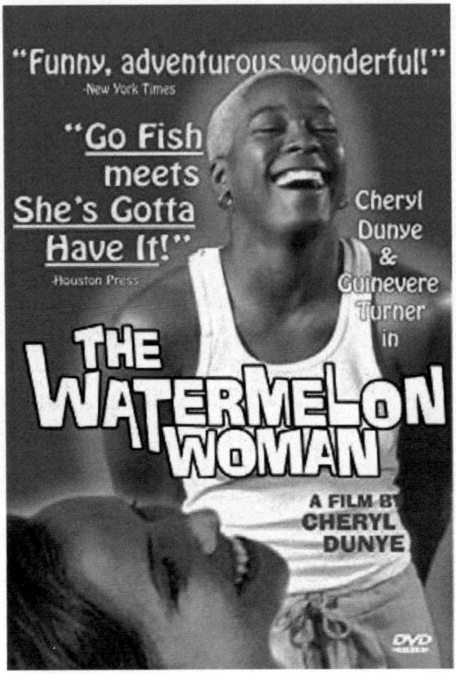

Fig. 31. Pôster de *The Watermelon Woman*

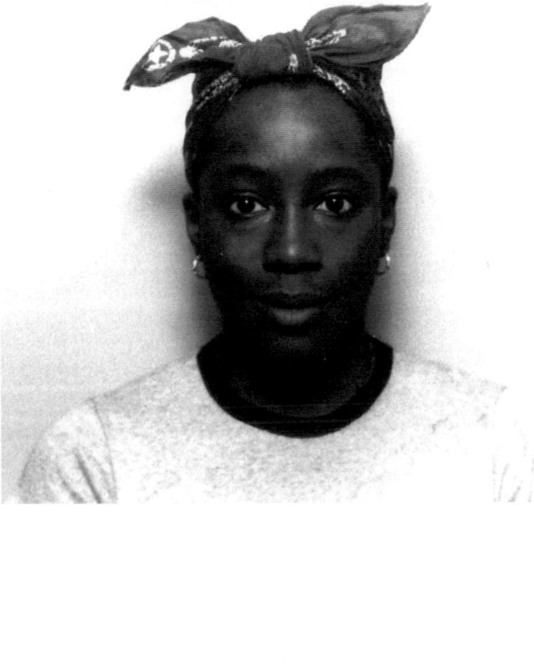

Fig. 32. Cheryl Dunye

Fig. 33. Djamila Ribeiro

Fig. 34. Angela Davis.
Foto: Editora Boitempo.

Fig. 35. bell hooks

Fig. 36. Sojourner Truth

melancia", "porque alguma coisa no rosto dela, alguma coisa na forma como ela é e se move é séria e interessante... e eu vou contar tudo". Então, nós vemos, finalmente, a entrada do filme. Sob um fundo preto, em verde e rosa, está escrito *The Watermelon Woman, um filme de Cheryl Dunye.*

Aprofundando-se no processo da pesquisa sobre a vida da atriz Fae Richards, Cheryl descobre que Fae teve um relacionamento com a diretora de *Plantation Memories*, Martha Page. Page, por sua vez, era uma mulher lésbica e branca. Sobre isso, em seu texto "Procurando Fae: The Watermelon Woman e a possibilidade da lésbica negra", Laura L. Sullivan acredita que a tensão primária do filme ocorre na intersecção de raça e sexualidade e questões do relacionamento lésbico interracial (SULLIVAN, 2000, p. 448). A própria Cheryl se envolve, no decorrer da narrativa, com uma mulher branca, Diana, interpretada pela atriz Guinevere Turner (também uma mulher lésbica!) que em 1994 interpretou o papel de Max, uma jovem homossexual, no filme *Go Fish,* dirigido por sua amante na época, Rose Troche.

A relação de identificação entre Fae e Cheryl, com o paralelo metafórico e visual com outras mulheres negras, lésbicas ou não, é trabalhada pela diretora/atriz Dunye, em momentos como o *lip sync* que Cheryl faz da cena de Fae em *Plantation Memories*: ela se senta na frente da televisão com uma bandana amarrada na cabeça e dubla as falas de Elsie, fazendo caras e bocas, com ironia, mas com carinho e generosidade. Termina tirando a bandana e assoando o nariz nela, como se tivesse chorado, e dá um sorriso amoroso no final. Outra cena que materializa essa relação de identificação e reconhecimento é a de Cheryl mostrando fotos de Fae Richards e outras mulheres negras, com a câmera focada em seu próprio rosto: ela vai passando as fotos impressas, uma a uma, diante de si, mas seus olhos permanecem visíveis por trás das imagens. "Um gesto de conexão", nas palavras de Sullivan (SULLIVAN, 2000, p. 450). Segundo ela, "ainda que no fim o que temos seja uma história construída (ficcional) conectada a uma figura construída mas 'real', Cheryl, a personagem, representa [*standing in for*] Cheryl Dunye, a cineasta" (SULLIVAN, 2000, p. 450).

Annie é uma jovem lésbica branca que inicia seu trabalho na locadora de Tamara e Cheryl, para financiar seus estudos. A aparência *leather punk* de Annie, de maquiagem escura, cabelos coloridos, e o fato de usar, segundo Tamara, uma coleira de cachorro no pescoço, faz com que Cheryl tenha que lembrar à amiga que não se feche à diversidade. Diante da implicância de Tamara com Annie, Cheryl diz: "Tamara, você sabe que somos diferentes também". Apesar de as personagens do filme (Cheryl, Diana, Tamara, Annie, Stacy, Martha Page, Fae Richards) serem todas mulheres lésbicas de tipos muito diferentes, *The Watermelon Woman* não se resume simplesmente a um catálogo de variedades. Para Sullivan, o filme nos leva a questionar a ideia de "diferença" ela mesma (SULLIVAN, 2000, p. 453). O filme alcança uma amostra da complexidade das representações de identidade. A relação interracial de Fae Richards com Martha Page é discutida com a viúva de Fae, que Cheryl encontra ao final do filme. June Walker, uma lésbica negra, foi a última amante de Fae, e as imagens das duas, de cabelos brancos, trocando carinhos e jogando cartas em um ambiente doméstico, aparecem como registros dos últimos vinte anos de suas vidas cotidianas. Para June, Martha Page, a diretora branca, deveria ser retirada da história da vida de Faith Richardson. Por telefone, ela diz a Cheryl:

> Eu fiquei tão brava que você mencionou o nome da Martha Page. Por que você ia querer incluir uma mulher branca em um filme sobre a vida de Fae? Você não sabe que ela não tem nada a ver com como Fae deve ser lembrada? Eu acho que a alma dela se remói ao ver o mundo assisti-la em fotos de criada... Se você realmente é da "família", você tem que entender que nossa família só terá, sempre, uma à outra. (*THE WATERMELON WOMAN*, cena do longa metragem, 1996)

Nessa passagem, Walker reorganiza o que antes havia chamado por família, referindo-se à lesbianidade, na qual ela identificou Cheryl. "Eu sou uma irmã", Cheryl disse ao telefone para June no início da relação das duas. Ser uma irmã, nesse sentido, é uma forma de dizer que se é lésbica, como um eufemismo mas também um código entre as entendidas. No entanto, para Walker, família inclui raça e se limita às lésbicas que são mulheres negras (SULLIVAN, 2000, p. 460). Cheryl e June debatem acerca da questão da criação de uma identidade pública de grupo, fortalecendo o reconhecimento, o pertencimento e uma rede de diferenças. Contrariando-a, Cheryl não aceita a sugestão de June para a retirada da ex-amante branca da história da vida de Fae. Ela responde: "eu sei que ela significa o mundo para você, mas ela também significa o mundo para mim. E estes mundos são diferentes". Ela pontua, em seguida, as questões geracionais no debate e a relação de inspiração que Cheryl estabelece com Faith Richardson: "o que ela significa para *mim* — uma mulher negra de vinte e cinco anos, significa algo mais [*something else*]" (SULLIVAN, 2000, p. 453).

Há um componente geracional nessa disputa. Apesar de a postura de June ser mais combativa em torno do problema, é importante resgatar o pensamento de Patricia Hill Collins, que debate a questão da autodeterminação por parte de mulheres negras. Em *Pensamento feminista negro: o poder da autodefinição* (COLLINS, 2019), Hill Collins retoma o trabalho de Jacqueline Bobo para afirmar que as mulheres negras (no caso, estadunidenses)

> não eram consumidoras passivas das imagens controladoras sobre a condição de mulher negra. Ao contrário, essas mulheres elaboraram identidades criadas para empoderá-las. (COLLINS, 2019, p. 272)

Nem Cheryl nem June e muito menos a própria Fae Richardson estão deixando de rejeitar a imagem controladora que relegava às mulheres negras o papel de *mammies* [traduzindo, algo como "mucamas", isto é, mulheres negras escravizadas que exerciam um papel mais próximo dos senhores, no ambiente doméstico]. Como observa Hill Collins:

Fig. 37. Parte do filme *The Watermelon Woman*. Fae e sua esposa June.

Fig. 38. "Coon caricature", em inglês, é uma representação racista de afro-americanos

> as vidas das mulheres negras são uma série de negociações que almejam à conciliação das contradições que separam nossas próprias imagens do eu, definidas internamente, como mulheres afro-americanas, de nossa objetificação como o outro. (COLLINS, 2019, p. 274-5)

Imersas nesses contextos, as diversidades de estratégias (da atriz que interpretou o papel da *mammy* para ganhar visibilidade, da esposa que se posiciona fortemente contra o estereótipo, da jovem diretora que busca ressignificá-lo) não são iguais, mas complexas e diversas. E, nesse sentido, a discordância entre elas é também significativa. Como aponta Patricia Hill Collins:

> Nunca existiu uma cultura de resistência uniforme e homogênea entre os negros norte-americanos — e essa cultura tampouco existe hoje. De qualquer modo, pode-se dizer que os negros norte-americanos compartilharam de uma agenda política e cultural comum, experimentada e expressada por eles de maneiras diferentes na condição de coletividade heterogênea. (COLLINS, 2019, p. 277)

Em seu texto *O olhar opositor: mulheres negras espectadoras* (HOOKS, 2019) publicado originalmente em 1992, bell hooks analisa o cinema hollywoodiano perante o olhar opositivo das espectadoras negras, que, segundo ela, "iam ao cinema com a consciência da forma como a raça e o racismo determinavam a construção visual de gênero" (HOOKS, 2019, p. 226). Cito hooks:

> Por assistir a filmes com um olhar opositor, mulheres negras foram capazes de avaliar criticamente a construção da feminilidade branca no cinema como objeto do olhar falocêntrico e escolher não se identificar com a vítima nem com o perpetrador. Espectadoras negras, que se recusavam a se identificar com a feminilidade branca, não aceitavam o olhar falocêntrico de desejo e posse, criaram um espaço crítico onde a oposição binária de Mulvey, que pressupõe

Fig. 39. Patricia Hill Collins

> "a mulher como imagem, o homem como dono do olhar", era desconstruída continuamente. (HOOKS, 2019, p. 226-227)

O ensaio de Laura Mulvey, "Prazer visual e cinema narrativo" (MULVEY, 2017), publicado originalmente em 1975, faz apontamentos críticos no que diz respeito à representação feminina no cinema hollywoodiano. Mulvey escreveu:

> Num mundo ordenado pelo desequilíbrio sexual, o prazer do olhar bifurca-se em ativo/masculino e passivo/feminino. O olhar masculino determinante projeta sua fantasia na figura feminina, que é estilizada em conformidade com ele. As mulheres, em seu tradicional papel exibicionista, são ao mesmo tempo contempladas e expostas, ostentando uma aparência codificada para causar um forte impacto visual e erótico, de modo que se pode dizer que conotam uma "contemplassividade". A mulher exposta como objeto sexual é o *leitmotiv* do espetáculo erótico [...], é ela que sustenta os olhares, quem brinca com o desejo masculino e lhe confere significado. [...] A presença da mulher é elemento indispensável ao espetáculo no filme narrativo normal, ainda que sua presença visual tenda a atuar contra o desenvolvimento do enredo, a congelar o fluxo de ação em momentos de contemplação erótica. (MULVEY, 2017, p. 47)

No entanto, como bem observa bell hooks, a presença da mulher nesses filmes não é uma presença qualquer, mas a da mulher branca. Ela elaborou:

> Em "A tecnologia de gênero", Teresa de Lauretis, baseando-se na obra de Monique Wittig, chama atenção para "o poder que têm os discursos de violentar as pessoas, uma violência que é material e física, embora produzida por discursos abstratos e científicos, bem como pelos discursos da mídia". Com a possível exceção dos primeiros filmes raciais, espectadoras negras tiveram que desenvolver relações de olhar com um contexto cinematográfico que constrói nossa presença como ausência, que nega o "corpo" da mulher negra assim como perpetua a supremacia branca e, com isso, uma experiência de espectador falocêntrica, na qual as mulheres a serem vistas como desejadas são as "brancas". (HOOKS, 2019, p. 220)

bell hooks também mobiliza a contribuição de Julie Burchill, em seu livro *Girls on Film* (BURCHILL, 1986), para apontar, inclusive, a obsessão pela criação de uma idealização dessa mulher branca:

> Quando atrizes negras com Lena Horne apareceram no cinema dominante, a maioria dos espectadores brancos não se dava conta de que via mulheres negras a menos que o filme fosse especificamente classificado como sobre negros. Burchill é uma das poucas críticas de cinema brancas que ousaram examinar a intersecção de raça e gênero em relação à construção da categoria "mulher" nos filmes como um elemento do olhar falocêntrico. Com sua perspicácia característica, ela afirma: "o que se pode dizer da pureza racial se as melhores loiras eram todas morenas (Harlow, Monroe, Bardot)? Acho que isso significa que não somos tão brancos como pensamos". Burchill poderia ter dito simplesmente "não somos tão brancos quanto queremos ser", pois a obsessão de transformar mulheres brancas em estrelas de filmes ultrabrancas era claramente uma prática cinematográfica que buscava manter uma distância, uma separação entre aquela imagem e a Outra negra; era uma forma de perpetuar a supremacia branca. (HOOKS, 2019, p. 222)

A crítica feminista das teóricas e espectadoras negras demonstra falhas na crítica feminista das teóricas brancas. O que se observa é que as vozes feministas brancas ocuparam um lugar mais difundido e debatido e, falhando em fazer uma leitura antirracista, em geral, não perceberam que a noção cinematográfica machista "da mulher" a qual criticavam era de uma mulher específica, e não de todas as mulheres. A espectadora negra exige um pensamento interseccional complexo, que considere gênero sem esquecer raça. Melhor dizendo, sem esquecer os componentes da diferença.

> Sem se identificar com o olhar falocêntrico nem com a construção da feminilidade branca como falta, a espectadora negra crítica constrói uma teoria de relações do olhar onde o prazer visual proporcionado pelo cinema é um prazer de questionar. Toda mulher negra espectadora com quem conversei, com raras exceções, falou de estar "na defensiva" no cinema. Comentando sobre como ser

Fig. 40. Frame do filme *The Watermelon Woman*

> uma espectadora crítica dos filmes de Hollywood a influenciou, a diretora negra Julie Dash declarou: "faço filmes porque sou essa espectadora!". Observando o cinema de Hollywood a distância, de um ponto de vista crítico e politizado que não deseja ser seduzido pelas narrativas que reproduzem a negação de quem ela é, Dash assistiu a filmes comerciais muitas vezes pelo prazer de desconstruí-los. (HOOKS, 2019, p. 232-233)

Em *The Watermelon Woman*, antes de mais nada, Cheryl é uma espectadora. Uma espectadora que não assiste aos filmes com um olhar ingênuo, mas com um olhar inquisidor, atento, de pesquisadora. Em seu texto, bell hooks arremata:

> Ao olharmos e nos vermos, nós mulheres negras nos envolvemos em um processo por meio do qual enxergamos nossa história como contramemória, usando-a como forma de conhecer o presente e inventar o futuro. (HOOKS, 2019, p. 240)

CAPÍTULO 11

INVENTADAS

No decorrer do filme, para dar conta de sua investigação sobre Fae e para conseguir contar sua história, Cheryl lança mão de variados procedimentos de pesquisa: ela entrevista pessoas, busca em bibliotecas e arquivos pessoais de pesquisadores de cinema. Em determinado momento, vai ao *Centro Lésbico de Informação e Tecnologia* (C.L.I.T./[em inglês, clitóris]). Annie, sua colega de trabalho, vai com ela para filmar. Elas são recebidas por uma mulher lésbica branca, que lhes apresenta o Centro e fala sobre as dificuldades de se manterem organizadas, pois dependem de trabalho voluntário. Quando a funcionária lhes dá acesso a uma caixa lotada de documentos e fotografias, pede para que nada seja filmado, mas Cheryl desobedece.

Annie e Cheryl saem de lá com o desagrado da funcionária, que fica chateada por não ter sido levada a sério. A metodologia documental da filmagem de *The Watermelon Woman*, as entrevistas e a visita a essa instituição — bem como a passagem para uma forma tradicional de narrativa de ficção em cinema — fazem com que cresça, durante todo o filme, a ambiguidade em torno da figura de Faith Richardson. As imagens que Cheryl encontra, as fotos que documentam a vida da atriz e mesmo um vídeo de um programa de TV que apresenta uma visita de Fae à cidade de Filadélfia abrem a questão acerca do caráter das imagens de arquivo: de que elas são capazes, de alguma forma, de representar com verdade o que as coisas foram, como a história aconteceu, na realidade.

É apenas no final do filme que a informação "Faith Richardson nunca existiu" aparece brevemente na tela, junto à frase "às vezes, nós temos que criar nossa própria história", assinada por Cheryl Dunye. Essas palavras têm lugar logo após uma longa apresentação de fotos comprobatórias da vida de Faith Richardson (é também interessante ressaltar que o nome de Faith significa, justamente, fé), que formam uma breve narrativa de sua vida, o trabalho final e o resultado das pesquisas de Cheryl que, segundo ela mesma, era o que todos nós estávamos esperando ver. Assim, após nos fazer acreditar que tudo aquilo era uma feliz verdade casualmente filmada, um vídeo-diário autobiográfico sobre uma jovem lésbica pesquisando uma figura do passado com a qual se identifica fortemente, recebemos a informação categórica da invenção (SULLIVAN, 2000, p. 457). É uma surpresa que demonstra o quanto acreditamos, ou queremos acreditar, nos arquivos e seus procedimentos.

Este caráter epistêmico e o status de mantenedor da verdade, característico dos arquivos, é tematizado pela professora espanhola branca Anna Maria Guasch, em seu livro *Arte e Arquivo* (GUASCH, 2011). Ela retoma o trabalho teórico de Allan Sekula que, segundo Guasch, seria um dos primeiros autores a abordar o "problema fotográfico", seja em sua função honorífica, que estava relacionada à prática do retrato burguês, seja em sua função repressiva, como no caso da fotografia policial. A fotografia, em seu início, esteve vinculada à ciência médica através das pseudociências racistas fisiognomia e frenologia, que buscavam formar um arquivo de traços físicos que pudessem indicar traços de caráter, o que supostamente poderia indicar se a pessoa, por sua aparência, era mais propensa a cometer crimes. Segundo Sekula, a fotografia já nascia com as ambições e os procedimentos arquivais, ou seja, um meio de contar uma história *verdadeira*, documental e comprobatória (GUASCH, 2011, p. 168). Guasch aponta que é a partir dos anos 1990 que os artistas, teóricos e pesquisadores de arte começam a considerar o arquivo nas pesquisas em arte, dando enfoque a análises etnográficas e micropolíticas. Isso, segundo a autora, "se expressa na vontade de transformar o material histórico oculto, fragmentário ou marginal em um eixo físico e especial caracterizado por sua interatividade" (GUASCH, 2011, p. 163). Nesse sentido, o arquivo não precisa necessariamente ser considerado como um espaço físico que resguarda informações, mas pode ser tido como uma "matriz conceitual de citações e justaposições" (GUASCH, 2011, p. 163), dentro do que a autora chama de lógica do arquivo, e dessa forma pode apresentar-se em caráter de metáfora, sendo real ou fictício, virtual ou físico.

Assim, o arquivo pode ser uma "referência imaterial", escapando de uma ordenação linear e estável. A lógica do arquivo, então, estaria mais próxima à dinâmica da cultura oral, labiríntica e cambiante, viva e flexível (GUASCH, 2011, p. 164). A autora questiona, portanto, o paradigma do arquivo que, no sentido clássico, estaria relacionado à origem da história e da memória dos fatos, sendo verdadeiro e incorruptível, prova de uma presença irrefutável. A questão política das não documentadas e das ocultadas pela história — nas palavras de Adrienne Rich sobre as lésbicas, em geral, e no que fala Latoya Guimarães sobre as mulheres negras, em particular, e na intersecção dessas opressões na figura de Cheryl Dunye, uma mulher lésbica negra — demonstra-se na força do que foi feito por essa cineasta de 25 anos, que subverte o arquivo. Ela concretiza sua potência através da reinvenção de sua história, que com certeza existiu, mas foi apagada, tornada invisível e posta ao esquecimento. No retomar dos rastros das memórias rasuradas e na reivindicação daquilo que se buscou esquecer é que a noção de arquivo pode trazer em si a possibilidade de uma ativação simbólica, política e cultural, de resistência à dominação ideológica.

Assim, o primeiro axioma é o de que o arquivo em si é propriamente uma demonstração de autoridade e privilégio pelo fato de haver algo a que se instaurou a ideia do valor e que se julgou importante resguardar. Jacques Derrida, pensador franco-argelino branco, iniciou o processo crítico da desconstrução metafísica questionando a autoridade do pensamento dito "racional" na lógica privilegiada do logocentrismo. Em seu livro *Mal de Arquivo* (DERRIDA, 2001), Derrida fez apontamentos sobre o acesso. Para ele, se o arquivamento é um privilégio e uma escolha política, em detrimento daquilo que não se arquiva, o acesso ao arquivo é também uma demonstração de poder: o poder de interpretar os signos. Assim, o arquivo, seja ele físico ou metafórico, não é neutro, apesar de seus rastros, apesar da possibilidade de suscitar o pensamento crítico e de resistência. O arquivo ainda é o lugar do privilegiado.

A afirmação da historiadora Patrícia Lessa faz sentido nesse escopo. Ela escreveu em "O que a história não diz não existiu: a lesbiandade em suas interfaces com o feminismo e a história das mulheres":

> Os registros da história não são, tanto, marcas do passado, quanto são discursos produzidos e produtores de verdades. E, como tal, é um dentre muitos discursos a respeito do mundo. Naqueles registros que procuram tornar invisível a existência lesbiana, é possível identificar os traços que marcam a hierarquização sexuada da sociedade, esta por sua vez desconstruída pelas teorias feministas ao longo de seus embates e debates políticos e teóricos. (LESSA, 2003, p. 1)

Assim, o segundo axioma é o de que a interpretação do arquivo também é parte do jogo de poder e autoridade do arquivo (DERRIDA, 2001, p. 8-11), principalmente se entendermos uma concepção tradicional de história. A questão da interpretação é, no fundo, de caráter epistemológico. Demonstra-se essa questão na figura do arconte, que, segundo Derrida, não tinha apenas a função de guardar e proteger os lugares de arquivamento, mas assumia uma função hermenêutica. São eles os detentores do poder de *interpretar* os arquivos, eles são a autoridade (DERRIDA, 2001, p. 13).

A dúvida com relação à existência de Faith Richardson no filme se dá, principalmente, pela confiança que, em geral, temos no procedimento arquivístico, que muitas vezes beira a ingenuidade. Cheryl Dunye escolhe o método narrativo do documentário, e essa escolha acertada traz ao filme uma profunda reflexão, também, acerca de nossas crenças em relação à história, à verdade e às narrativas que consideramos capazes de demonstrar a realidade. Reflexões desse gênero, acreditamos, podem ser inflamadas também pela desconstrução derridiana.

No texto "A Estrutura, o Signo e o Jogo no Discurso das Ciências Humanas" (DERRIDA, 2011), Derrida analisa a descentralização da cultura europeia como referência no surgimento da etnologia enquanto ciência humana. O autor retoma os textos de Lévi-Strauss para resgatar o conceito de "bricolagem", pois é através desse conceito que o etnólogo é capaz de "conservar, denunciando aqui e ali os seus limites, todos esses velhos conceitos: como utensílios que ainda podem servir" (DERRIDA, 2011, p. 415). Quer dizer, resguardar os métodos da tradição anterior à etnologia, mas não os preservar enquanto valor de verdade. Nesse sentido, Derrida se interessa pelo "estatuto de um discurso que vai buscar a uma herança os recursos necessários para a des-construção dessa mesma herança" (DERRIDA, 2011, p. 412), separando assim o "valor metodológico" e o "não-valor 'ontológico'" (DERRIDA, 2011, p. 412).

Cheryl Dunye, em seu filme, trabalha com as metodologias existentes e, por que não dizer, hegemônicas da história e do documento. Elas trazem em si um caráter epistemológico positivo, de algo com existência comprovada, de origem absolutamente rastreável. Porém a origem e a verdade não passam de mitos, e Cheryl Dunye utiliza esse paradigma para criar algo não arquivado em uma história lacunar e sem original: a das mulheres lésbicas negras. Dunye persegue os rastros dessa história, mas eles quase não existem. Então, Dunye inventa um arquivo para poder contar alguma parte desse passado. Cheryl Dunye instaura um rastro e (ficcionalmente) busca sua origem através de procedimentos reais e tradicionais de pesquisa e de narração na figura de Faith Richardson.

O quase-conceito derridiano de rastro (DERRIDA, 2012) permite também uma ampliação da pesquisa para pensar imagens lésbicas, porque torna possível um ir além de uma busca por objetos necessariamente palpáveis, vivos, existentes. Isso porque essa pesquisa pergunta por imagens recalcadas, excluídas, postas à margem, sequestradas e neutralizadas, sem passado e sem história. Melhor dizendo, imagens com história, mas uma história lacunar e de ausências. Segundo Derrida:

> O rastro é a própria experiência, em toda parte onde nada nela se resume ao presente vivo e onde cada presente vivo é estruturado como presente por meio da remissão ao outro ou à outra coisa, como rastro de alguma coisa outra, como remissão-a. (DERRIDA, 2012, p. 79)

Ampliando o pensamento sobre os vestígios de lesbianidade e existência lésbica para a noção de rastro derridiana, estaremos também de acordo com a definição de imagem proposta por Georges Didi-Huberman, francês, branco, filósofo e historiador da arte, em seu texto "Quando as imagens tocam o real" (DIDI-HUBERMAN, 2012). Segundo ele, a imagem "é uma impressão, um rastro, um traço visual do tempo que quis tocar, mas também de outros tempos suplementares" (DIDI-HUBERMAN, 2012, p. 207).

Segundo Derrida, o rastro é "algo que parte de uma origem mas logo se separa da origem e resta como rastro na medida em que se separou do rastreamento, da origem rastreadora" (DERRIDA, 2012, p. 121). Pensada como rastro, trato de resguardar essa investigação histórica sobre lesbianidade de algum enfraquecimento da pesquisa perante a ausência e a impossibilidade do objeto, porque, para desconstrução, só é possível pensar os rastros se considerarmos suas perdas, sua disseminação e suas diferenças, e, com a impossibilidade de recambiarmos uma origem, a pesquisa se torna uma "experiência da diferença" (DERRIDA, 2012, p. 89).

Acredito, então, que com o quase-conceito de rastro posso restaurar certa potência criadora na ausência, já que uma pesquisa historiográfica sobre as mulheres lésbicas, incluindo em sua complexidade as mulheres lésbicas negras, poderia acabar por demonstrar apenas apagamentos e lacunas. Habilito-me então a retomar o que foi escrito por bell hooks em *Feminismo é para todo mundo* (HOOKS, 2000), texto no qual sugere que as mulheres negras têm um papel central a desempenhar no desenvolvimento da teoria feminista, oferecendo contribuições únicas e valiosas:

> É essencial para o prosseguimento da luta feminista que as mulheres negras reconheçam a vantagem especial que nossa perspectiva de

> marginalidade nos dá e fazer uso dessa perspectiva para criticar a dominação racista, classista e a hegemonia sexista, bem como refutar e criar uma contra hegemonia. (HOOKS, 2000, p. 15)

Nesse sentido, o que percebe bell hooks pode ser interpretado como a "potência na ausência", que se aplica no caso das mulheres negras e das mulheres negras lésbicas, como Cheryl Dunye. Então, para hooks, aquelas sujeitas marginalizadas, justamente por estarem inseridas nessa perspectiva, têm uma "vantagem especial", no sentido da produção da teoria feminista. O que proponho aqui, portanto, é a ampliação dessa noção de vantagem também para a produção artística, como é o caso de Cheryl Dunye.

Isso porque Dunye enxerga nas "histórias nunca contadas" das mulheres negras suas potencialidades e cria algo disso. No final do filme, ao apresentar a biografia de Faith — a personagem, o que ainda não sabemos, é uma invenção e não uma realidade —, Cheryl diz:

> o que ela significa para *mim* — uma mulher negra de vinte e cinco anos, significa algo mais. Significa esperança, significa inspiração, significa possibilidades. Significa História. E mais importante, o que eu entendo é que eu serei aquela que irá dizer: eu sou uma lésbica negra cineasta! Que está só começando, mas eu vou dizer muito mais e ter muito mais trabalho para fazer! De qualquer modo, aquilo que vocês todos estavam esperando: a biografia de Fae Richards. (*THE WATERMELON WOMAN*, cena do longa metragem, 1996)

Subverter o arquivo, usar os rastros, enganar a origem, inventar. Se Faith Richardson é ficção, Cheryl Dunye não é. Dunye concretiza seu desejo, enquanto jovem lésbica negra, de tornar-se cineasta na vida real, através de uma personagem imaginada. A cineasta tem que "inventar sua própria história", inventar *The Watermelon Woman* e (parafraseando Laura L. Sullivan) acaba por criar, por si mesma, sua própria esperança, sua própria inspiração, suas próprias possibilidades (SULLIVAN, 2000, p. 459).

CAPÍTULO 12

DESENHADAS

Durante a graduação, na matéria que fiz no curso de Filosofia sobre teoria do conhecimento, o professor Ernesto Perini perguntou algo como: "se eu mostrasse uma foto para você, de um flagrante de ontem: 'a rainha da Inglaterra aparece beijando o Michael Jackson', você acreditaria?". Nessa época, mais ou menos 2013, Michael Jackson já havia falecido. Toda a turma respondeu à pergunta com um não generalizado. O professor riu e acrescentou, reticente: "pois é, vocês são jovens. Minha geração é a que acredita em fotografias".

Enquanto Cheryl Dunye se utiliza da autoridade da linguagem do cinema-documental para contar uma história inventada, algumas autoras/artistas fazem uma operação contrária: usam a ficção para contar histórias factuais. Quem me chamou atenção para isso foi um colega da pós-graduação, que estudava cinema de animação. Eu havia apresentado, em um seminário, o resultado parcial da minha pesquisa sobre *The Watermelon Woman*. Especificamente, ele estudava animações que contavam *histórias reais*, como é o caso de *Valsa com Bashir* (2008).

O diretor de *Valsa com Bashir* é Ari Folman. Folman também faz o papel do protagonista do filme, que retrata sua tentativa de recuperar suas memórias de quando ele foi combatente do exército israelita na guerra do Líbano. De maneira pouco usual, Folman se utiliza da técnica da animação em um formato de documentário para contar sua experiência de rememoração do trauma da guerra. Imagens animadas não são incomuns em documentários, sendo utilizadas, normalmente, para elucidar, recriar e encenar passagens complexas daquilo que os entrevistados estão contando.

A questão da autoridade do formato documental, do testemunho, do imputado valor de verdade, também aparece para meu colega pesquisador. Desenhar para contar uma história é abrir mão da autoridade da imagem feita pelas máquinas fotográficas/filmadoras?

Alison Bechdel, quadrinista branca estadunidense nascida em 1960, escolheu contar sua história através de seus desenhos. Em 2006, Bechdel lançou sua premiada *graphic-novel Fun Home — Uma tragicomédia em família*. Foi publicada no Brasil pela editora Conrad cerca de um ano depois, e reeditada em 2018 pela Todavia. Em seu livro, Bechdel conta, através da linguagem dos quadrinhos, uma parte da sua vida: sua infância e adolescência com sua família, em uma casa antiga, que seu pai decorava e consertava obsessivamente. Considerado pela *New York Magazine* um dos melhores livros de memória da década, o livro é uma investigação autobiográfica na qual a autora buscou elaborar a existência misteriosa de seu pai, que morreu em circunstâncias que sugeriam um suicídio algumas semanas após Alison se assumir lésbica para a família. Ao mesmo tempo em que Bechdel nos conta da descoberta de sua própria lesbianidade, apresenta-nos sua complexa relação com seu pai e a homossexualidade enrustida, revestida de escândalos e austeridade.

O problema da representação da realidade, das capacidades da escrita e do registro da memória em documentar fielmente os acontecimentos aparecem de modo obsessivo em *Fun Home* (BECHDEL, 2018). O livro, assumidamente uma não ficção, é baseado na documentação obsessiva--compulsiva de Bechdel pelo "autobiografismo" (BECHDEL, 2018, p. 140). Tudo começa quando Bechdel, ainda criança, ganha um diário de presente de seu pai. Ele lhe dá as instruções: escreva sobre o que está acontecendo. No entanto, a jovem Alison logo começa a duvidar ou, quem sabe, suspender a autoridade de sua escrita no tocante ao que está acontecendo *de verdade* (BECHDEL, 2018, p. 141).

Fig. 41. Pôster de *Valsa com Bashir*

> Era um tipo de crise epistemológica. Como eu podia saber se as coisas que eu estava escrevendo eram absoluta e objetivamente verdadeiras? Eu podia falar em nome de minhas próprias impressões, e talvez nem isso. As frases mais simples e diretas no mínimo pareciam arrogância minha e, às vezes, absoluta mentira. (BECHDEL, 2018, p. 141)

O lugar da ficção em uma história em quadrinhos, do valor de verdade, da autoridade do testemunho, é elaborado em conjunto com a realidade biográfica da vida de Alison no próprio corpo da obra.

No livro, a conexão de pai e filha através da literatura aparece imersa em um contexto no qual cada membro da família — Alison, seus dois irmãos, seu pai e sua mãe — vivia isolado uns dos outros. A casa era um projeto de decoração e um museu de antiguidades particular de seu pai. Ela é o cenário das descobertas criativas de cada um deles. Alison descreve:

> nossa casa era como um retiro de artistas. Jantávamos juntos, mas do contrário estávamos imersos em nossos objetivos distintos. E nesse isolamento, nossa criatividade adquiriu um caráter compulsivo. (BECHDEL, 2018, p. 134)

Ao compreender-se lésbica, na universidade, Alison mergulha novamente na literatura. Notadamente, ela escreve: "descobri, na livraria do campus, que eu era lésbica" (BECHDEL, 2018, p. 203). Seu pai, em uma visita que Alison faz à casa da família, indica-lhe o livro da autobiografia de Colette (conhecida por seus casos de amor com outras mulheres na Paris dos anos 20), *Paraíso Terreno*, mesmo antes de Alison haver mencionado sua "epifania". Ela aceita a indicação, e acaba levando o livro da biblioteca particular de seu pai para a faculdade, adicionando-o a sua própria pilha de livros com a mesma temática. Os títulos de teoria lésbica que ela lia com afinco faziam parte daquilo "que poderia ser um curso independente: 'Homossexualidade: uma perspectiva histórica e contemporânea'" (BECHDEL, 2018, p. 205).

É apenas depois dessa constatação intelectual de lesbianidade que Alison faz sexo com uma garota pela primeira vez. O acontecimento é narrado pela metáfora de Odisseu enfrentando o Ciclope, na *Odisseia* de Homero (livro que a jovem Alison estava estudando na época, precisamente, em um curso de literatura comparada sobre a obra *Ulysses*, de James Joyce) (BECHDEL, 2018, p. 214). Pensando em paralelo com o heroico Odisseu, os heróis de Bechdel, podemos pensar assim, são vários. É ela mesma, em sua empreitada para viver sua verdade erótica, enfrentando o sexo de sua amante-Ciclope. É a negação de seu pai, que se assume e não se assume para ela, em uma carta na qual escreve: eu não sou seu herói (BECHDEL, 2018, p. 230). É o próprio James Joyce, que teve coragem de escrever sua honestidade obscena, consequentemente tendo sua publicação proibida. E são também as mulheres lésbicas, Margaret Anderson e Jane Heap, Sylvia Beach e Adrienne Monnier, que desobedeceram à proibição e publicaram *Ulysses* pelas primeiras vezes (BECHDEL, 2018, p. 229).

Justamente, as histórias em quadrinhos são populares pelas tramas de super-heróis. Com o monopólio dessas representações, franquias como Marvel e DC criaram como personagens homens brancos musculosos, vestidos com roupas de batalha. O componente misógino dessas produções, quando o assunto é a representações das heroínas mulheres — que aparecem em trajes mínimos, posições sensuais ortopedicamente impossíveis e corpos esculturais duvidosos —, é constantemente denunciado, principalmente, pelo público feminino fã de HQs e do universo *geek* (um exemplo pode ser visto na atuação da roteirista Rebeca Puig, que debate feminismo e cultura pop em seu *site Collant sem decote* [MENDES, 2015]). As narrativas de heróis, ao reivindicarem a criação de um mundo fantástico e de um universo ficcional próprio, fazem sucesso ao transportarem seus leitores para realidades diversas e impressionantes. É nesse escopo que gostaria de introduzir o trabalho de lovelove6, nome com o qual assina Gabriela Masson, artista "autopublicadora" brasileira branca, bissexual.

Fig. 42. Recorte de *Fun Home*, de Alison Bechdel

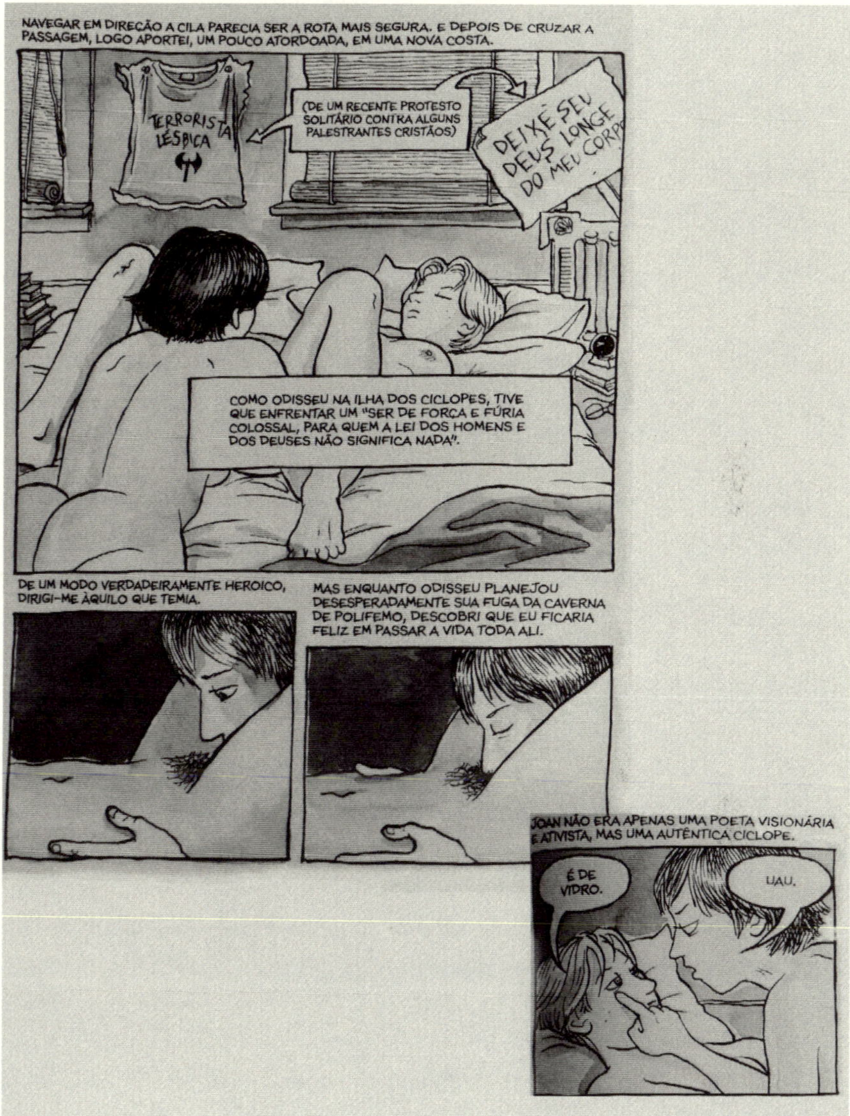

Fig. 43. Recorte de *Fun Home*, de Alison Bechdel

De sua vasta produção, que inclui o sucesso estrondoso *Garota Siririca*, selecionei o *zine Fortona,* de 2018 (LOVELOVE6, 2018).

Nele, a artista elabora uma ficção narrativa fragmentada sobre mulheres e força física, buscando personagens de filmes e séries, como a cavaleira Brienne de Tarth, de *Game of Thrones,* e atletas, como Amanda Leoa, lutadora campeã de MMA, assumidamente lésbica.

> As fortonas reais desestabilizam a noção conservadora de gênero ao romperem com a tradicional imagem da feminilidade, revelando um grande e temido espectro de identidades e potenciais possíveis para as mulheres, independente de suas orientações sexuais, declarou lovelove6 em matéria escrita por Pedro Lima para o *site* da *Vice* (LIMA, 2018).

Não deixo de pensar em Mônica, personagem de Maurício de Sousa, possuidora de uma força extraordinária quando criança. Porém essa sua qualidade é completamente diluída em sua sequência adolescente, na qual ela não é mais "baixinha e gorducha", mas uma menina magra, de cintura fina. Sua força não se desenvolve, deixando de ser uma característica relevante da personagem. Assim, quando lovelove6 nos apresenta suas heroínas batendo nos homens, ela faz uma crítica à docilização das mulheres, à ideia propagada pelo sistema binário de sexo-gênero, no qual as mulheres são essencialmente frágeis e os homens, em contrapartida, essencialmente fortes.

Essa noção de complementaridade de sexo-gênero, masculino e feminino, é denunciada pela artista feminista e quadrinista sueca Liv Strömquist, em sua HQ *A Origem do Mundo: Uma história cultural da vagina ou a vulva vs o patriarcado* (STRÖMQUIST, 2017). A extensa pesquisa da autora é apresentada no formato inusitado dos quadrinhos, o que a democratiza, possibilitando que uma leitura profunda (dotada de referências teóricas e estudos especializados) seja feita de modo mais leve e divertido, além de ilustrado ricamente. A ilustração também é uma ferramenta de democratização do conhecimento e da pesquisa histórica, utilizada por

Fig. 44. Capa do livro de Liv Strömquist, *A Origem do Mundo: Uma história cultural da vagina ou a vulva vs o patriarcado*

Ria Brodell. Artista, educadorx e autorx trans não binária baseadx em Boston, nos EUA, Brodell recupera "histórias perdidas" pintando retratos de pessoas de gênero não conformista ao longo da história. Seu trabalho *Herói(na)s Butch* foi traduzido e publicado no Brasil pela A Bolha Editora em seu *site* (BRODELL, 2019).

Para além das narrativas de heróis, muitas artistas dos quadrinhos estão trabalhando no sentido de produzir histórias do cotidiano das mulheres que amam mulheres, a fim de disputar o imaginário a respeito do dia a dia das pessoas comuns (que, verdade seja dita, são pessoas LGBTQI+ também). "Eu sou lésbica e queria ver mais mídias com histórias bobas e felizes com meninas, então resolvi montar um projeto pequeno", declarou ao *Destak Jornal* Lita Hayata, autora e idealizadora de *Melaço*, um conjunto de HQs sobre temática lésbica (DESTAK JORNAL, 2019). O livro contou com a colaboração de outras seis autoras além de Lita: Aline Lemos, Bruna Morgan, Dani Franck, Dika Araújo, Jujuqui, Manu Negri, Talita Régis e mtika.

Os quadrinhos lésbicos, bissexuais, feministas, *queers* etc. formam um conjunto gigantesco de obras, que são publicadas muitas vezes de forma independente, no contexto dos *zines* e do *faça você mesmo.* No entanto, ganham cada vez mais espaço no mercado tradicional. Um exemplo disso foi o sucesso de *Azul é a cor mais quente*, de Julie Maroh (MAROH, 2013), que se transformou em uma produção cinematográfica, adorada e odiada. A popularidade das histórias em quadrinhos e a força sedutora que possui a junção da literatura com as artes visuais fazem das HQs um campo infinito de possibilidades imaginativas, dentre as quais se encontram a divulgação científica, a agitação e propaganda ativista, a criação de utopias e mundos imaginários, a oportunidade do encontro e do compartilhamento e a exploração íntima da sexualidade e do erotismo.

Fig. 45. Recorte de *Fortona*, de lovelove6

CAPÍTULO 13

CRIAR O ARQUIVO: O RETRATO COMO FERRAMENTA DE ENGAJAMENTO POLÍTICO NO TRABALHO DE ZANELE MUHOLI

A possibilidade de mulheres representarem a si mesmas e, assim, buscarem modos de escape da condição de subalternidade flerta com a teorização da intelectual da feminista lésbica Paola Bacchetta (BACCHETTA, 2009). Ao trabalhar com noções de poder e suas relações com a "(in) visibilidade e resistências" (BACCHETTA, 2009, p. 30), a autora discute a resistência psíquica, que, segundo ela, seria talvez a mais invisibilizada de todas, acontecendo de forma interna: "isto é, as fantasias do colonizador que participam de cada formação que o colonizado internalizou devem primeiramente ser superadas para que a resistência dos movimentos sociais seja possível" (BACCHETTA, 2009, p. 30).

A partir dessa premissa, a autora se debruça no estudo de quatro grupos lésbicos de diferentes origens, cuja união coletiva se dá através de múltiplas posições, no sentido das diversas confluências de gênero, sexualidade, raça e classe (BACCHETTA, 2009, p. 30). Essa convergência de sujeitos em tais grupos é um posicionamento contra o "dispositivo colonial-pós-colonial, a globalização neoliberal, o Estado e a divisão social e estratégias dominantes contra lesbofobia, sexismo, racismo, classe, políticas religiosas" (BACCHETTA, 2009, p. 31). Segundo a autora, a unidade de luta desses grupos "abre possibilidades para cada membro de imaginar a si mesmo novamente, mas além disso, para a produção de novas analíticas e práticas" (BACCHETTA, 2009, p. 31).

Dessa maneira, no processo da resistência psíquica é necessário o engajamento em uma "des-identificação crítica" (BACCHETTA, 2009, p. 31), o que possibilitaria a essas mulheres um mover-se para além do aprisionamento do "eu não sou..." buscando "imaginar formas de autoria, possibilidades autoidentificatórias do 'Eu/Você/Nós poderíamos ser'" (BACCHETTA, 2009, p. 31). Esse espaço proposicional de autorias é, justamente, o das produções artísticas que considero em meu trabalho, através das imagens de Zanele Muholi e Sokari Ekine.

"Zanele Muholi é ume fotógrafe sul-africane, negre e queer não-binárie, nascide em 1972. Autoproclamade "ativista visual", Muholi retratou mais de 200 lésbicas sul-africanas para sua série *Faces and Phases* [Faces e Fases] (2006- 2011). Segundo elu, os retratos são, ao mesmo tempo, uma declaração visual e um arquivo, "marcando, mapeando e preservando uma comunidade, muitas vezes invisível, para a posteridade"..

No documentário *We live in fear* [Nós vivemos com medo] (2013) — dirigido por Katherine Fairfax Wright, Malika Zouhali-Worrall e Zanele Muholi, produzido pela *Human Rights Watch* em memória de Duduzile Zozo, vítima de lesbocídio em Thokaza, perto de Joanesburgo em 30 de junho de 2013 —, podemos conhecer o trabalho de Zanele Muholi e como elu relaciona fotografia e ativismo. Muholi explica:

> o tipo de trabalho que eu faço é sobre políticas queer, políticas de gênero e políticas raciais. Eu sou fascinade por indivíduos LGBTQIS em diferentes espaços. Eu aprendi o quão bonito são esses lugares, quão importantes nossas vidas são. E por que nós devemos preservar a história sobre nosso próprio povo, sobre nós. (WE LIVE IN FEAR, 2013, cena do documentário)

No documentário, Muholi reencontra Tumi Nkopane, no distrito de Kwa-Thema, na casa de Tumi. Elu explica que Tumi participou da série *Faces and Phases* e que agora, três anos depois, ela irá fotografá-la novamente. Muholi explica, enquanto trança os cabelos de Nkopane, que existe uma nova geração de lésbicas que estão crescendo agora, compartilhando suas vidas em redes sociais, mais conectadas e livres com relação à fotografia. Muholi diz: "eu costumava ser uma cabeleireira; sim, nós temos uma vida antes de sair do armário", e as duas riem. Muholi diz que alguém, certa vez, perguntou-lhe o quanto de influência elu tinha sobre seus retratos, ao que elu respondeu: "eu só quero que as pessoas estejam bonitas, eu quero muito muito que as pessoas estejam frescas!".

Conversando sobre o reencontro entre fotógrafe e modelo, Muholi diz que elas estão na mesma cidade. "E essa cidade é tão popular por causa...", Muholi é reticente. Então Tumi completa: "das matanças". Muholi ri e diz: "Não, vidas gays! Tem muita gente gay em Kwa-Thema!". E Tumi insiste: "e as matanças", em um tom de protesto divertido. Então Zanele Muholi complementa que a cidade ficou conhecida por crimes de ódio "porque, em 2008, uma lésbica negra conhecida foi brutalmente assassinada aqui". Zanele Muholi explica:

> 2012 foi um dos anos mais dolorosos em nossa história. Perdemos muitos membros de nossa comunidade. E crimes de ódio, especificamente estupro corretivo e assassinato de lésbicas, se transformaram em uma das brutalidades que mancharam nossos cérebros para sempre. Nós vivemos... no medo. A morte acontece para nos unir. Crimes de ódio se tornaram um fator de ligação nas comunidades LGBTIS. Nós nos juntamos, seja para dar suporte ou para confirmar que alguém foi morto. E aí a pessoa se transforma em estatística. Somando aos números de casos que fazem parte de nossa história. E o que nós estamos fazendo a respeito? Nós sempre vamos aos funerais e então depois do funeral você vai pra casa e espera outro funeral? O quê?! Você tem que documentar! Você é forçada a documentar! Eu uso as artes visuais como uma forma de criar conscientização, capturando os momentos, as verdades e as realidades: o mundo vai aprender sobre nossa cultura. Eu posso dar a vocês uma coisa tangível. E dizer: sinta isso, isso existe, veja. (WE LIVE IN FEAR, 2013, cena do documentário)

É muito bonito assistir a uma sessão de fotos com Zanele Muholi, as intervenções de Tumi Nkopane, olhando para seus retratos no visor da câmera e dizendo: "eu sou tão gay!". Zanele Muholi considera as pessoas que elu fotografa como participantes: suas "modelos" não são pessoas estranhas a elu, são parte da elaboração do projeto. Muholi também é uma professore de fotografia que providencia câmeras para jovens lésbicas e pessoas queer que queiram aprender. Esse projeto se chama *Inkanyiso* e consiste basicamente em criar uma rede de compartilhamento de conteúdo, na qual a maioria das participantes são lésbicas negras ocupando posições como jornalistas, redatoras, fotógrafas ou documentaristas em audiovisual. Zanele Muholi é determinade: "eu quero ser contade na história da África do Sul, clamando minha cidadania completa. Isso significa que eu tenho que escrever essa parte da história".

O extenso trabalho de Muholi pode ser posto em paralelo com a obra de Sokari Ekine. Ekine é uma feminista *queer* nigeriana-inglesa que, além de escritora e blogueira, é fotógrafa e considera-se também como ativista visual. Fundou o *blog Black Looks* em 2004, que reuniu um arquivo de imagens, comentários e reportagens sobre a comunidade LGBTIQGNC africana, finalizado no ano de 2014. Em seu texto "Narrativas contestadoras da África Queer" (EKINE, 2016), Ekine inicia sua abordagem com a explanação das duas narrativas que dominam as discussões sobre as sexualidades não heteronormativas na África: "uma afirma que as sexualidades queer são 'não-africanas', enquanto a outra trata a África como um lugar de homofobia obsessiva" (EKINE, 2016, p. 10).

Em seu texto "Cuírlombismo Literário: poesia negra LGBTQI desorbitando o paradigma da dor" (2019), a já citada Tatiana Nascimento busca recontar, como intelectual negra sapatão, as histórias ancestrais dos Orixás, sobretudo chamando atenção aos mecanismos coloniais que buscam binarizar, planificar e rasificar as existências/vidas/corpos negrxs, já que "a colonização, não (é) um rasgo histórico que para n/um momento do tempo, foi e é um projeto civilizatório étnico-racial excludente de civilizações outras, suas práticas/conhecimentos/modos de vida tradicionais" (NASCIMENTO, 2019), com interesse na manutenção da supremacia branca, cultural e política de matriz eurocêntrica, heteronormativa e cisgênera. Segundo a autora:

> desconsiderar expressões, vivências, experiências sexuais divergentes desse modelo, entendendo um conjunto de povos milenares como povo único dum único pensamento e duma única prática sexual com apenas duas, 'opostas-complementares', expressões de gênero, é racismo colonial. (NASCIMENTO, 2019, p. 11)

Nas palavras dela:

> (...) relendo romance de Oxum e Iansã, a transexualidade de Otim, a viadice de Ossanha e Oxóssi, proponho a recontação/invenção de histórias negras ancestrais como saída à heterossexualização cisnormativa que discursos "autorizados" do dominador/colonizador impõem à diáspora. a parecença entre **queer** e **quilombo** sugere algo urgente a celebrar e a retomar para nossas lutas e existências, já que os pilares mais rígidos y antigos do racismo colonial são o silenciamento e as expectativas sexuais sobre corpos negros.
>
> a negritude lgbtqi+ enfrenta estereótipos que taxam homossexualidades/dissidências sexuais de "praga branca", contaminando os viris povos negros "africanos" (o monolito África/Wakanda) pela via da colonização. consequentemente, orientações sexuais, identidades de gênero, práticas de sexo-afeto que são, efetivamente, negramente ancestrais y documentadas por exemplo em mitos fundacionais (como os itans) são ditas embranquecimento/colonização.
>
> na visão estereotipada e homogeneizante sobre qual o sexo cabe a um corpo preto, um é tido como próprio, correto: hetero, disponível, explorável, reprodutivo, cisgenerado. (NASCIMENTO, 2019, p. 4-5)

Para Tatiana Nascimento, é simbólico que o mito da disputa entre Oxum e Obá, que fala de uma rivalidade feminina, seja mais difundido que o caso de sedução entre Oxum e Iansã.

> dos itans cuír/queerizados fundamentais à marca da ancestralidade negra sexual-dissidente, "Oxum seduz Iansã" diz que Oxum, satis-

> feita no pós-conquista, dá o perdido na senhora das paixões, ventos, raios, eguns. mal sabia que Oyá é confuzenta, ficaria indignada por ter sido largada, y perseguiria Oxum pra castigá-la. Oxum, então, se esconde num rio, e de lá não sai. nesse itan, o cerne da relação entre Oxum e o rio vem de seu envolvimento sexual com Iansã, ou seja, um de seus domínios simbólicos mais importantes, a pertença à água doce que simultaneamente a pertence, se deve a ter transado com Iansã. Oxum É o rio, as águas doces; parte de seus cultos acontece na água, não só no lócus onde se entregam presentes e comida, e pedidos são feitos, bênçãos são agradecidas, mas ente ao qual se fazem entregas, pedidos, agradecimentos.
>
> os itans são complexos, divergentes até. pra cada Orixá, vários contam uma história de final parecido com enredos diferentes. como intelectual negra sapatão, me é indispensável contar essa história dessa forma, uma explanação óbvia e inegavelmente lesbiana da natureza sagrada de uma das mais amadas e importantes Orixás na diáspora, tão falada na difusão dum mito de rivalidade entre mulheres (a disputa entre Oxum e Obá é mais conhecida que o sexo de Oxum e Iansã). sublinho que o mito é lésbico, não as orixás: com tantas trocas sexuais entre elxs todes, reina uma bissexualidade constituinte. (NASCIMENTO, 2019, p. 6-7)

Outro exemplo dessa homogeneização que busca pintar uma "África" como um continente absolutamente homofóbico e violento é a contrapartida universalizada dos "direitos gays" que se insere na agenda intervencionista e salvacionista ocidental e que não dá conta dos sujeitos LGBTIQ+ não brancos, africanos, da diáspora e/ou racializados:

> A universalização dos 'direitos gays' foi formalizada oficialmente pela Hillary Clinton em seu discurso no dia dos Direitos Humanos, de 2011, no qual jurou que os Estados Unidos tentarão ativamente assegurar que os direitos LGBT existam no mundo todo. (EKINE, 2019, p. 13)

Segundo Sokari Ekine:

> Intervenções ocidentais que buscam impor a narrativa ocidental sobre as lutas queer africanas são parte de uma história ininterrupta de supressão das necessidades e das experiências dos africanos, que data da época da colonização. A luta africana não é somente dirigida a mudar a legislação existente; é uma luta na qual tentamos reafirmar nossa própria narrativa e recuperar a nossa humanidade. (EKINE, 2019, p. 13)

Jota Mombaça, artista brasileirx, performer e pesquisadorx del contexto kuir em contextos sudakas, terceiro-mundistas, transfronteiriços e de mestiçagem estética, ética, visual, linguística, política, étnica, sexual e epistêmica (MOMBAÇA, 2016, p. 195), questiona, em seu texto "Desmontando a Caravela Queer", justamente a narrativa genealógica do *queer* que o vincula ao marco estadunidense. Para elx:

> Embora haja uma história oficial do *queer* vinculada compulsoriamente ao eixo da genealogia estadunidense, os modos como essa palavra-chave penetrou os múltiplos vocabulários locais fez proliferar outras narrativas. Em resumo: o *queer* de pindorama, do Sul quente dos trópicos, não emerge a partir dos mesmos processos que o *queer* de cima. (MOMBAÇA, 2016, p. 196)

Essa tensão no debate racializado sobre sexualidades não heteronormativas exposta por Ekine e Mombaça, e como é caso das lésbicas negras sul-africanas retratadas por Muholi, está em concordância com premissa de Paola Bacchetta sobre a necessidade de "imaginar formas de autoria" (BACCHETTA, 2009, p. 31), pois mesmo as narrativas *queer* estão sendo disputadas e vozes continuam sendo silenciadas, subalternizadas, colonizadas.

Nesse sentido, o enquadramento conceitual de "homonacionalismo", desenvolvido por Jasbir K. Puar, vem a ser enriquecedor no que tange à questão das intersecções gênero-raça-classe-nacionalidades-sexualidades-etc. na luta por direitos de sujeitos *queer*. Como explica a autora:

> o homonacionalismo corresponde à ascensão em simultâneo do reconhecimento legal, de consumidor e representativo dos sujeitos

LGBTQ, e à restrição das prestações sociais, dos direitos dos imigrantes e da expansão do poder do Estado nas tarefas de supervisão, detenção e deportação. A narrativa do progresso dos direitos gays assenta, assim, no apoio do outro racial e sexualizado, para quem esse progresso foi outrora alcançado, mas que se encontra agora a regredir ou que ainda está para advir. (PUAR, 2015, p. 299)

Assim, o homonacionalismo possibilita uma forma de apreensão crítica do que a autora chama de "resultados de sucesso dos movimentos dos direitos liberais LGBT" (PUAR, 2015, p. 299), dando enfoque, dessa forma, para uma política de inclusão liberal que "continua a produzir o outro sexual como branco e o outro racial como heterossexual" (PUAR, 2015, p. 300), além de reiterar a heteronormatividade como forma de aumentar a inclusão de uma homonormatividade (PUAR, 2015, p. 299-300). De maneira simplificada, podemos considerar que a concessão de direitos tem sido limitada às demandas de organizações nacionais de gays e lésbicas dominantes, que, em contrapartida, fecham os olhos para as cedências como as reivindicações de pessoas *queer* negras, latinas, muçulmanas etc. Cito Puar:

> Dois dos exemplos mais recentes de homonacionalismo nos Estados Unidos são dolorosamente ilustrativos das violências assimétricas dos discursos sobre os direitos. A proibição de homossexuais nas forças militares dos Estados Unidos — a política "Don't Ask Don't Tell" — foi revogada no dia 18 de dezembro de 2010, no mesmo dia em que o Senado dos Estados Unidos pôs termo à lei DREAM (*Development, Relief, and Education for Alien Minors*), uma legislação que teria legalizado milhões de estudantes ilegais, permitindo-lhes ascender ao ensino superior e, ironicamente, alistar-se nas forças militares. No final de 2009, foi aprovada a lei Mathew Shepard James Byrd Hate Crimes Prevention (a primeira legislação federal a criminalizar crimes de ódio contra pessoas gays, lésbicas e transexuais), ironicamente, em grande medida, por estar associada a um projeto de recursos militares. (PUAR, 2015, p. 301)

A adaptação e a rearticulação do conceito de homonacionalismo têm sido produtivas para a construção do debate entre sujeitos *queer* (PUAR, 2015, p. 302) e suas diversas "agendas de igualdade gay" (PUAR, 2015, p. 302). Em uma tentativa de trazer o escopo do enquadramento do homonacionalismo às teorizações acerca das artes visuais, podemos, é minha hipótese, questionar os sujeitos das imagens, principalmente no que tange a sua proveniência e destinação. Em suas pesquisas, a filósofa e professora franco-argelina Marie-José Mondzain (MONDZAIN, 2015) interroga-se sobre a causa da imagem, que estaria paradoxalmente relacionada com o sujeito que a produz. Segundo ela, a imagem "é totalmente paradoxal: produção do sujeito, a imagem faz devir o sujeito mesmo que a produz" (MONDZAIN, 2015, p. 39). Portanto, para a autora:

> As operações imaginantes são inseparáveis dos gestos que produzem os signos que, por essa razão, permitem os processos de identificação e a separação sem as quais não haveria sujeito. A definição da imagem é, portanto, inseparável da definição do sujeito. (MONDZAIN, 2015, p. 39)

As imagens produzidas por mulheres e as imagens produzidas por mulheres lésbicas e pessoas queer especificamente, ou por mulheres/pessoas racializadas, não podem ser consideradas apartadas dessa relação entre sujeito e imagem. Isso se dá porque:

> [...] se a história da imagem é articulada a uma história do sujeito, essa trajetória histórica concerne, portanto, à gênese do sujeito ele mesmo, seu desenvolvimento e as modalidades sobre as quais a imagem indica um regime de subjetividade [...]. (MONDZAIN, 2015, p. 40)

Podemos considerar que a produção intelectual e criativa de certos grupos é tida como menos relevante que a de outros, no que diz respeito também às artes visuais. No caso das mulheres e pessoas não-binárias, para se dizer especificamente, é menos relevante e é menos encorajada, agravando-se no caso das pessoas negras, como Zanele Muholi:

> Aquilo que constitui o sujeito na sua liberdade de iniciativa constitui um perigo para aqueles cujo poder é assentado sobre a negação dessa liberdade. Dito de outra forma, é porque a capacidade do sujeito de produzir imagens faz parte de uma economia constituinte do desejo que as instituições que constituíram seu poder tomaram o cuidado tanto de interditar as imagens quanto de controlar a produção de seus efeitos. Em uma palavra, se poderia dizer que a proveniência das operações imaginantes está na origem do problema político que coloca sua destinação. (MONDZAIN, 2015, p. 41)

Há de se questionar, partindo do entendimento do jogo político em torno das imagens, o caso das representações de lesbianidade e seu imaginário, considerando as mulheres lésbicas artistas, pessoas de gênero e sexualidade não conformadas negras, latinas, asiáticas, mestiças. Quais são as imagens produzidas por esses sujeites suas intersecções consideradas e onde estão essas imagens? Como elas são recebidas?

Em abril de 2012, o apartamento de Zanele Muholi foi violado e invadido, na Cidade do Cabo. De lá foram roubados 20 *hard drives* contendo anos de fotografias que desapareceram para sempre.

Traduzir, fotografar, recontar, documentar, são maneiras de escrevermos nossas histórias de modo heterogêneo, diverso, complexo. Natalia Cabanillas, em seu artigo "Normalizar la existencia lesbiana" (CABANILLAS, 2016), sobre o ativismo das lésbicas negras da África do Sul, especificamente sobre Zanele Muholi e o grupo *Free Gender* (Khayelitsha, Cidade do Cabo), retoma a definição de Achille Mbembe, em "The power of the archives and its limits" [O poder do arquivo e seus limites] (MBEMBE, 2002), que definiu o arquivo como um talismã de poderes especiais: o de ser reconhecido como o espaço e o acervo que contém provas, rastros de uma vida passada. *Documento, logo existo*, escreve Cabanillas.

CAPÍTULO 14

DOCUMENTO, LOGO EXISTO

The Lesbians Herstory Archives

Essa premissa parece ter também guiado as lésbicas e bissexuais por trás da formação do arquivo de história lésbica *The Lesbians Herstory Archives* [Arquivo de História Lésbica] (LHA), nos Estados Unidos. Segundo consta no *site* do Arquivo, em 1972 Joan Nestle, mais um grupo de homens e mulheres em sua maioria homossexuais que trabalhavam ou estudavam na City University of New York e que haviam participado dos movimentos de libertação dos anos 1960, fundaram a *Gay Academic Union* [União Acadêmica Gay] (GAU). A organização era dedicada à representação das preocupações de estudantes, professoras e trabalhadoras lésbicas e gays; também lançou projetos para garantir a inclusão do pensamento homossexual no conteúdo dos cursos. Na primeira conferência da GAU, houve uma ameaça de bomba que esvaziou o auditório, mas, mesmo assim, o encontro continuou.

Como era comum no início dos anos 1970, depois de um ano trabalhando juntos, várias mulheres decidiram que precisavam de um espaço de reunião separado para discutir o sexismo na organização, entre outras coisas. Dois grupos de conscientização foram formados e um deles, no qual se inseriam Joan Nestle e Deborah Edel, tornou-se o local de fundação do *Arquivo de História Lésbica*. Em uma reunião em 1974, Julia Stanley e Joan Nestle, que haviam recentemente se desvinculado do *Gay Liberation Movement* [Movimento de Libertação Gay], conversavam sobre a precariedade da cultura lésbica e como grande parte da cultura lésbica do passado era vista apenas através de olhos patriarcais. Deborah Edel, Sahli Cavallaro e Pamela Oline, com histórias que vão do feminismo lésbico ao lesbianismo político, uniram-se e, assim, nasceu um novo conceito: a ideia de um arquivo lésbico de base.

Mais tarde, em 1974, um grupo maior de mulheres começou a se reunir regularmente para descobrir a visão mais profunda desse empreendimento. Uma das primeiras tarefas do grupo foi a de enviar um comunicado anunciando a todas as publicações lésbicas, feministas e gays então existentes seu empreendimento inovador. Segundo elas, "foi um testar das águas, para ver se a comunidade compartilhava da nossa visão". A resposta foi "sim" e, no ano seguinte, 1975, o Arquivo publicou seu primeiro boletim gratuito.

No mesmo ano, o Arquivo encontrou sua casa pelos próximos 15 anos no apartamento de Joan Nestle, no Upper West Side Manhattan, na 92ª St. Deborah Edel e Joan compartilharam seu lar durante todos esses anos com o Arquivo, nesse endereço, recebendo milhares de voluntárias e visitantes. Deb e Joan concordaram que os primeiros dez anos do Arquivo seriam para construir confiança com a comunidade. Elas estavam determinadas a manter todos os serviços do Arquivo gratuitos, a não buscar financiamento do governo e a criar apoio de base para o projeto. Para conseguir isso, Deb e Joan carregavam as edições dos boletins, fotografias, cartas e coisas do gênero em sacolas de compras, conversando com quem as convidava. Os locais nos quais falavam variavam entre salas de estar (onde todos os presentes juravam segredo pela privacidade uns dos outros), festivais de mulheres, reuniões de igrejas e sinagogas gays, salas de aula e bares.

No final dos anos 1970, para resguardar do desgaste os artefatos mais frágeis, elas criaram a apresentação de *slides* dos Arquivos, que fez com que elas pudessem demonstrar a história dos Arquivos e levantar questões sobre os desafios enfrentados por um Arquivo de Lésbicas e um trabalho de história das lésbicas em geral, ao mesmo tempo em que pediam mais materiais. O ponto principal da apresentação de *slides* era transformar a vergonha em um senso de história compartilhada e querida. "Transformar a privação em abundância cultural", como Joan disse em centenas de *tours* que organizou no apartamento da coleção, que transbordava nas prateleiras.

Em 1978, Judith Schwarz, uma historiadora lésbica de base pioneira, ingressou no coletivo, trazendo consigo todas as suas habilidades em organização de informações. Georgia Brooks, uma ativista incansável nas comunidades de Nova Jersey e Nova York, também se juntou a elas. Georgia lançou o primeiro grupo de Estudos sobre Lésbicas Negras no Arquivo, que realizou suas reuniões em torno da famosa mesa da sala de jantar dos camponeses franceses comprada por US$30 na *Atlantic Avenue*, no Brooklyn, em 1973. Agora a mesa está de volta ao Brooklyn, na casa permanente do *Lesbian Herstory Archives*.

Segundo consta, outra pessoa intimamente ligada ao Arquivo até sua morte foi Mabel Hampton, (1902-1986), uma mulher que viveu sua longa vida na comunidade de lésbicas afro-americanas. Mabel doou sua extensa coleção de brochuras lésbicas dos anos 1950 e participava com frequência das noites de voluntariado. Desde os primeiros dias do Arquivo, uma noite por semana foi dedicada às voluntárias que trabalhavam com a coleção: grupos de mulheres muito diferentes espalhavam-se por todo o apartamento, arquivando, classificando, catalogando e abrindo correspondências. Muitas delas participavam das noites de voluntariado só para ouvir Mabel contar suas histórias de *Drag Balls* no Harlem e sua versão das festas selvagens do *Harlem Renaissance*.

Em meados da década de 1980, foi criado o Comitê de Coordenação que liderava uma campanha de arrecadação de fundos para comprar um edifício para a coleção. As mulheres conseguiram comprar sua nova casa, em Park Slope, Brooklyn, em 1992, que abriu oficialmente em junho de 1993. Segundo elas, o banco tinha dúvidas sobre arriscar fundos em um coletivo não hierárquico, sem fonte garantida de renda, mas o dinheiro foi levantado para o banco em tempo recorde. Para as organizadoras, isso aconteceu por conta da confiança que elas haviam conquistado e conservado desde a construção do Arquivo em 1974, e o senso de gratidão permanece. No *site* da iniciativa, elas terminam sua breve história com um convite:

> Neste site, você verá uma face cada vez maior dos nossos arquivos, trabalho de coordenadores e voluntários incansáveis que tornam tudo possível e graças às doações contínuas, financeiras e materiais de nossas comunidades. As coordenadoras do Arquivo mantêm este edifício e seu conteúdo em um laço de confiança com nossas comunidades e levamos nossa responsabilidade a sério.
>
> Convidamos você a nos usar, a nos visitar da maneira que puder. Esperamos, no futuro, disponibilizar o conteúdo de nossas coleções na Internet. Mas um dia, se puder, venha para a velha mesa no Brooklyn, com a qual tantas de nós sonhamos, planejamos e agimos, recusando as ignorâncias de nossos tempos. (LESBIANS HERSTORY ARCHIVES, 2019)

ARQUIVOS DE FANCHAS BRASILEIRAS:

No Brasil, podemos pensar essa iniciativa de comunidade e cultura lésbica como propulsora do *Clube Lesbos*. Segundo as organizadoras, o projeto "nasceu como resposta para uma pergunta: e se existisse um espaço para discutir apenas obras lésbicas?". Desde então, acontece em forma de clube de leitura e cinema, com a organização de festas e reuniões como forma de conectar e fortalecer uma rede entre lésbicas e bissexuais em todo o Brasil, realizando, atualmente, encontros em Curitiba, Goiânia, Guarulhos, Salvador, São Carlos, São Paulo, Recife e Vale do São Francisco.

Nessa linha, há a catalogação de pesquisadoras lésbicas em *Lésbicas Que Pesquisam [LQP]*, plataforma brasileira que tem por objetivo dar visibilidade à presença lésbica na academia. O trabalho foi idealizado por Maria Eduarda Magro, com colaboração de Bibiana Falkenbach, ambas estudantes na Universidade Federal do Rio Grande do Sul. No *site*, respondendo à pergunta "por que isso importa?", lê-se:

o ambiente universitário segue, muitas vezes, sendo um espaço hostil àquelas que não deveriam estar ali. A presença feminina, lésbica, de mulheres negras e mulheres periféricas ainda não é bem acolhida no meio acadêmico. Ao longo da trajetória acadêmica, são raras as atividades com unificação das sapatonas e de valorização de suas pesquisas. Não somos incluídas nos grandes nomes e referenciais. Conhecemos umas às outras, temos nossos grupos de amizade, mas não percebemos essa união no que diz respeito à pesquisa. Nosso trabalho é fragmentado e pouco reconhecido — e isso não é mero acaso. É urgente que nos façamos visíveis. Viemos para dar nome e sobrenome às pesquisadoras lésbicas, das mais variadas áreas do conhecimento, e facilitar o acesso às nossas próprias produções. (LÉSBICAS QUE PESQUISAM, 2019)

Na UFMG, o *Grupo de Estudos em Lesbianidades* (GEL), coordenado pela professora lésbica Joana Ziller, é subgrupo do *Núcleo de Pesquisa em Conexões Intermidiáticas* (NucCon/ UFMG). O projeto que o grupo desenvolve, com apoio da Fapemig, tem como título *Tática e estratégia no YouTube: redes de mulheres não heterossexuais*, e conta com bolsistas e voluntárias de diversas áreas. Eu me juntei ao grupo em 2019. A possibilidade de discutir teoria lésbica, *queer* e feminista na companhia desse grupo foi um alento durante o processo de escrita da pesquisa. Fora do grupo, em geral, é difícil aprofundar o debate quando se trata de lesbianidade, gênero, política, raça, arte, literatura, feminismo, e me peguei várias vezes tendo de explicar os mais básicos conceitos para conseguir estabelecer um terreno comum de discussão. Nesse sentido, sentar com as/es integrantes do GEL e debater, escrever, perguntar, foi mais que essencial para chegar onde cheguei aqui.

Outra iniciativa que não posso deixar de citar foi o curso de extensão EaD oferecido pelo *Grupo de Estudos Feministas em Política e Educação* (GIRA) da Universidade Federal da Bahia (UFBA), em parceria com os coletivos *Lesbibahia* e *Maria Quitéria*, entre os meses de junho e dezembro de 2017. Ao final do curso, aconteceu a Jornada "Pensamento Lésbico Contemporâneo", nos dias 24 e 25 de novembro de 2017 na UFBA, que teve como objetivo produzir o estado da arte do pensamento lésbico contemporâneo, bem como articular a UFBA com os movimentos sociais lésbicos da Bahia. O mote do encontro era: *Leiam Lésbicas! Nosso Pensamento é Resistência!* Também foi um momento essencial para mim, dentro e fora da academia, crucial para o embasamento de minha postura de ter sempre um dos pés na *práxis* enquanto pesquisadora, movimentando-me junto à comunidade que me rodeia e da qual jamais posso me apartar.

Voltando a Belo Horizonte, a disputa por representação e representatividade se dá também no carnaval de rua: como é o caso do bloco sapa-bi *Truck do Desejo*. Segundo as organizadoras, o *Truck* nasceu em 2018 quando "uma sapatão, sua ex, a ex da ex dela, a atual, a ex-peguete da ex e a futura ex-peguete da atual se reuniram com uma vontade: fazer um bloco de mulheres que amam mulheres" (declaração dada ao *site* BHAZ). Através de suas lentes, a fotógrafa Fernanda Silva, mato-grossense que reside em BH, é umas das responsáveis pelo registro sensível do acontecimento carnava-lés-bi-co que foi o *Truck do Desejo*.

Engajadas no ativismo cultural-político-sexual, coletivos de mulheres bissexuais, lésbicas, sapatonas, sapatrans etc. ocupam espaço na literatura (como o coletivo carioca *Palavra Sapata*, que publicou o zine *Que o dedo atravesse a cidade, que o dedo perfure os matadouros* (2018), com textos de autoras que vão do Rio Grande do Sul à Bahia, eu inclusa); no jornalismo (como a *Revista Brejeiras*); no cinema (como a iniciativa mineira *Claquete Lésbica,*), para citar algumas mais — e correndo o intransponível risco de deixar de fora outras iniciativas igualmente importantes. Minha ideia aqui não é limitar as atividades das lésbicas/bissexuais/não heteros às iniciativas que citei. Obviamente, nós estamos em todos os espaços, e, mesmo quando não pautamos mais abertamente questões sobre sexualidade, acredito que essa seja uma reivindicação que se dá pela própria constatação da existência e da consciência das mulheres que amam mulheres em espaços comuns. Também não quero diminuir a atividade das lésbicas engajadas em partidos e movimentos políticos de base. Toda a minha admiração!

O que quero dizer é que fazer esse tipo de arquivo, audiovisual, documental, poético, acadêmico é pleitear a narrativa da história, exercer o direito de contá-la, disputando o significado de cada frase, palavra, letra — incluindo até mesmo a tipografia das letras. Esse é o caso da *designer* e artista lésbica soteropolitana Eduarda Nieto, que criou a *Sola Type*: uma "fonte sapatão". A fonte foi desenvolvida a partir de 300 fotos de solas de sapato de sapatonas (em maioria). De acordo com a artista, a ideia nasceu de um projeto sobre tipografia oculta e tinha como mote a ideia de reforçar narrativas sobre a visibilidade lésbica.

Por meio de uma campanha de divulgação da *hashtag* #minhasoladeixamarcas, Eduarda Nieto se conectou com mulheres de todas as regiões do Brasil, que foram convidadas a enviar fotos de seus sapatos para a criação da tipografia. Eu mesma enviei algumas. Eduarda, através de seu *Instagram*, brincava assim: "chega na gata e diz: deixa eu ver sua sola!". Selecionadas as imagens, Eduarda editou, vetorizou e depois transformou o material em fonte. Na apresentação do projeto, ela escreveu: "o resultado visto aqui é produto de um trabalho proporcionado por muitos 'pés' dispostos a deixar uma grande pegada: uma forma real de materializar nossa visibilidade e criatividade, celebrando nossa existência e amor". O *download* da *Sola Type* é gratuito: http://bit.ly/2XKnHyd. Para utilizar, basta instalar a fonte e marcar nos projetos desenvolvidos a *hashtag* #solatype.

CHANA COM CHANA

Por último, quero seguir o caminho de Camila Americano Lanhoso, "O Boletim ChanaComChana e as sociabilidades lésbicas na Ditadura Militar (1964-1988)" (LANHOSO, 2019), que recentemente rastreou e resgatou as pegadas das mulheres responsáveis por uma militância lésbica organizada no Brasil, durante a repressão da ditadura. Lanhoso começa chamando atenção para a perceptível escassez e superficialidade das menções às experiências lésbicas nas Comissões da Verdade, instaladas no ano de 2013 no Brasil, que tinham como objetivo o:

> resgate da memória histórica da ditadura militar e a busca da verdade sobre as graves violações dos direitos humanos ocorridas nesse período, sendo esse um dos pilares da Justiça de Transição. (LANHOSO, 2019, p. 14)

Quanto a isso, Lanhoso se utiliza da elaboração metodológica proposta por Gilberta Santos Soares e Jussara Carneiro Costa (SOARES; COSTA, 2011), que consideram que é uma tarefa imprescindível adicionar uma perspectiva histórica às lesbianidades, porém, que isso consiste em uma empreitada *arqueológica*:

> A história da lesbianidade é uma história clandestina, ignorada e marcada por invisibilidades, contradições e discordâncias entre as historiadoras que assumiram a tarefa de recuperar seus fragmentos. Conta-se com insuficiente disponibilidade de fontes de documentação que confirmem as relações amorosas e sexuais entre mulheres. Por isso, o trabalho de rearticulação da história lesbiana não pode ser considerado apenas um trabalho histórico, antropológico ou político, mas também arqueológico. (SOARES; COSTA, 2011, p. 25-26)

O boletim *ChanaComChana* faz parte da história das lésbicas que atuaram no campo político durante a ditadura, "o que significa dizer que é um assunto que não possui tradição acadêmica, visto que se trata de um tema pouco explorado" (LANHOSO, 2019, p.18). Outro agravante que contribuiu para o esquecimento do boletim (e consequentemente da atuação das lésbicas que o editavam): as doze edições do *ChanaComChana* só foram disponibilizadas integralmente na internet no final do ano de 2018.

O boletim nasceu no contexto de maior repressão política: após o Ato Institucional nº 5 [AI-5]. A ditadura civil-militar brasileira teve, como é sabido, uma grande preocupação com uma ordem disciplinar, que buscava suprimir "subversões". Através de restrições, vigilância e repressão, estabelecia:

> normas de condutas comportamentais nas esferas públicas e privadas, sob o lema "tradição, família e propriedade", de cunho moralista, conservador e autoritário, tendo condicionado os modos de vida, as sociabilidades entre os grupos e as práticas sexuais de indivíduos. Os alvos da repressão eram não somente os comunistas, mas também as prostitutas, a população negra, os usuários de drogas, os desempregados, os favelados, os homossexuais e as travestis e transexuais. Os mecanismos de controle da população LGBT se davam por meio de discursos oficiais, relatórios de inteligência, expurgo de servidores públicos considerados "imorais", atos normativos como leis, decretos, portarias, etc., visando principalmente à censura, fechamento de estabelecimentos frequentados pelo público LGBT, rondas policiais que reprimiam lésbicas, prostitutas, travestis e gays, prisão sumária de pessoas por "vadiagem". (LANHOSO, 2019, p. 18)

O combo *ameaça comunista + ameaça homossexual* é sistematicamente utilizado no intuito de mobilizar a população e instaurar um pânico moral que "justifique" medidas repressoras. Sobre isso, Lanhoso retoma o surgimento de duas instituições, no fim da década de 1950 e início da década de 1960,

> denominadas Instituto Brasileiro de Ação Democrática (IBAD) — dirigida por Ivan Hasslocher, simpatizante do integralismo e empresário de origem norte-americana — e Instituto de Pesquisas e Estudos Sociais (IPES) — articulado pela direita sob a direção do general Golbery do Couto e Silva. (LANHOSO, 2019, p. 22)

Essas instituições preocupavam-se com os avanços do comunismo no Ocidente, e ambas "adotaram estratégias políticas de cunho anticomunista, vinculando o comunismo à degradação moral e social do Brasil" (LANHOSO, 2019, p. 23). Uma dessas estratégias "foi o lançamento, pelo IPES, de um livro com o título UNE: *Ferramenta de Subversão*, publicado em 1963 por Sônia Seganfreddo com o objetivo de atacar a União Nacional Estudantil (UNE)" (LANHOSO, 2019, p. 24), que acusava as estudantes de esquerda de utilizarem "estratégias sexuais, como o 'golpe do namoro' e a pornografia, para atrair jovens à subversão comunista" (LANHOSO, 2019, p. 24).

Em 1982, a antropóloga norte-americana lésbica branca Gayle Rubin elaborou em *Pensando Sexo: notas para uma teoria radical da política da sexualidade* (RUBIN, 2017) questões acerca das políticas da sexualidade e da legislação e criminalização em torno do tema. Para ela, "a sexualidade deveria ser tratada com especial cuidado em tempos de grande estresse social" (RUBIN, 2017, p. 64). Ela apresenta, também, uma elaboração minuciosa e bastante rigorosa das disputas simbólicas no que tange aos valores sexuais na sociedade estadunidense. Segundo ela:

> A relação que a ideologia de direita estabelece entre o sexo fora da família, o comunismo e a fraqueza política não é novidade. [...] por volta de 1969, a extrema direita descobriu o *Sex Information and Education Council of the United States* (SIECUS) [conselho de educação e informação sexual dos Estados Unidos]. Em livros e panfletos como *The sex educational racket: pornography in the schools* [algazarra na educação sexual: pornografia nas escolas] e *SIECUS: corrupter of youth* [SIECUS: corruptor dos jovens], a direita atacou o SIECUS e a educação sexual, acusando-os de armar um complô comunista para destruir a família e enfraquecer o ânimo nacional. (RUBIN, 2017, p. 74)

Apesar desse jogo discursivo da direita conservadora, ocupado em responsabilizar a esquerda pelo "homossexualismo", os grupos *gueis* não eram abraçados pela esquerda tradicional. À guisa de ilustração, no contexto brasileiro, em um discurso, transcrito no jornal *Lampião da Esquina*, lê-se:

> alguém no plenário tomou a palavra e disse: "eu vou dizer agora o que metade desse auditório está sequiosa para ouvir. Vocês querem saber se o movimento guei é de esquerda, de direita ou de centro, não é? Pois fiquem sabendo que os homossexuais estão conscientes de que para a direita constituem um atentado à moral e à estabilidade da família, base da sociedade. Para os esquerdistas, somos um resultado da decadência burguesa. Na verdade, o objetivo

> do movimento guei é a busca da felicidade e por isso é claro que nós vamos lutar pelas liberdades democráticas. Mas isso sem um engajamento específico, um alinhamento automático com grupos da chamada vanguarda". (DANTAS, Lampião da Esquina, 1979, p. 9)

Em uma atmosfera de censura e perseguição, foi criado o jornal *Lampião da Esquina*. Na edição número 12, em maio de 1979, lê-se na capa: *Amor entre mulheres: elas dizem onde, quando, como e porquê*. Nesse número, há uma matéria sobre o Grupo SOMOS, intitulada *Grupo SOMOS: uma experiência*. Trago, aqui, o começo da matéria, na qual se pode vislumbrar um pouco da estratégia discursiva, das identificações dos problemas, do que o grupo entendia como prioridade e como compreendia a própria história:

> Um gigantesco e milenarmente bem montado sistema de opressão sexista vem movendo uma guerra incessante contra aqueles que não saímos programados por suas pautas de condicionamento sócio-familiar. Esse bombardeio sistemático mostra-se eficiente porque muitas vezes descompõe a estrutura pessoal daqueles que saímos das regras. Tentam nos condenar a viver à margem ou então acabamos compulsoriamente reintegrados àquilo que entende por "normalidade" — por meio de violências culturais, psiquiátricas e físicas.
>
> Mas não é verdade que estamos incapacitados para nos rebelar. Ao contrário, a ancestral acumulação de opressões gerou em nós um potencial contestatório de alcance ainda não previsto (GRUPO SOMOS: UMA EXPERIÊNCIA, Lampião da Esquina, 1979, p. 2).

A noção de que a primeira premissa para um movimento homossexual potencialmente revolucionário começava com o não-se-esconder é estabelecida pelos editores do jornal, que acreditavam que esse tipo de repressão era "parte de um velho truque de quem quer manter o poder a qualquer custo" porque "tem medo dos que divergem" (LAMPIÃO DA ESQUINA, 1979, p. 2). Depois de deixar a invisibilidade, a organização tornava-se possível (LAMPIÃO DA ESQUINA, 1979, p. 2). Cito:

> Houve uma tentativa de organização em 1976, quando um grupo de entendidos começou a se reunir para discutir seus problemas, em São Paulo. Entretanto, 70% do grupo se julgava anormal, em função de sua homossexualidade. Como dizia um deles: "eu daria tudo para ser um senhor casado e com filhos." Evidentemente, o resultado foi desastroso, com tanta culpa, auto-desprezo e ausência de auto-imagem. Não deu em nada, depois de poucos meses.
>
> SOMOS surgiu em São Paulo em maio de 78, a partir de uma ideia comum a várias pessoas, para possibilitar o encontro de homossexuais, fora dos costumeiros ambientes de badalação e pegação (boates, bares, saunas, cinemas e calçadas); procurava-se com isso um conhecimento mútuo que fosse menos aleatório e a discussão de nossa sexualidade, de maneira franca e digna. Desde a primeira reunião sentimos que isso era inédito, urgente e fascinante, ao mesmo tempo. Nesse período, procuramos alcançar uma identidade enquanto grupo social e recuperar a consciência individual, a partir da homossexualidade comum a todos. [...]
>
> A coisa não foi fácil. Tivemos uma existência quase clandestina e muito conturbada. Imaginem um bando de pessoas frequentemente com problemas básicos de aceitação pessoal, tentando encontrar um ponto comum para iniciar um diálogo sobre si mesmas. Tudo bastante dilacerado, de um lado. Muita dúvida, porque tudo era novo. E uma extrema oscilação de gente entrando e saindo. Muitos vinham para espiar. Se decepcionavam. Criticavam nossa falta de objetivos, de organização. De fato, não tínhamos nada pronto, nada de concreto para expor, nenhuma fórmula para mudar o mundo. Eles iam embora. Pelos motivos mais diversos. Só não diziam que era por medo, insegurança — coisas que todo mundo lá dentro sentia. Às vezes, antes de sumirem, eles pediam que a gente os avisasse quando o grupo estivesse "pronto". (GRUPO SOMOS: UMA EXPERIÊNCIA, Lampião da Esquina, 1979, p. 2)

Apesar da retórica de ineditismo utilizada aqui, precisamos tomar cuidado com a eleição de uma experiência como "a primeira", o que acaba por invisibilizar ainda mais outras que podem ter acontecido sem que tenhamos notícia, por estarem, justamente, mais à margem (geograficamente, inclusive:

o grupo SOMOS surgiu em São Paulo). No entanto, é interessante perceber que a questão de uma autoimagem positiva já era debatida, inclusive como ponto de partida e de virada, para que a experiência homossexual passasse a ser pensada não como uma maldição de negação e vergonha, mas como outra coisa.

De toda maneira, nesse mesmo texto o grupo apresenta aquilo que eles chamaram de "um dos nossos maiores problemas em termos humanos: a ausência de mulheres" (Lampião da Esquina, 1979, p. 2). No texto, o problema é apresentado como que em movimento de superação. Em fevereiro de 1979, o grupo havia recebido um convite do Departamento de Ciências Sociais da USP para um debate com o título "O caráter dos movimentos de emancipação". A partir de sua presença na Universidade, o interesse pelo movimento teve aumento considerável "e um número expressivo de lésbicas tornaram-se assíduas no grupo" (LANHOSO, 2019, p. 61). De acordo com Lanhoso, "o SOMOS era composto por jovens entre 20 e 30 anos, cuja raça/etnia era majoritariamente branca, de classe média e baixa de distintas ocupações/profissões, como funcionários públicos, massagistas, professores, estudantes, jornalistas etc." (LANHOSO, 2019, p. 61). Porém a questão racial também não era ignorada pelo grupo.

As *reuniões de identificação* eram tão populares que "acabaram sendo a porta de entrada para o movimento, uma vez que os ingressantes necessitavam de espaço para integração, socialização e autodescoberta" (LANHOSO, 2019, p. 62). Cheias, as reuniões foram divididas em três subgrupos, e neles foram distribuídas as mulheres, "devido ao fato de os presentes acreditarem que a discussão da sexualidade sob o ponto de vista das lésbicas enriqueceria o debate, além de se orientarem pelo princípio da igualdade entre todos" (LANHOSO, 2019, p. 63). As lésbicas, com o tempo, reivindicaram um espaço para que discutissem suas necessidades específicas, e assim "constituíram um subgrupo chamado Lésbico-Feminista (LF) em junho de 1979, gerando atrito com os homens recém-chegados, que acreditavam que o posicionamento das lésbicas era radical com a formação de um grupo só de mulheres" (LANHOSO, 2019, p. 63). Diante da proliferação de sujeitos políticos — das demandas das mulheres, do movimento negro, de disputas internas e externas com outras organizações políticas (LANHOSO, 2019, p. 64) —, as tensões dentro do grupo SOMOS começaram a atingir níveis críticos, o que piorava perante as perseguições e complicações de gestão e finanças. Com seu desmanche, o Lampião da Esquina abriu espaço para que todas as partes se posicionassem:

> As lésbicas do LF, na edição n° 27 do lampião, enfatizaram que: "não cabíamos no somos enquanto mulheres, já que, como explicado anteriormente em nossa carta, temos que nos organizar separadamente para atender às nossas especificidades, o que não era absolutamente o caso das bichas", mas que o fato de elas se constituírem como grupo autônomo não as impedia de atuar conjuntamente com o SOMOS ou com outras organizações LGBTS para a luta contra a estigmatização, a discriminação e a violência. (LANHOSO, 2019, p. 66-67)

Mesmo que em processo de fragmentação, a militância do SOMOS, reorganizada em outras frentes, ainda marcou presença em protestos contra a violência policial que acontecia contra a população "marginalizada", somando forças com os movimentos feministas, negro, lésbico, homossexual, estudantes e alguns parlamentares progressistas, como no protesto que aconteceu em 13 de junho de 1980, ao qual compareceram entre quinhentas e mil pessoas (LANHOSO, 2019, p. 69).

Com o passar do tempo, as lésbicas continuavam a reclamar de não terem suas demandas contempladas. É no rompimento com o grupo de militância mista SOMOS que as mulheres formam o Grupo Lésbico-Feminista, agora independente. Em resumo, as lésbicas do subgrupo Lésbico-Feminista se rebatizaram como Grupo Ação Lésbica Feminista (GALF), mantendo-se mais próximas, politicamente, do movimento feminista. O grupo foi o mais duradouro dos surgidos da fragmentação do SOMOS, existindo de 1981 a 1989. Como explica Lanhoso: "a primeira tentativa de realização do projeto do GALF foi a publicação do jornal *ChanaComChana* em janeiro de 1981, oito meses depois que as lésbicas de vários lugares se juntaram para escrever a matéria da 12ª edição do *Lampião da Esquina*" (LANHOSO , 2019, p. 121). Mas foi no ano seguinte (1982) que o desejo por um espaço próprio de divulgação e escrita se concretizou, dessa vez em formato de boletim. Segundo Lanhoso:

> As doze edições do boletim ChanaComChana foram publicadas a cada três ou quatro meses, com cerca de duzentos exemplares por edição, totalizando, em termos de volume, de 11 a 33 páginas de conteúdo. Quanto ao tamanho, as criadoras adotaram o formato tabloide. O boletim era composto por um conselho editorial que dirigia as pautas e as matérias, com a participação de algumas integrantes do GALF como Miriam, Rosely, Maria Luiza e Célia. Nas primeiras edições, Maria Serrath, Cristina, Silvana Teca e Fanny ficaram responsáveis pela diagramação e pela fotografia. Outras colaboravam regularmente, como Maria Carneiro da Cunha e Nair Benedito. (LANHOSO, 2019, p. 121)

Para Lanhoso: "pode-se dizer que o GALF teria escolhido o nome *ChanaComChana* fazendo recurso à linguagem escrachada, característica presente também nos jornais *Lampião da Esquina* e *Pasquim*. Tal linguagem seria um traço político da imprensa alternativa" (LANHOSO, 2019, p. 122). O que se percebe também é a superação da simples conotação biologizante da palavra, no sentido de agregar "a pluralidade das existências de mulheres que se relacionam com mulheres, dando visibilidade ao caráter político de seus modos de expressar, de ser e de existir" (LANHOSO, 2019, p. 123).

Acrescento aqui uma das charges publicadas no boletim, desenhada por Miriam. A charge foi produzida como uma sátira de uma situação de conflito entre as lésbicas do GALF e as integrantes do SOS-Mulher (um grupo feminista de mulheres heterossexuais). No desenho, três lésbicas procuraram ajuda na sede do SOS-Mulher, entidade que realizava atendimento a mulheres vítimas de violência. Elas contam seus problemas à assistente: uma foi demitida do emprego, e as outras duas foram expulsas de casa e da escola. O motivo é dito em uníssono: "somos lésbicas!". A assistente, constrangida, responde que não pode ajudá-las, porque lá elas só atendiam "as mulheres".

As lésbicas não são mulheres", conclusão" por "A relação da charge com o pensamento de Monique Wittig (WITTIG, 1980) não passa despercebida por Camila Lanhoso, que sublinha a "presença simbólica da frase "As lésbicas não são mulheres" (LANHOSO, 2019, p. 129). "As lésbicas não são mulheres", conclusão de Wittig em seu artigo "The Straight Mind" [O Pensamento *Straight*] (*straight* é uma palavra que significa, em inglês, tanto "heterossexual" quanto "direito", "reto"). Isto é,

> pelo fato de as lésbicas recusarem o enquadramento da norma heterossexual ao se relacionarem com outras mulheres, põem em xeque a existência das categorias "mulher" e "homem", pois tais categorias são constituídas, fundamentadas e legitimadas pelos homens. E, justamente por isso, elas não eram vistas como mulheres para as feministas heterossexuais do SOS-Mulher. (LANHOSO, 2019, p. 129)

Para Lanhoso, os mecanismos de silenciamento aconteciam em vários níveis e de maneira diversa:

> desde os mais explícitos, como as rondas policiais que as levavam presas, passando pela censura na música, na televisão, nos livros, nas revistas; atravessando para além do aparato militar, como os partidos políticos e os movimentos feministas e LGBTs com a desconsideração de suas demandas. (LANHOSO, 2019, p. 180)

A história das militantes do GALF e do projeto *ChanaComChana* é um sopro de esperança de mobilização e resistência política, pessoal, íntima. Não é irrelevante que a pesquisa de Camila Lanhoso tenha sido escrita em 2019, um ano de derrotas doloridas, feridas abertas.

Ao *ChanaComChana* devemos o dia nacional do Orgulho Lésbico, porque 19 de agosto de 1983 foi marcado pelo levante no Ferro's bar, o estabelecimento que as sapatonas frequentavam até passarem a ser agredidas pelo porteiro, com ameaças e puxões: um dos donos queria expulsá-las. As integrantes do GALF, então, organizaram-se para ocupar o local e vender o boletim, como forma de protesto. Cito Lanhoso:

> No dia 19 de agosto de 1983, por volta de nove horas da noite, as integrantes do GALF, junto com os companheiros do grupo Outra Coisa Ação Homossexualista, distribuíam um panfleto em frente ao Ferro's bar, denunciando as violências ocorridas nos últimos meses, "até que em um momento 'começam a invadir' o bar figuras um tanto estranhas para suas fiéis frequentadoras: mulheres 'diferentes', rapazes de barba e lindos paletós de couro (dessas que a gente costuma ver nas manifestações tradicionais da esquerda), bichas finérrimas" (CHANACOMCHANA, 4, 1983, p. 2). A presença dessas figuras um tanto estranhas fez com que o porteiro do Ferro's barrasse a entrada de outras "perigosas mulheres". No entanto, o estrago já estava feito, pois "a força estranha que já havia invadido o bar explode aos gritos de: 'entra', 'entra', 'entra'. Numa das mesas, a vereadora Irede Cardoso (PT) discursava aos berros sobre a luta pelas liberdades democráticas, inclusive para as lésbicas" (CHANACOMCHANA, 4, 1983, p. 2).
>
> O boné do porteiro foi jogado para longe, distraindo-o, quando se deparou com a "invasão" de mulheres, de jornalistas e de outros militantes que estavam barrados do lado de fora. (LANHOSO, 2019, p. 103)

É nossa história, uma memória importante de resgatar, passar para a frente, guardar embaixo da língua.

V.

DIREITO DE FICCIONAR, DIREITO DE FRICCIONAR

CAPÍTULO 15

DIREITO DE FICCIONAR, DIREITO DE FRICCIONAR

Estudo muito1
para estender as coisas
os acontecimentos históricos
em cordinhas de varal

Deixo secar os momentos e as datas
quarar as memórias acumuladas
desfazendo as manchas
pra compreender o contorno
em uma luz nova

Livros tão antigos quanto
as minhas avós
a materna que nunca comentou
nada sobre a ditadura militar
e encontro agora uma foto
minha avó bem moça
de lenço na cabeça
"Inauguração de Brasília"
ligo pra ela e pergunto:

---

[1] Esse poema é parte de um projeto de escrita que realizo com a artista plástica, poeta, engenheira ambiental e amiga Luiza Camisassa. O procedimento é o de ler os poemas do livro *Um Rojão Atado à Memória*, de Estela Rosa, e reescrevê-los, ou escrever a partir deles. O projeto está em andamento, por enquanto se chama Raiva Atada aos Dentes. Esse poema é filho de minha leitura do poema da Estela, "Temporão" — ROSA, 2019, p. 58. Ler os dois juntos pode ser interessante.

você foi?
Fui.
Só.

Estudo muito
para tirar o pó
dos anos
antes de mim
o cheiro de guardado
ventilar a memória

Dobrar os acontecimentos limpos
esfregá-los à mão
mandar tingir de novo
um acontecimento
surrar um fato histórico
tentar costurar os furos
ou só olhar dentro deles
e organizá-los
num armário (ROSA, 2019, p. 58.)

Apesar de a minha formação ser em artes visuais, meu trabalho e minha militância não respeitam as fronteiras entre as disciplinas, e, de maneira geral, eu escrevo. Escrever faz parte da minha maneira de estar no mundo, da minha forma de organizar. Sempre digo que só escrevo porque leio. Ler e estudar fazem parte da força motora do meu trabalho e da minha ação no mundo. Escrever e criar imagens não são atividades separadas: criam-se imagens na escrita, criam-se narrativas por imagens, as palavras escritas não existem simplesmente como ideias, mas se organizam no livro, no *zine*, no poema, no corpo.

Sendo sincera sobre como encaro minha pesquisa, meu trabalho artístico (em imagem, em palavra), minha ação no mundo, minha militância; consequentemente tenho que parar um pouco para pensar em docência.

Pensar em educação, de forma geral, e em certos deveres que tenho para mim, no que tange ao meu privilégio de ter tido a oportunidade de aprender e de me formar (formação acadêmica, mas muito mais que isso). Na maioria das vezes, as realidades são tão precárias que é impossível se dedicar a qualquer coisa que não esteja diretamente ligada à sobrevivência. E, mesmo assim, as pessoas fazem acontecer: momentos de comunidade, cultura, compartilhamento, afeto. Em nenhum instante na história existiu repressão sem resistência; norma sem desobediência. No entanto, é parte dos mecanismos de manutenção de poder e da batalha pela hegemonia contar apenas um passado higienizado e linear, para que os ânimos das reivindicações por um futuro sejam abrandados, diminuídos, e que os sonhos não sejam, assim, jamais *imaginados*.

Talvez por isso minha atenção recaia tanto nessa dinâmica que se apresenta, e me faz pensar na escrita, na imaginação, na narração de nossa história por nossa parte, como um direito humano. Cito Antonio Candido, sociólogo, professor, branco, crítico literário brasileiro, homenageado na ocasião da inauguração da enorme biblioteca Confraria dos Parceiros de Guararema — que seria parte do centro de educação superior Escola Nacional Florestan Fernandes, do Movimento dos Trabalhadores Rurais Sem Terra (MST):

> Acho que uma das coisas mais sinistras da história da civilização ocidental é o famoso dito atribuído a Benjamim Franklin, "tempo é dinheiro". Isso é uma monstruosidade. Tempo não é dinheiro. Tempo é o tecido da nossa vida, é esse minuto que está passando. Daqui a 10 minutos eu estou mais velho, daqui a 20 minutos eu estou mais próximo da morte. Portanto, eu tenho direito a esse tempo; esse tempo pertence a meus afetos, é para amar a mulher que escolhi, para ser amado por ela. Para conviver com meus amigos, para ler Machado de Assis: isso é o tempo. E justamente a luta pela instrução do trabalhador é a luta pela conquista do tempo como universo de realização própria. A luta pela justiça social começa por uma reivindicação do tempo: "eu quero aproveitar o meu tempo de forma que eu me humanize". As bibliotecas, os livros, são uma

grande necessidade de nossa vida humanizada. Portanto, parabéns ao MST pela abertura desta biblioteca, porque o amor pelo livro nos refina e nos liberta de muitas servidões. (CANDIDO, 2018, p. 17-29)

São poucas as artistas e escritoras lésbicas que não pensam seus trabalhos nesse sentido, de sua dimensão política e humanizadora. Muitas delas foram e são grandes militantes e ativistas, do movimento feminista, comunista, antirracista, anticolonial, atentas às questões pungentes de suas comunidades. Adrienne Rich (RICH, 2018), por exemplo, participou dos movimentos por direitos civis da minoria negra estadunidense e dos movimentos contrários à guerra do Vietnã. Rich começou a dialogar com essas lutas através de sua poesia, sendo considerada pela alta cúpula da crítica literária como desleixada por conta de sua opção por temas contemporâneos e versos livres. Ainda assim, porque sabia da potência de sua poesia em romper os silêncios, criar acolhimento e comunhão, Adrienne Rich permaneceu escrevendo de sua maneira. Nesse sentido, Marcelo Lotufo (LOTUFO, 2018), tradutor de Rich para o português, perguntou-se:

> O que faz um poema ser politicamente relevante? A pergunta é difícil de ser respondida, sobretudo porque poesia não é mero discurso sobre algo, mas um arranjo no qual operam temporalidades diversas: a do sujeito, a da investigação do presente e da tradição com a qual se dialoga. Ainda assim, é essa pergunta que parece nortear a poesia de Adrienne Rich (1929-2012), tanto temática como formalmente, e que pauta a seleção dos poemas aqui compilados. (LOTUFO, 2018, p. 5)

Em *Tempo Norte-Americano* (RICH, 2018, p. 62), Rich escreveu:

> I
> Quando os meus sonhos deram sinais
> de que se tornavam
> politicamente corretos
> sem imagem de rebeldia
> escapando para além das fronteiras

quando ao caminhar nas ruas encontrei meus
temas já destacados para mim
consciente de que eu não os relataria
por medo do uso que os inimigos fariam
então comecei a me questionar

II

Tudo o que escrevemos
será usado contra nós
ou contra aqueles a quem amamos.
São estes os termos,
ame-os ou deixe-os.
Poesia nunca teve a menor chance
de existir fora da história.
Uma linha datilografada vinte anos atrás
pode arder numa parede em tinta spray
para glorificar a arte como distanciamento
ou torturar aqueles que
não amamos mas também
não quisemos matar

Nós passamos   mas nossas palavras ficam
tornam-se responsáveis
por mais do que pretendíamos

e isso é privilégio verbal

III

Experimente sentar-se à máquina de escrever
numa tarde calma de verão
em uma mesa ao lado da janela
no campo, experimente fingir
que o seu tempo não existe
que você é simplesmente você
que a imaginação simplesmente vaga
como uma grande mariposa, sem propósito
experimente dizer a você mesma
que você não responde

à vida da sua tribo
ao sopro do seu planeta

IV
Não importa o que você pensa.
Palavras são consideradas responsáveis
tudo o que você pode fazer é escolhê-las
ou escolher
manter-se em silêncio.   Ou, você nunca teve escolha,
o que explica por que as palavras que ficam
são responsáveis

e isso é privilégio verbal

V
Digamos que você queira escrever
sobre uma mulher fazendo tranças
no cabelo de outra —
direto ou com miçangas e conchinhas
em tranças de três mechas ou em tranças afro —
era bom você saber a grossura
o comprimento
o padrão
porque ela decide trançar o cabelo
como trançam o cabelo dela
em que país se passa essa cena
o que mais acontece por lá

você precisa saber essas coisas

VI
Poeta, irmã:
palavras —
queiramos ou não —
existem num tempo próprio.
Não adianta protestar
Eu escrevi aquilo
antes que Kollontai fosse exilada

Rosa Luxemburgo, Malcolm,
Anna Mae Aquash, assassinados,
antes de Treblinka, Birkenau,
Hiroshima, antes de Shaperville,
Biafra, Bangladesh, Boston,
Atlanta, Soweto, Beirute, Assam
— estes rostos, nomes de postos
arrancados do almanaque
do tempo norte-americano

VII
Estou pensando nisto em um país
onde palavras são roubadas das bocas
como pão é roubado das bocas
onde poetas não vão para a cadeia
por serem poetas, mas por serem
de pele escura, mulheres, pobres.
Estou escrevendo isto em um tempo
no qual tudo o que escrevemos
pode ser usado contra aqueles que amamos
onde o contexto nunca está dado
ainda que tentemos explicá-lo exaustivamente
Pelo bem da poesia, ao menos,
eu preciso saber essas coisas

VII
Às vezes, planando à noite
em um avião sobre a cidade de Nova York
me senti como uma mensageira
chamada para intervir, chamada para confrontar
este campo de luz e escuridão.
Uma ideia grandiosa, nascida de voos.
Mas sob essa ideia grandiosa
está o pensamento de que aquilo que preciso confrontar
depois que o avião assolar na pista de pouso
depois que eu subir a velha escada de casa, me sentando
ao lado da minha velha janela
é feito para partir o meu coração e me reduzir ao silêncio.

IX
Na América do Norte o tempo vai tropeçando
sem se mover, soltando somente
uma certa dor norte-americana.
Julia de Burgos escreveu:
Meu avô ter sido um escravo
é a minha dor; tivesse ele sido um senhor
isso seria a minha vergonha.

Palavras de uma poeta, dependuradas sobre uma porta
na América do Norte, no ano de
mil novecentos e oitenta e três.
A lua quase-cheia nasce
falando de forma atemporal sobre mudanças
a partir do Bronx, do rio Harlem,
das cidades afogadas do Quabbin
das colinas funerárias pilhadas
dos pântanos tóxicos, das áreas de testes atômicos

e eu começo a falar outra vez

1983 (RICH, 2018, p. 62)

A poeta Audre Lorde também escreveu sobre as implicações políticas da poesia: ela se definia como uma poeta negra, mãe, gorda, guerreira socialista (NASCIMENTO; BOTELHO, 2013, p. 51). Tatiana Nascimento (NASCIMENTO; BOTELHO, 2013), tradutora e estudiosa da poesia das lésbicas negras (ela mesma uma artista, poeta, sapatão negra, sobre a qual falarei mais adiante), fez o esforço de democratizar alguns dos escritos de Lorde traduzindo-os para o português, em textos que resgatarei aqui. Para Lorde, poesia era

> [...] uma destilação revelatória da experiência, e não o jogo de palavras estéril que, muitas vezes, foi distorcido pelo patriarca branco como o significado da palavra poesia — assim mascarando um desejo desesperado por imaginação sem deslumbramento.

> Para as mulheres, então, a poesia não é um luxo. É uma necessidade vital de nossa existência. Ela forma a qualidade da luz com a qual estabelecemos nossas esperanças e sonhos em direção a sobrevivência e mudança, primeiro forjada em linguagem, depois em ideia, então em ação mais tocável. Poesia é a maneira com que contribuímos à nomeação do inominado, pra que possa ser pensado. O horizonte mais distante de nossas esperanças e medos é pavimentado por nossos poemas, talhado na pedra da experiência de nossas vidas diárias. (LORDE, 1984 b, p. 36-39, apud NASCIMENTO; BOTELHO, 2013, p. 70-71)

Por isso mesmo, *poesia não é luxo*: a imaginação e a literatura não estão desgrudadas das questões de justiça social. Nas palavras de Audre Lorde:

> Recentemente, um coletivo de mulheres editoras decidiu publicar uma edição só de prosa, alegando que a poesia era uma forma artística menos "rigorosa" ou "séria". Mesmo a forma que nossa criatividade toma é muitas vezes uma questão de classe. De todas as formas de arte, poesia é a mais econômica. Ela é a que é mais secreta, a que requer menos trabalho físico, menos materiais, e a que pode ser feita entre turnos, na copa do hospital, no metrô, e em retalhos de sobra de papel. Nos últimos dois anos, escrevendo uma novela com o orçamento apertado, eu pude compreender as enormes diferenças nas demandas materiais entre poesia e prosa. Na reivindicação de nossa literatura, a poesia tem sido a voz principal das pessoas pobres, da classe operária e das mulheres de Cor. Um teto próprio pode ser uma condição à escrita da prosa, mas também são resmas de papel, uma máquina de escrever e tempo de sobra. (LORDE, 1984 b, p. 36-39, apud NASCIMENTO; BOTELHO, 2013, p. 70-71)

Ela está fazendo uma provocação à assertiva de Virgínia Woolf em *Um teto todo seu* (originalmente publicado em 1929): "uma mulher precisa ter dinheiro e um teto todo seu, um espaço próprio, se quiser escrever ficção" (WOOLF, 2014, p. 15). Isso é verdadeiro, mas também é difícil de conseguir, dependendo de certos privilégios sociais. É nesse sentido que a criatividade é uma questão de raça e classe social, porque desfrutar o tempo é uma questão de raça e classe social.

Por sua vez, Alice Walker, poeta negra estadunidense, perguntou: "como se manteve viva a criatividade da mulher negra ano após ano, século após século, quando, para os negros, na maior parte do tempo desde a chegada na América, ler ou escrever era um crime passível de punição?" (WALKER, 2019, p. 56). E ainda:

> Virginia Woolf escreveu [...] que qualquer mulher que tenha nascido com um grande talento no século 16 [troque por "século 18", troque por "mulher negra", toque por "nascida como escrava ou escravizada"] certamente teria enlouquecido, atirado em si mesma ou terminado seus dias em um chalé nos arredores da vila, meio bruxa, meio feiticeira [...] temida e escarnecida. Não é preciso ter grandes habilidades em psicologia para afirmar que qualquer garota muito talentosa que tenha tentado usar seu dom para poesia foi tão impedida e inibida por outras pessoas, tão torturada e feita em pedaços por seus próprios instintos contrários [troque por "correntes, armas, chibata, a propriedade do outro sobre o seu corpo, sujeição à uma religião estranha"], que deve ter perdido a saúde e a sanidade, com certeza. (WALKER, 2019, p. 57)

CAPÍTULO 16

ESCREVER A QUEM INTERESSAR POSSA

Foram durante o mestrado as primeiras vezes que me debrucei sobre a tarefa de ajudar pessoas a escrever. Melhor dizendo: realizarem seus desejos através da escrita. Eu o fiz no estágio de docência sob orientação da professora Brígida Campbell, com alunas e alunos das Artes Gráficas. Ao lado da professora, em sua turma dos últimos períodos, pude desenvolver uma dinâmica muito próxima, trabalhando junto de seus textos e suas pesquisas nos trabalhos de conclusão de curso. Esse relacionamento me levou a dois processos de coorientação, junto à professora, e então, ainda mais implicadamente, eu pude trabalhar com duas alunas: Anna Laura Pereira Moraes e Renata Ferreira. Seus trabalhos — o de Anna, "Desvestir o silêncio: desenhar-se como estratégia narrativa", e o de Renata, "Tempo digital x tempo analógico: não me lembro a última vez que abri a janela, o *windows* me dá notícias de como é o mundo lá fora" — me colocaram em movimento com elas. Se poesia não é luxo, não pode ser luxo conseguir realizar um trabalho de conclusão de curso, ocupar o lugar daqueles que escrevem dentro da universidade, produzir conhecimento e se sentir bem assim.

Também foi durante o mestrado que me aproximei do MST. A primeira oficina de escrita que facilitei aconteceu como atividade de uma formação de Feminismo e Marxismo, com as mulheres do movimento. Essa oficina se chamou "Ocupar o silêncio", e eu apresentei autoras como Grada Kilomba, Tatiana Nascimento, Flávia Péret e Angélica Freitas. Éramos muitas mulheres, em roda, segurando nossos caderninhos no colo, empunhando lápis e canetas. Traduzi e li para elas *While I write* [Enquanto eu escrevo], do projeto *Decolonizing Knowledge*, de Grada Kilomba:

> Às vezes, eu tenho medo de escrever
> escrever se transforma em medo,
> por eu não conseguir escapar de tantas construções coloniais.
> Neste mundo,
> eu sou vista como um corpo,
> que não pode produzir conhecimento
> como um corpo "fora" de lugar
> eu sei que enquanto eu escrevo
> cada palavra que escolho
> será examinada
> e talvez até invalidada
> Então por que eu escrevo?
> Porque eu preciso.
> Eu estou embutida em uma história
> de silêncios impostos
> vozes torturadas
> linguagens rompidas
> idiomas forçados e
> discursos interrompidos.
> Eu estou cercada por
> espaços *brancos*.
> Eu dificilmente posso entrar ou ficar
> então por que eu escrevo?
> Eu escrevo, quase como uma obrigação
> para me encontrar.
> Enquanto eu escrevo,
> eu não sou o "Outro"
> mas o eu
> não o objeto
> mas o sujeito.
> Eu me torno aquele que descreve
> e não o que é descrito.
> Eu me torno autor
> e autoridade

da minha própria história
Eu me transformo na oposição absoluta
daquilo que o projeto colonial tinha predeterminado.
Eu me transformo em mim. (KILOMBA, 2015)

A recepção dos escritos de Grada foi positiva, as mulheres ali conheciam bem isso de se transformar em algo além do que o projeto colonial havia determinado para elas. Em uma projeção, coloquei a foto de Grada Kilomba, expliquei brevemente quem ela era e pedi que todo mundo, em vez de se apresentar para mim, falando, *escrevesse* uma carta a Grada, contasse um pouco de si, dissesse que ouviu seu texto. Desse exercício, surgiu uma pequena antologia de poemas que denominamos *Olá, Companheira*, expressão que apareceu no texto de muitas das escritoras militantes. "Olá, companheira, estou olhando para seu rosto. Acho que ele se parece com o meu." Ou como escreveu Alessandra (os sobrenomes foram subtraídos pelas próprias autoras, para que sejam preservadas suas identidades):

Olá companheira.
Sou Alessandra.
Sou lésbica,
moro em Minas Gerais, sou dirigente regional da metropolitana.
(ALESSANDRA, 2018)

Flávia Péret (PÉRET, 2018) e Angélica Freitas (FREITAS, 2017) foram lidas por seus poemas que brincam com o significado do que é uma mulher. Enquanto Angélica ironiza que *uma mulher boa é uma mulher limpa, e uma mulher limpa é uma mulher boa* (FREITAS, 2017, p. 11), Flávia Péret usa um algoritmo de combinações infinitas, em seu livro que foi transformando em um *site*: umamulher.org (*Uma mulher* é um projeto de escrita expandida. A partir de um algoritmo, as frases do livro *Uma Mulher* são recombinadas de forma a gerar micronarrativas ficcionais que subvertem a noção de autoria e de produção de sentido, multiplicando formas de existir, resistir e de ser e não-ser Uma Mulher). Abrimos o *site*, fizemos o jogo de encontrar frases: *uma mulher que escreve muito rápido, sem vergonha. Uma mulher que parte corações, não sabe escutar. Uma mulher que usa neutrox, turbinada.*

Escrevemos com os olhos e os ouvidos cheios da poesia delas. Produzimos poemas fortes, alegres, dolorosos. Como o de Angela:

> Uma mulher forjada na marra
> Sendo feita a molde rústico
> Pra esconder-se no mudo silêncio
> Pra não gritar sua dor
> Pra não conhecer o amor
> E não crer no amanhecer
> Que cada dia insiste em se manter
> Para lembrá-la
> Que o descanso tá longe
> Que a vida consome a cada minuto a sua alegria
> É grande a agonia de não poder sorrir
>
> Mas esconde as lágrimas
> Em sua carne tão machucada
> A falsa aparência de quem pode
> E aguenta um dia a mais
>
> E no silêncio da noite
> Com o choro encoberto
> Implora quieta que basta de dor (ANGELA, 2018)

E do neutrox de Flávia Péret surgiu o Notroque de Renata:

> Uma mulher que usa neutrox, sem faixa etária, é minha avó Maria. Mas ela não só usava neutrox, ela reinventava neutrox. Até o nome ela mudava pra Notroque. E era Notroque na cabeça de todo mundo, das netas, do vô, dos tios e tias, da bisavó e dos bisnetos, até do Zé Mudinho, o mendigo que catava o lixo da rua na praça que todo dia minha vó levava pra casa pra dar banho e café. [...] (RENATA, 2018)

Foi uma experiência prazerosa e intensa, mas o mais difícil foi convencer as mulheres de que elas *podiam escrever como elas mesmas*. Foram compartilhadas, às vezes timidamente, às vezes não, as angústias perante a tarefa de escrever e ler depois em voz alta. Uma das companheiras, mais jovem, disse que deixou de escrever desde quando, em seu trabalho de conclusão de curso na universidade, seu orientador havia criticado sua *escrita simples*. Uma senhora, por sua vez, contou que sempre pedia para que alguém revisasse tudo o que escrevia, mesmo quando era para postar em seu próprio perfil em rede social, porque tinha medo de errar.

Também mostrei a elas um poema de Tatiana Nascimento (a já citada escritora-poeta, também tradutora de Audre Lorde), *cuíer paradiso*, no qual ela começa com o termo "pra mim". Li em voz alta:

pra mim,

o paraíso cuíer podia ser um lugar muito simples:
encostar a cabeça no meio das suas teta, ou
te receber no meio das minhas coxa

e depois ir ali na padaria contigo, tomar um suco
(laranja com banana y açaí),
passar a mão no seu cabelo (te reconheci
pelo seu "corte preciso")

sem ter que usar armadura,
sem ter que antecipar resposta,
sem ter que aprender como dá murro e nem
mapear o espaço antes de entrar

pra ver quem tá lá
imaginar
que ameaças eles fariam
quantos são
se viram a gente, se nos seguiriam

pra mim o paraíso cuíer podia ser menos burocrático que
casamento igualitário regulado pelo estado
(porque é o mesmo estado que paga
a polícia, lembra?)

podia ser menos desesperado que a paixão inteira num dia só
(calma,
amanhã eu
posso vir aqui, y
depois de amanhã a gente vê, mas quando você vier
eu vou gostar de te ver)

podia ser menos agoniado que vinte reuniões na mesma semana
(com palavra de ordem/questão de ordem
contra todas as ordens mas
organizando tão igual...)

podia ser menos vigiado que todomundo perguntando se é aberto
ou fechado,
ou como a gente tá junta de novo se já tinha terminado,
ou "c num sabia que ela tinha um namorado?"

podia ser menos tudo que dá esse cansaço, essa desesperança, essa
desconfiança
pra mim um paraíso cuíer podia ser mais tranquilo, mais respirado
podia ser eu y você num dia ensolarado

(mesmo que daqui a pouco fosse cada uma pra um lado;
eu ia gostar. ah, e a parte do pecado, essa parte
eu ia gostar também)

eu tô tão cansada de ter que corrigir o mundo inteiro na minha
cabeça y ele
continuar errado... de tentar resistir, responder (sem esquecer de
dançar,
de sorrir) e ver que eu vou morrer sem nada tá mudado,
mudado mesmo

pra mim o paraíso cuíer ia ser deitar um pouco do seu lado, ver seu rosto dançando na fumaça, a cortina respirando sua janela, pulmão

a céu aberto: exposto, delicado,

mas forte.

sentir seu coração conversar com a pele do meu ouvido enquanto a noite vira dia

y a rua esvazia o silêncio com aqueles barulho de dia acordando, pássaros avisando, vizinho

cantando cedo, transporte público começando tarde (afinal, é o DF)... um pouco de qualquer coisa que me traga a coragem da sua

calma (NASCIMENTO, 2019, p. 15-18)

Propus que fizéssemos o mesmo procedimento, buscando trabalhar com o significado pessoal das coisas, sem certo ou errado, melhor ou pior. Esther, por exemplo, escreveu um poema lindo:

Pra mim bastaria
um café com leite e um pedaço de bolo às 17:30
na companhia de uma amiga querida de boas conversas.
Um encontro resultado de um querer mútuo
sem obrigação alguma.

Bastaria ter um sábado de casa limpa
banho tomado
e cobertas com cheiro de sol
para dormir à tarde.

Pra mim basta
a horta cheia de condimentos

que posso escolher
ou colocar todos para cozinhar feliz.

Pra mim basta
acordar com o cheiro de café que você passou
antes de eu levantar
e o rádio ligado na cozinha.

Pra mim bastaria
o que poderia ser tão simples ter
mas que leva a vida toda para conquistar.

Pra mim bastaria
que o tempo fosse meu. (ESTHER, 2018)

Hoje, com a frente de literatura do MST, estamos produzindo um livro no qual serão compiladas algumas das poesias produzidas na oficina. Acredito que, ao compartilharmos essas obras, vamos mostrando que essas mulheres camponesas, guerreiras, Sem Terra, de luta, são sujeitas de suas próprias histórias, escrita de forma simples ou não, simples&não: e essa é uma forma de elas irem ocupando aquilo que se conta a seu respeito. Ou preenchendo o silêncio que as envolve.

Em *Como se conta a história às crianças do mundo inteiro,* Marc Ferro pede para que não nos enganemos: "a imagem que temos de outros povos, e até de nós mesmos, está associada à História tal como nos foi contada quando éramos crianças" (FERRO, 2007, p. 9). Gosto dessa associação despreocupada que o autor faz da História com as imagens (que temos de nós e dos outros). Ele escreveu:

> Já está na hora de confrontar hoje todas essas representações porque, com o crescimento do mundo, com sua unificação econômica mas com sua fragmentação política, o passado das sociedades é mais do que nunca uma das preocupações nas confrontações entre Estados, entre nações, entre culturas e etnias. Controlar o passado ajuda a dominar o presente, a legitimar dominações e impugnações.

> Contudo, são as potências dominantes — Estados, igrejas, partidos políticos ou interesses privados — os que possuem e financiam meios de comunicação massiva ou mecanismos de reprodução, livros escolares ou tirinhas cômicas, filmes ou emissoras de televisão. Cada vez mais frequentemente entregam, a todos e a cada um, um passado uniforme. A revolta brota entre aqueles para os quais sua História está "proibida".
> E depois, chegado o amanhã, que nação ou que grupo humano poderá todavia controlar sua própria história? (FERRO, 2007, p. 9-10)

Essa pergunta não é desimportante, e, por vezes, contar nossa história através da poesia, da ficção, das imagens é estratégico para burlar a proibição da História maiúscula. Porém eu gostaria de trazer mais uma constatação de Marc Ferro, sobre a dupla função da História.

> Independentemente de sua vocação científica, a história exerce, com efeito, uma dupla função, terapêutica e militante. [...] o cientificismo e a metodologia servem, no máximo, de uma "tanguinha" para a ideologia. Benedetto Croce escrevia, no começo do século, que a história apresenta os problemas de seu próprio tempo mais que os da época que é seu objeto de estudo. (FERRO, 2007, p. 11-12)

Se podemos pensar assim sobre a História, por que não esticar esse pensamento as nossas histórias? Aquelas que começam com "pra mim", escritas em um papel pardo de pão ou em um caderninho costurado pelas mãos da mesma mulher Sem Terra que nele escreve.

Vento só[1]

Não é meu primeiro outono aqui
nem a primeira seca brava

---

[1] *Vento só* é um poema que escrevi, com referências a Maggie Nelson, J. Coetzee e Gloria Anzaldúa. Também é parte do projeto de escrita que realizo com Luiza Camisassa, *Raiva Atada aos Dentes*. Esse poema é filho de minha leitura do poema homônimo de Estela Rosa — (ROSA, 2019, p. 93). Mantenho a recomendação de lê-los juntos.

que enfrento
com a minha pele
e com meu nariz
meus pelos
e meus dentes

Essa poeira nos olhos
que suja a sala e envolve
os fios do meu cabelo
as capas dos livros

Não é a primeira vez
que sento nesta varanda
olhando pro descampado

Mas é a primeira vez que sirvo
o café pro santo no altarzinho
da cozinha feia e paro
aos vinte e sete anos
na porta recém-pintada
esperando que o vento me corrompa
e descasque infinitamente
lascas compridas do meu corpo

Vento só
Se hace moldeadora de su alma

Soprar o silêncio
para que não se estique
sobre o corpo
como um lençol branco

CAPÍTULO 17

DA MESA DA COZINHA

Ainda durante o mestrado, houve outra experiência de facilitação de oficina junto ao MST — dessa vez mais longa, integrando a programação da segunda Escola de Artes Sudeste, batizada de João das Neves. As/os participantes acabaram sendo homens e mulheres jovens. Flagrei uma das meninas, Nicole, de 16 anos, falando para uma amiga que a aula de literatura *nem parecia aula*. Comecei a oficina falando sobre ficção. Isso porque eu havia pedido para todas e todos se apresentarem através da escrita de uma "lista" biográfica, como uma linha do tempo da vida de cada um. A ideia era que elxs se apresentassem assim, contando suas histórias. A ficção, no entanto, era liberada, quer dizer, também era permitido inventar. Dizer que se pode inventar acaba sendo um destravador, muitas vezes, para de fato contar algo que aconteceu *de verdade* — esse truque não passou despercebido aos participantes (Lucas me disse: "*é legal isso de poder mentir, porque se você escrever alguma coisa que te deixa com vergonha é só você falar que inventou*").

Com 34 anos ininterruptos ministrando oficinas de escrita, Luiz Antonio de Assis Brasil publicou, em 2019, o livro *Escrever Ficção — um manual de criação literária*. Nele, o professor começa relembrando: "como qualquer ser humano, você está sujeito a mil situações na vida, que passam por seu estômago, cérebro, pulmões, espírito, pela torneira que emperra, pelo erro do troco no supermercado" (BRASIL, 2019, p. 13).

No entanto, cada vivência é diferente. Nossas experiências, e o modo como lidamos com elas, são bastante pessoais. Assis Brasil chama a atenção para "a necessidade de vivência do ficcionista naquilo que é objeto de sua narrativa" (BRASIL, 2019, p. 14), em última instância, sublinhando a pertinência do nosso fazer literário:

> A atitude do ficcionista também é a de quem sabe que, ao inventar, está sempre se reportando à realidade. [...]
> A atitude do ficcionista, entretanto, deve ser de constante suspeita em relação a suas próprias criações. Não é demais perguntar-se, antes de começar um conto, uma novela ou um romance: "Serei eu a melhor pessoa para escrever *esta* história?". Se a resposta for negativa, então procure uma história que lhe diga respeito, uma que se imponha a você, que não o deixe em paz até que seja escrita. Não estou falando de estilo, mas de *temática*. Se observarmos as narrativas sob esse aspecto, veremos que elas, desejável e inevitavelmente, trazem a marca de quem as criou. O melhor é escrever sobre o que conhecemos a partir de nossas vivências e infatigáveis leituras. (BRASIL, 2019, p. 14)

Nesse preâmbulo, fica evidenciado que nosso trabalho literário/artístico — aquilo que escrevemos e ficcionamos — é obrigatoriamente (na falta de termo melhor) ligado a nós, respondendo a nossas vivências, nossos desejos, nossas vidas e nossas comunidades. Isso não significa que nossos textos não terão destino fora desse meio, fora de nós e daquilo que nos compete. Mas Assis Brasil abre uma porta, mesmo que de maneira indireta, para pensarmos questões que interseccionam raça, classe, gênero, deficiências, nacionalidades, idade, cidadania, etc., e como isso tudo se liga marcando — mas não definindo, limitando — nossas realizações criativas. Abre uma porta dentro de uma teorização que nem sempre (quase nunca) aceita nossas críticas feministas, antirracistas, anticoloniais etc.

Justamente, o primeiro capítulo do livro de Assis Brasil tem o título: "Ser ficcionista é exercer nossa humanidade". Mas nossa humanidade (parece óbvio dizer isso) não é a mesma, não é um dado *a priori*: ela também se constrói nas nossas escritas, nas nossas imaginações (no fazer imagens, como artistas), nas nossas incansáveis lutas por direitos no sentido da conquista dessa humanidade. No fim das contas, gosto de pensar que Assis Brasil *localiza* — ao chamar atenção ao fator humano da experiência da escrita, ao fazer com que suas alunas e alunos se perguntem se são as pessoas certas para escrever *esta história* — toda a produção em literatura, isto é, por mais que queiram nos convencer de que existam obras universais, elas não existem. E isso não significa que elas não sejam boas.

"O perfil do romancista brasileiro publicado por grandes editoras se manteve o mesmo por pelo menos 43 anos. Ele é homem, branco, de classe média, nascido no eixo Rio-São Paulo". Assim começa a matéria intitulada "Quem é e sobre o que escreve o autor brasileiro" (MASSUELA, 2018), escrita por Amanda Massuela e publicada em fevereiro de 2018. Ela continua: "Seus narradores, protagonistas e coadjuvantes são em sua maioria homens, também brancos, de classe média, heterossexuais e moradores de grandes cidades". Dentre todas essas histórias, há boas, medianas, ruins, ótimas. A constatação de um perfil homogêneo dos escritores publicados lança luz à homogeneização do campo literário e a *localização* (homem-branco-classe-média-urbano-hétero) dessa produção.

Essa maneira de pensar pode ajudar a analisar os trabalhos das Guerrilla Girls. Trata-se de um grupo norte-americano feminista, artístico e ativista. Suas integrantes, que só aparecem usando máscaras de gorila, formam um grupo de anônimas que lutam contra o sexismo e o racismo no mundo da arte, desde 1985, expondo a hierarquia e a desigualdade racial e de gênero através de interferências culturais, aparições públicas, adesivos e pôsteres. Quando elas perguntam: "as mulheres têm de estar nuas para entrar nos museus norte-americanos?" e a seguir apresentam a frase "menos de 3% dos artistas no Met. Museum são mulheres, mas 83% dos nus são femininos", não estão dizendo que é necessário botar fogo no acervo e igualar por baixo, mas que temos um problema! Nesse sentido, um de seus trabalhos é uma notinha irônica a um colecionador de arte: "querido colecionador, notamos que em sua coleção, como na maioria, não há uma quantidade suficiente de arte feita por mulheres. Nós sabemos que você se sente péssimo por isso e vai retificar essa situação imediatamente. Todo nosso amor, Guerrilla Girls".

Em uma carta para Taís Bravo, disponível na plataforma *medium* do coletivo *Mulheres que escrevem*, a escritora carioca sapatão, Helena Zelic, a autora de *Durante um terremoto* (ZELIC, 2018), escreveu:

> Sabe, tem uma coisa que sempre me incomodou nos filmes e livros produzidos pelos grandes homens das artes, esses que conhecemos tão bem, apesar de nossos mixed feelings sobre os livros e a estrutura da literatura. Nessas histórias, passam-se dias, semanas, tempos que são indiscutíveis para a narrativa. Os personagens amam ferozmente, correm, cavalgam, inventam mentiras, planos, raciocinam e matam, que seja. Nunca, porém, eles interrompem suas grandes sagas para comer ou lavar a louça. É como se não fosse preciso. Como se essas funções vitais da humanidade não coubessem a eles, mas sim a outras pessoas, aquelas devidamente escanteadas, humanas demais no sentido prático e, portanto, — por que não dar nome aos bois? — exploradas. As vidas invisíveis existem nas narrativas da ficção e do mundo real. Muitas vezes, inclusive, se interseccionam. Quem é capaz de imaginar William Faulkner cozinhando seu próprio arroz? Pouco provável.
>
> Aí me vem Virginia Woolf e narra o jantar de uma mulher, a forma como o tempo passa enquanto ela come, e a improbabilidade me dá um estalo no peito. Aí me vem Carolina Maria de Jesus e narra o trabalho e o suor que definem não apenas a alimentação, mas a luta pelo alimento para si e os filhos. Você deve ter sentido isso também. Todo o estremecimento causado pela quebra no silêncio dos assuntos privados, das mulheres privadas. E hoje, para nós, como falar de amor sendo insubmissa? Como falar da cidade sendo ela tão hostil? Como falar do tempo se o nosso tempo é outro? Como dizer ao mundo o que escrevemos se qualquer motivo de orgulho é compreendido como arrogância? São perguntas que fazem parte dos nossos cotidianos, em meio à fervura da água no bule e à espera no ponto de ônibus, mas que são insuficientes para nos limitar. (ZELIC, 2016)

Fig. 46. Gerrilla Girls no Met. Museum

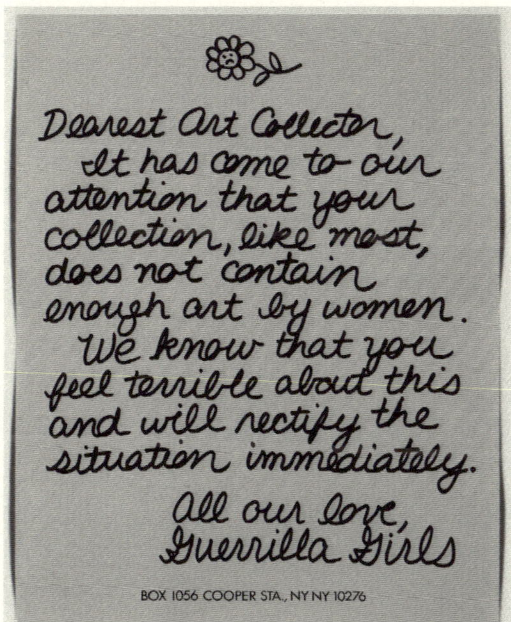
Dearest Art Collector,
It has come to our attention that your collection, like most, does not contain enough art by women.
We know that you feel terrible about this and will rectify the situation immediately.

All our love,
Guerrilla Girls

BOX 1056 COOPER STA., NY NY 10276

Fig. 47. Dearest Art Collector. Trabalho das Guerrilla Girls

A escritora, doutora, antropóloga, professora, mãe e mulher negra, Dalva Maria Soares citou Helena Zelic em seu conto "A vida sem Amaciante":

> Onze em ponto. Tempero o feijão. Como Helena, também me entedio com uma literatura de grandes feitos, de grandes personagens salvando o mundo. Sinto falta de uma escrita com cheiro de alho, de sabão em pó, de água sanitária e de amaciante. A caneta com cheiro de cebola, porque a ideia surgiu enquanto se preparava o almoço. O caderno sujo de óleo, porque passa os dias na mesa da cozinha. Sinto falta de personagens que lavam sua roupa, que cozinham sua comida, que levam os filhos para a escola.
>
> É daqui, da mesa da cozinha, que vou juntando os ingredientes da minha escrita. É desse lugar que, devagarinho, as letras vão se formando sobre o teclado e vão marcando, pouco a pouco, as páginas em branco. Computador, livros, cadernos dividem o espaço com o pote de pimenta, a lata de pão, o vidro de azeite. É mexendo em uma panela e outra que vou dando sentido ao vivido e experimentado. Os rascunhos, as anotações, estão todos marcados: uma gota de gordura que caiu do prato, a marca da pata do cachorro, que de tanto esperar já ficou entediado, pingos de café entornado que apagaram o escrito, e da sopa que coloriu de urucum justamente a passagem onde escrevi sobre o caboclo. É daqui, do espaço da cozinha, que vou colocando os temperos e arrumando lentamente as ideias na cabeça, na expectativa que o resultado dessa escrita fique gostoso. (SOARES, 2018, p. 29)

É uma delícia saborear a escrita de Dalva, morder um pedaço, mastigar. Sentir na ponta da língua a evidenciada vontade de que seja gostoso. *Da mesa da cozinha*, fala localizada, escrita circunscrita. O livro *This Bridge Called my Back: Writings by Radical Women of Color* [Esta ponte, minhas costas: escritos de mulheres de cor radicais], sobre o qual falarei mais adiante, foi organizado por Cherríe Moraga e Gloria Anzaldúa (ANZALDÚA; MORAGA, 2015) — ambas sapatonas chicanas—, em 1981 ("chicana" é uma identidade política adotada por pessoas nascidas ou imigradas nos Estados Unidos que possuem origem mexicana; o termo traz em si a noção de disputa cultural que rejeita uma assimilação da cultura norte-americana em detrimento da cultura mexicana). Segundo Heloísa Buarque de Hollanda, professora universitária branca brasileira, *nada se compara com o choque* produzido pela chegada desse livro no Brasil, no cenário universitário feminista.

> Era um livro muito diferente dos textos acadêmicos e ativistas que começavam a surgir com uma frequência inesperada. Era um livro de escrita acessível, íntima, de fala localizada, quase uma roda de conversa na qual as relações entre mulheres ganhavam uma inédita visibilidade. Um formato editorial absolutamente novo, que misturava poemas, textos de análise, crítica, desenhos, testemunhos, depoimentos, entrevistas; enfim, um livro pensado para acolher todas as camadas da experiência e do pensamento das mulheres de "cor" — no caso, negras, latinas, chicanas, judias, asiáticas, terceiro-mundistas. Um livro solidário, um corpo que se estende como ponte para suas companheiras, como diz o título. Um xeque-mate no ideal utópico da sororidade feminista. Percebi que eu não sabia nada sobre mulheres. (HOLLANDA, 2018, p. 17)

O que Hollanda chama de livro "acessível", é necessário pontuar, só faz sentido comparando a acessibilidade da escrita de *This Bridge* com outros textos acadêmicos que chegavam (especificamente) à comunidade universitária no Brasil. Acessibilidade também não é um dado universal e exige contexto. Até hoje, para se ter uma ideia, esse livro não foi traduzido para o português.

Originalmente, em 1981, a primeira edição de *This Bridge* foi publicada pela editora Kitchen Table Women of Color Press [Mesa da Cozinha Editora de Mulheres de Cor]. Vindos da mesa da cozinha, seus temas, isto é, suas vivências, supostamente não diziam respeito a ninguém além delas mesmas, por conta de suas *falas localizadas*. No entanto, a localização dessas mulheres não pode ser constatada de maneira ingênua. Em seu artigo "Saberes Localizados: a questão da ciência para o feminismo e o privilégio da perspectiva parcial", Donna Haraway, professora branca estadunidense, dá conta justamente disto, ao debruçar-se sobre a questão da objetividade, no que tange ao método científico. Para Haraway:

> A ciência sempre teve a ver com a busca de tradução, convertibilidade, mobilidade de significados e universalidade — o que chamo de reducionismo quando uma linguagem (adivinhe de quem) é imposta como o parâmetro para todas as traduções e conversões. O que o dinheiro faz no âmbito das trocas do capitalismo, o reducionismo faz nos poderosos âmbitos mentais das ciências globais: finalmente há apenas uma equação. Esta é a fantasia mortal que as feministas e outros identificaram em algumas versões das doutrinas de objetividade a serviço de ordenações hierárquicas e positivistas a respeito do que pode ter validade como conhecimento. Esta é uma das razões pelas quais os debates a respeito da objetividade são relevantes, seja metaforicamente ou não. Imortalidade e onipotência não são nossos objetivos. Mas poderíamos fazer uso de algumas explicações confiáveis, aplicáveis, sobre as coisas, que não fossem redutíveis a lances de poder e a jogos de retórica de alto coturno, agonísticos, ou à arrogância cientificista, positivista. (HARAWAY, 1995, p. 16-17)

Haraway apoia-se na metáfora da visão para evitar posições binárias. Ela se justifica ao insistir na natureza corporificada da visão, de modo a "resgatar o sistema sensorial que tem sido utilizado para significar um salto para fora do corpo marcado, para um olhar conquistador que não vem de lugar nenhum" (HARAWAY, 1995, p. 18). Para ela, a objetividade científica "é o olhar que inscreve miticamente todos os corpos marcados, que possibilita à categoria não marcada alegar ter o poder de ver sem ser vista, de representar, escapando à representação" (HARAWAY, 1995, p. 18). Assim, a única posição não marcada e consequentemente "objetiva" é a do "Homem e Branco" (HARAWAY, 1995, p. 18).

Nesse sentido, a reivindicação de "objetividade feminista", segundo Haraway, "deve significar, simplesmente, saberes localizados" (HARAWAY, 1995, p. 18). Em seu procedimento metodológico, ao resgatar a visão corporificada, limitada (apesar das tecnologias que, com seus instrumentos de visualização, nos fazem acreditar na ilusão da visão infinita), Haraway concluiu que "apenas a perspectiva parcial promete visão objetiva" (HARAWAY, 1995, p. 21). Ela escreve:

> Os olhos têm sido usados para significar uma habilidade perversa — esmerilhada à perfeição na história da ciência vinculada ao militarismo, ao capitalismo, ao colonialismo e à supremacia masculina — de distanciar o sujeito cognoscente de todos e de tudo no interesse do poder desmesurado. (HARAWAY, 1995, p. 19)

Por esse caminho, "a objetividade feminista trata da localização limitada e do conhecimento localizado, não da transcendência e da divisão entre sujeito e objeto" (HARAWAY, 1995, p. 21). Desse modo, "podemos nos tornar responsáveis pelo que aprendemos a ver" (HARAWAY, 1995, p. 21). E essa é uma questão ética e política, porque "a perspectiva parcial pode ser responsabilizada tanto pelas suas promessas quanto por seus monstros destrutivos" (HARAWAY, 1995, p. 21). Assim, o texto de Haraway torna-se "um argumento a favor do conhecimento situado e corporificado e contra várias formas de postulados de conhecimento não localizáveis e, portanto, irresponsáveis. Irresponsável significa incapaz de ser chamado a prestar contas" (HARAWAY, 1995, p. 22).

Não é exatamente só a mesa da cozinha — temperada com seus cheiros, gorduras, marcada das mãos que trabalham o alimento — que produz falas localizadas, portanto. Mas *todas* as perspectivas são localizadas, e assumir isso é assumir a responsabilidade. Negar essa acepção é atentar-se à manutenção da hegemonia epistemológica, na qual aquilo que é (se pretende) universal é mais importante — supostamente por ser mais objetivo e portanto mais científico — que o que é (admitindo-se) parcial.

> Na filosofia e nas ciências ocidentais, aquele que fala está sempre escondido, oculto, apagado da análise. A "egopolítica do conhecimento" da filosofia ocidental sempre privilegiou o mito de um "Ego" não situado. O lugar epistêmico étnicorracial/sexual/de gênero e o sujeito enunciador encontram-se, sempre, desvincula-

> dos. Ao quebrar a ligação entre o sujeito da enunciação e o lugar epistêmico étnicorracial/sexual/de gênero, a filosofia e as ciências ocidentais conseguem gerar um mito sobre um conhecimento universal Verdadeiro que encobre, isto é, que oculta não só aquele que fala como também o lugar epistêmico geopolítico e corpo-político das estruturas de poder/conhecimento colonial, a partir do qual o sujeito se pronuncia. (GROSFOGUEL, 2008, p. 46, apud PELÚCIO, 2012, p. 395-418)

Esse parágrafo foi escrito pelo sociólogo porto-riquenho Ramón Grosfoguel, citado no artigo da pesquisadora brasileira branca Larissa Pelúcio, "Subalterno quem, cara pálida? Apontamentos às margens sobre pós-colonialismos, feminismos e estudos queer" (PELÚCIO, 2012). Pelúcio aponta a complicada questão do "outro", contando também um pouco da sua vivência na Alemanha como imigrante terceiro-mundista: sua identidade social branca, no Brasil, torna-se outra coisa, e seu corpo passa a ser lido "a partir das marcas da colonialidade que o situavam numa periferia exotizada e desmoralizada" (PELÚCIO, 2012, p. 398). Isso porque o lugar do "outro" não é estático nem monolítico: "ser o 'outro' é condição relacional e contextual" (PELÚCIO, 2012, p. 398).

A sala de aula/ateliê das escolas de arte carrega o pressuposto de que a aluna e o aluno vão produzir algum nível de trabalho autoral, quer dizer, em última instância, um trabalho localizado, que traga sua perspectiva crítica enquanto artista. A escrita, na minha experiência, não é uma tarefa fácil, nem mesmo quando precisamos escrever sobre nossos trabalhos como artistas e, consequentemente, falar de forma mais estruturada e refletida sobre nossas vivências.

Uma das razões para isso pode ser que nossos currículos escolares, nossas bibliografias, nossas pesquisas, nossas ementas na universidade ainda dão ênfase *somente* aos autores homens, aos "clássicos", aos brancos, aos colonizadores ou aos provenientes de uma elite econômica, salvo raras exceções. Larissa Pelúcio chama atenção para isso: "é compreensível que nossas alunas e alunos, muitos deles vindos das classes média e média alta do Brasil, tenham dificuldade de se pensarem como 'os outros'" (PELÚCIO, 2012, p. 398).

As políticas de democratização do acesso à universidade ajudam a modificar esses projetos na educação brasileira, e essa é uma luta que construímos. Como bem observou bell hooks (HOOKS, 2013), em seu livro *Ensinando a transgredir: a educação como prática da liberdade*, de 1994:

> Se examinarmos criticamente o papel tradicional da universidade na busca da verdade e na partilha de conhecimento e informação, ficará claro, infelizmente, que as parcialidades que sustentam e mantêm a supremacia branca, o imperialismo, o sexismo e o racismo distorceram a educação a tal ponto que ela deixou de ser uma prática da liberdade. O clamor pelo reconhecimento da diversidade cultural, por repensar os modos de conhecimento e pela desconstrução das antigas epistemologias, bem como a exigência concomitante de uma transformação das salas de aula, de como ensinamos e do que ensinamos, forma revoluções necessárias. (HOOKS, 2013, p. 4)

Uma das táticas da pedagogia engajada de hooks é a de que todas e todos os alunos mantenham diários das aulas, fazendo anotações. Toda a turma é convidada a ler, compartilhando seus escritos uns com os outros, qualquer que seja o tamanho da turma: assim todos os alunos e alunas falam e são escutados e ninguém permanece invisível (HOOKS, 2013, p. 58). Isso é um requisito obrigatório das aulas de bell hooks:

> Em toda a minha carreira de professora, muitos professores universitários brancos me falaram de sua preocupação com os alunos não brancos que não falam. À medida que a sala de aula se torna mais diversa, os professores têm de enfrentar o modo como a política da dominação se reproduz no contexto educacional. Os alunos brancos e homens, por exemplo, continuam sendo os que mais falam em nossas aulas. Os alunos de cor e algumas mulheres brancas dizem ter medo de que os colegas os julguem intelectualmente inferiores. Já dei aula a brilhantes alunos de cor, alguns de idade avançada,

que conseguiram, com muita habilidade, nunca abrir a boca em sala de aula. (HOOKS, 2013, p. 58)

A escrita como ferramenta de transformação pedagógica de bell hooks (e seu compartilhamento através da voz, da escuta) ajuda a pensar mais profundamente nas aflições da escrita da maioria das pessoas: "não sou capaz de escrever". Certo, mas não é capaz de escrever *o quê?* Usar quais referências, reivindicar que tipo de linhagem? Aceitar o desafio de deixar nossas marcas no que criamos — consequentemente *tomar posição* e nos *localizarmos* —, nos apresentarmos ao mundo como alternativa possível, como diferença, imaginação e potência é um movimento ousado. Ainda nas palavras de hooks: "muitas vezes, os professores e os alunos no contexto multicultural têm de aprender a aceitar diferentes maneiras de conhecer, novas epistemologias" (HOOKS, 2013, p. 59).

Isso requer coragem e responsabilidade. Requer um constante exercício de desuniversalização do pensamento, de descolonização da experiência, de resistir ao impulso de impor nossa visão, ao invés de compartilhá-la. Nesse sentido, é interessante retomar a definição de *etnocentrismo* feita pelo filósofo búlgaro Tzvetan Todorov em *Nós e os outros — a reflexão francesa sobre a diversidade humana*:

> [o etnocentrismo] consiste em, de maneira indevida, erigir em valores universais os valores próprios à sociedade a que pertenço. O etnocêntrico é, por assim dizer, a caricatura natural do universalista: este, em sua aspiração ao universal, parte de um particular, que se empenha em generalizar; e tal particular deve forçosamente lhe ser familiar, quer dizer, na prática, encontra-se em sua cultura. A única diferença — mas, evidentemente, decisiva — é que o etnocêntrico segue a linha do menor esforço e procede de maneira não crítica: crê que seus valores são *os* valores e isso lhe basta. (TODOROV, 1993, p. 21)

Em *This Bridge Called my Back*, Judit Moschkovich publicou uma resposta a uma carta na qual feministas brancas anglo-americanas se reportavam às mulheres de cor, publicada em um jornal do movimento de mulheres, de circulação nacional. Moschkovich se apresenta: "eu sou Latina, Judia e imigrante (tudo isso de uma vez)" (MOSCHKOVICH, 2015, p. 73). A autora afirmou que a carta das mulheres brancas estadunidenses (representantes da cultura dominante dos Estados Unidos) refletia sua enorme ignorância a respeito da cultura latina. Sua resposta começa assim:

> Minha reação imediata ao ler a carta foi: *não fale sobre algo/alguém a menos que você possa admitir sua ignorância sobre o assunto* ou "você não me conhece, mas eu conheço você, mulher Americana". Acredito que a falta de conhecimento sobre outras culturas é uma das bases da opressão cultural. Eu não considero nenhuma mulher americana individualmente responsável pelas raízes dessa ignorância sobre outras culturas; ela é incentivada e apoiada pelo sistema político e educacional norte-americano e pela mídia. Eu considero é que toda mulher é responsável pela *transformação* dessa ignorância. (MOSCHKOVICH, 2015, p. 73)

Mais uma vez, trata-se da questão da responsabilidade. No entanto, para Moschkovich, a noção de responsabilizar-se por sua ignorância e, consequentemente, tomar partido contra os sistemas de opressão deve ser uma *ação*, e não somente uma constatação preguiçosa (seguindo *a linha do menor esforço*). Ela escreveu:

> Na carta, a mulher branca [*Anglo woman*] parecia pedir informações sobre a cultura Latina. Ela queria saber o que queremos como povo Latino, o que estamos enfrentando etc. Em primeiro lugar, para mim é difícil responder até mesmo a um simples pedido de mais informações sobre as culturas Latinas sem experimentar sentimentos fortes e conflitantes. Todos já ouvimos antes: *não é dever dos oprimidos educar o opressor*. E, no entanto, muitas vezes me sinto pressionada a me tornar uma instrutora, não apenas uma "mediadora" [*resource person*]. Normalmente não ouço: "Ei, o que você acha do trabalho de tal e tal autora feminista latino-americana?", mas sim "me ensine tudo o que você sabe." As mulheres latino-americanas escrevem livros, música etc. Uma enorme quantidade de informações sobre a América Latina está prontamente disponível na maioria das

bibliotecas e livrarias. Eu digo: leia e ouça. Podemos, então, ter algo para compartilhar. (MOSCHKOVICH, 2015, p. 73)

A crítica de Moschkovich também chama atenção para a característica etnocêntrica do feminismo branco, que com frequência aponta para as outras culturas (das pessoas imigrantes, latinas, negras, muçulmanas) como *as mais machistas*. Nas palavras da autora:

> Eu sempre confrontei a ideia de que qualquer coisa "diferente" é masculina. Desta maneira, se eu defendo a minha cultura latina, eu estaria defendendo as odiosas construções patriarcais. Enquanto isso, a mulher branca Anglo-americana que lida com o mundo à sua maneira Anglo, com sua cultura Anglo, está sendo "perfeitamente feminista". (MOSCHKOVICH, 2015, p. 77)

Essa perspectiva colonizadora e etnocêntrica por parte das feministas brancas é criticada pelas feministas racializadas, dissidentes sexuais, terceiro-mundistas etc., de modo a desconstruir a tentação de construir só mais uma interpretação hegemônica, autoritária e absoluta do mundo. As mulheres — e nesse sentido a heterogeneidade dessa categoria de pessoas — "entram no espaço público e nos espaços do saber transformando inevitavelmente estes campos, recolocando as questões, questionando, colocando novas questões, transformando radicalmente", como observou a pesquisadora brasileira branca Margareth Rago (RAGO, 1998), em seu texto "Epistemologia feminista, gênero e história". Para ela, "sem dúvida alguma, há um aporte feminino/ista específico, diferenciador, energizante, libertário, que rompe com um enquadramento conceitual normativo" (RAGO, 1998, p. 10). Podemos dizer, assim, que as mulheres engajadas na luta feminista, decolonial, antirracista se engajam (e devem se engajar) constantemente em um movimento de crítica, de questionamento de ponto de vista.

Sobre essa mudança de perspectiva, escrevi em um ensaio, "Doces e Azedas" (HOKI, 2019) — que foi publicado em na coletânea *Lesbianidades*

Plurais: outras produções de saberes e afetos —, sobre o momento em que entendi, durante a graduação, que eu não era "o artista":

> No meu primeiro ano de faculdade, uma professora querida, Liliza Mendes, propôs que fizéssemos trabalhos em diálogo com artistas consagrados. Na época, eu estava muito impressionada pelo trabalho do Yves Klein, um artista francês muito importante no pós-Segunda Guerra. Eu tinha visto os trabalhos dele em uma revista especializada: em um suporte branco, enorme, marcas azuis de corpos femininos, os corpos carimbados e arrastados na superfície, da cor que o artista patenteou como *azul Klein*. Tudo isso acontecia em uma performance com uma pequena orquestra, uma audiência, o artista de terno coordenando tudo e as modelos nuas carregando baldes de tinta.
>
> Eu morava em um prédio no centro da cidade e em uma noite mais ou menos quente, lá pelas duas da manhã, saí vestida de moletom, shorts e chinelos, munida de vários vidrinhos com uma tinta azul que eu havia preparado. Por baixo do moletom, meu torso estava nu e me pintei dos pés à cabeça para carimbar meu corpo nas paredes, pelas ruas de Belo Horizonte. As mãos carimbadas, os braços, as marcas redondas dos meus seios, barriga e umbigo, as coxas: durante aquela noite foi aparecendo nas paredes, em poses diferentes, a mancha de um corpo de mulher. De manhã eu saí para fotografar o que havia deixado e levei as fotos impressas em formato de livrinho para a aula. Foi um professor de ateliê, Rodrigo Borges, um tempo depois, que vendo esses registros em um diário de trabalho quem me chamou atenção, dizendo que meu trabalho em diálogo com Yves Klein trazia a perspectiva da modelo. Até aquele momento, para minha surpresa, eu achava que meu trabalho trazia a perspectiva *do artista*. (HOKI, 2019, p. 20-21)

CAPÍTULO 18

RESISTENTES

Durante o mestrado, tendo amadurecido essa questão paradigmática através do meu aprofundamento nos estudos feministas e decoloniais, decidi voltar para esse acontecimento, colocando-o em um poema. A ocasião era a de que nosso grupo de pesquisa *Estratégias da Arte em uma Era de Catástrofes*, coordenado por nossa orientadora, Maria Angélica Melendi, ia apresentar-se em um seminário de pesquisa em arte, organizado por Juliana Mafra na Escola Guignard em Belo Horizonte. Como se tratava de um seminário de pesquisa em arte, eu quis fazer algo que me apresentasse não apenas como pesquisadora, mas como artista também, e partindo daí comecei a escrever um poema ensaístico, que seria lido na minha apresentação. Por conta da limitação de tempo, calculei que meu poema deveria ter, lido em um ritmo agradável, dez minutos, o que me daria um certo intervalo de cinco minutos para me apresentar no início, explicando o que eu iria fazer.

No livro de poesias de Marília Garcia (GARCIA, 2014), *Um teste de resistores,* é que eu encontrei o formato poema-ensaio e tirei da poesia de Marília minha primeira frase ("eu poderia começar de muitas formas"), de modo a fazer meu próprio teste da resistência das imagens da história da arte e da pesquisa em arte. O poema foi escrito para ser lido em voz alta, e ele é acompanhado por uma projeção na qual as imagens citadas acompanham o texto, de modo que o poema faça sentido para o máximo de pessoas possível, e não só para as que sabem de cor as obras de arte das quais estou falando. Para dar a partida no poema, precisei, então, falar sobre o ponto de vista:

Resistentes

1.
eu poderia começar de muitas formas
meus bisavós vieram do japão
para plantar
como plantavam no japão arroz
na terra úmida congelada
a pele da terra congelada
e eles vieram
para o mato grosso
e eu nunca ouvi essa história
até que fui grande o suficiente para perguntar
me conte essa história, pai
de quem veio parir
uma criança no brasil
uma criança no ventre
alojada na bacia
minha bisavó veio parir
no interior do mato grosso
eu quero falar sobre essa imagem   também
mas eu quero ver essa imagem
de uma mulher camponesa
descrever essa imagem
de uma mulher camponesa uma mulher japonesa queimando
sua pele queimada
de neve
no sol do mato grosso
eu quero falar sobre imagens
eu quero que as imagens
habitem
a imaginação
daquela pessoa
para quem eu descrevo
com quem eu estou falando aqui
hoje

2.
perceber de outro modo
o mundo as coisas as imagens
pôr em risco o risco
do desenho
da figura
do artista
mudar a direção
possivelmente
o ponto de vantagem

não importa muito como
dar o jeito
de fazer a pergunta que você quer fazer

faça

3.
escolhi começar com uma pergunta
antes de responder eu tive
que aprender
a perguntar
as perguntas
segurar a pergunta na mão
até ela vazar entre os dedos
as perguntas
que na verdade
gostaria de responder
pôr em risco as imagens
a mim mesma
em risco
pela possibilidade de transformar
o espaço um pequeno detalhe
muda a forma
de ver as coisas
e faz pensar em conexões e relações
que não existiam ali
antes

ainda
é um testar
da resistência
como marília garcia sobre a poesia mas
no meu caso testa
a resistência
das imagens

olhar de frente tão na frente nos olhos
de uma imagem encostar a testa
na testa da imagem

um pequeno detalhe
redimensiona por exemplo
a nossa forma de entender
        eu não sou o artista
eu sou
uma mulher eu sou
uma mulher lésbica

eu não sou yves klein um homem
o artista é
maestro de uma performance
na qual as mulheres
modelos são usadas
como pincel e marcam
às vezes arrastam
seus corpos às vezes
têm seus corpos contornados
por fogo permanecendo
anônimas
às marcas azuis
de seus corpos

ou mudar um pequeno detalhe de autoria
um grupo de mulheres
artistas pintam

seus corpos de azul
contornam os corpos
umas das outras com fogo
se arrastam sob a superfície
misturam-se às marcas
de seus corpos não sabem
naqueles rastros
depois
quem é quem
(HOKI, 2018b)

Fig. 48 e 49. Performance de Yves Klein' "Anthropometries of the Blue Period", em 9 de março 1960. Foto de Harry Shunk e Janos Kender J. Paul.

Essas são as primeiras três partes do poema "Resistentes", que é dividido em sete partes. Nelas, eu apresento trabalhos das artistas lésbicas Bárbara Cani, *designer* brasileira, branca e capixaba, Zanele Muholi, fotógrafe negra sul-africana, e Mickalene Thomas, pintora afro-americana estadunidense. Bárbara Cani (CANI, 2013), em seu *zine Concha,* faz uma colagem na qual substitui a figura central de "O Nascimento de Vênus" de Sandro Botticelli (a figura de uma mulher branca saindo de uma concha) pelas duas mulheres brancas enlaçadas depois do amor, retratadas por Gustave Courbet em sua pintura "O Sono". Assim, Bárbara Cani cria seu "O Nascimento da Fancha". Como eu, apropriando-me de Yves Klein, essas artistas se apropriam desses *Grandes Artistas* que fazem parte da *História da Arte* — com maiúsculas, hegemônica, etnocêntrica, masculina e com pretensões universalistas. Obtendo o efeito de uma mudança de perspectiva, percebo que a apropriação é uma das ferramentas anti-hegemonia que frequentemente se apresentam nos trabalhos dessas "artistas da diferença", por falta de termo melhor. Mulheres racializadas, lésbicas, bissexuais, pessoas de gêneros não conformados, imigrantes, deficientes etc.

Fig. 50. O Nascimento da Fancha de Bárbara Cani

4.
Em 2003 madonna
beijou a britney spears no palco
do vma
o beijo durou
dois breves segundos e teve
uma repercussão
gigantesca virou notícia no mundo inteiro eu lembro
desse beijo madonna de calças pretas britney de saia branca
botas mostrando as coxas
eu lembro de todos os beijos
carinhos entre duas mulheres que eu vi criança não é
uma tarefa muito complicada
porque não foram muitos
beijos raros meio falsos o beijo
entre a madonna e a britney foi o primeiro
beijo entre duas mulheres
que muitas meninas viram em 2003
uma amiga me contou
ela devia ter uns dez anos e estava fazendo um trabalho de artes
na escola
com colagens
ela abriu uma revista caras a madonna estava lá beijando
a britney spears na boca
minha amiga
aos dez anos escondida
recortou a foto e guardou
no bolso da calça
pra colar na agenda quando chegasse em casa
uma garota escondida com uma tesoura o coração do tamanho de
um punho ainda
acelerado
guardando uma imagem no bolso
para colar na agenda
depois uma manhã inteira a mão
no bolso da calça

Fig. 51. Beijo de Bitney e Madonna na apresentação do VMA 2003

5.
courbet pintou o sono
depois do sexo
de duas mulheres
brancas
há quem diga
que a mão de uma delas
abre
os lábios de uma vulva nos lençóis da cama que se abre
em carne
barbara cani
uma mulher lésbica que estudava
na universidade federal do espírito santo
recortou
essas duas mulheres duas
mulheres brancas enlaçadas
e colocou em pé no lugar da vênus
o nascimento de vênus
de botticelli
aquelas mulheres enlaçadas
agora nascem
da fissura aberta de uma concha
um detalhe
um deslocamento cria
uma outra forma de nascer uma outra forma
de uma imagem nascer de uma outra forma
mickalene thomas enlaça o sono
de duas mulheres duas
mulheres negras
depois do sexo
na pose daquelas mulheres brancas
ela desloca a origem
do mundo
de uma boceta de mulher branca criada por courbet
para uma mulher negra de pernas abertas
criação de uma mulher negra
zanele muholi faz fotografias
das lésbicas de joanesburgo ela mesma

Fig. 52. *O sono* (1866), pintura à óleo de Gustave Courbet

é uma mulher lésbica negra zanele muholi
deita de bruços e por cima de seu corpo deita
uma mulher muito branca
de barriga para cima e um anel nos dedos dos pés
essa mulher branca se chama caitlin e o nome
dessas três fotos das duas é caitilin e
eu zanele muholi
deixa bem claro que ela
eu
quem criou os dois corpos enlaçados
olham para fora
atentas e calmas

6.
uma mulher reclinada
uma deusa deitada na relva de olhos fechados
com a mão esquerda cobrindo
a vulva
pintada por giorgione em mais ou menos 1510 depois
em 1538 ticiano transporta para o quarto
o nu reclinado mostra o corpo todo o torso os seios a púbis a mulher
espera suas roupas que duas outras mulheres procuram
ao fundo ticiano pinta uma encenação
do nu no detalhe
das duas que procuram as roupas confirma
a nudez retórica do nu
ela olha pra frente e diz estou nua
duas vozes respondem lá de trás
eu sei

7.
manet reclina olympia sobre um leito ela está nua
seu sapato pende do pé ela ignora
a mulher negra vestida que lhe oferece
um buquê de flores e há quem diga
que olympia tem a pele tão verde tão inchada que parece um cadáver
além de tudo era puta um homem
pinta uma mulher que faz um escândalo

Fig. 53. *Caitlin and I*, fotografia de Zanele Muholi. Boston, EUA 2009

félix vallotton senta uma mulher negra
aos pés da cama de uma mulher branca que dorme
depois do sexo? essa mulher negra fuma um cigarro
e está vestida de azul ornamentada com colares e brincos
um lenço laranja na cabeça as mãos repousam no colo e ela parece
mais relaxada que a mulher
que dorme endurecida o nu reclinado
sim é uma pintura
que eu gostaria muito de ver
mas
eu desenho
minha irmã deitada
no chão quente da casa da minha avó em mato grosso
o azulejo conserva o fresco
da sombra dos telhados da casa
a minha irmã
que tem os olhos mais puxados que os meus
a boca pequena e redonda os olhos e os cabelos
pretos
a minha irmã japonesa
a minha irmã deitada no chão quente o calor do mato grosso
só está lá
não é

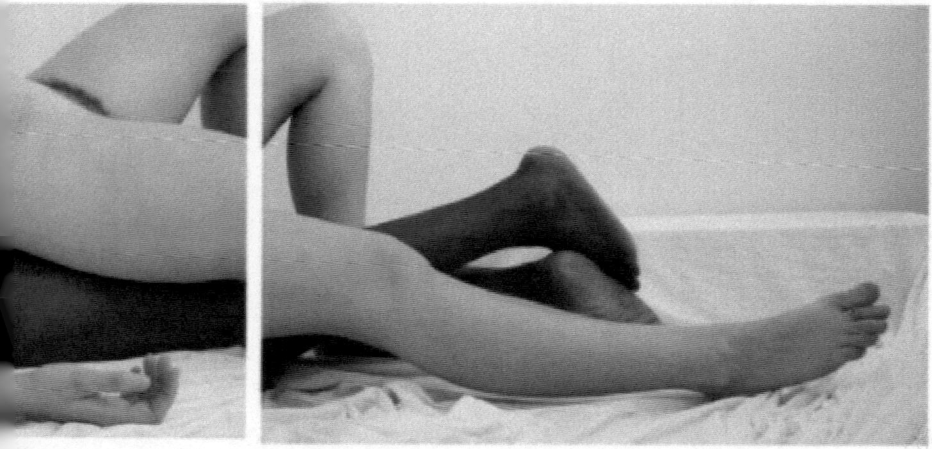

uma mulher reclinada
é uma mulher com preguiça
é uma mulher sendo desenhada
por uma mulher
eu desenho
um grupo de amigas
um grupo de amigas lésbicas
um monte de mulheres
lésbicas
eu guardo
essa imagem
de um monte de mulheres juntas
um monte de mulheres rindo
umas quatro sete ou oito mulheres rindo
juntas eu redesenho
essas mulheres eu guardo
essa imagem
eu guardo oito mulheres
rindo o riso de oito mulheres
lésbicas
no bolso da calça
(HOKI, 2018b)

Fig. 54. *Sleep: Deux Femmes Noires*, Mickalene Thomas (2013)

Fig. 55. *Origin of the Universe I*, Mickalene Thomas (2012)

A apropriação transformadora, de acordo com meu ponto de vista, acontece tanto quando as artistas lésbicas fazem seus trabalhos como quando uma menina seleciona uma imagem de revista e a guarda para si. Mesmo que essa imagem seja de Madonna e Britney Spears se beijando no palco do VMA em 2003, fazendo isso para sensualizar para os holofotes. A escolha dessa menina, ao recortar a foto, transforma fetichismo em reconhecimento, e esse é um dos poderes extraordinários das imagens.

Fig. 56. *Vênus de Urbino*, de Ticiano, 1538

Fig. 57. Vênus Adormecida, pintura de Giorgione, de aproximadamente 1510

CAPÍTULO 19

APROPRIAÇÕES: ENTRE A AUTORREPRESENTAÇÃO E O FETICHE

Baseada na experiência de outra amiga, em 2018 escrevi um conto: "Online", parte da coletânea *História de Sapatão.*

Online

Ana Júlia chegou em casa exaltada. Jogou a mochila na sala de estar, correu até o escritório do pai. Lá estava o computador em stand by, que ela acordou com um toque no teclado. Tinha guardado aquela palavra na boca o dia inteiro, transportou-a para os dedos.

Luana tinha dito "Naju, você é lésbica!", naquela manhã, logo cedo, porque Ana Júlia tinha comentado que ela estava linda. E ela estava linda mesmo, com blusa e shorts vermelho berrante, combinando com a sandália azul escura. Um rabo de cavalo torto para a esquerda. Então Ana perguntou o que era lésbica, mas Luana não respondeu. Saiu correndo de um jeito engraçado, por causa dos pés mais ou menos pra fora das sandálias, os calcanhares arrastando no chão.

Ana Júlia guardou a palavra embaixo da língua. Sabia que não devia perguntar ao pai e por isso digitou no computador, escondido. No caminho de casa, foi no banco de trás fingindo dormir, de olhos fechados, grata por ninguém conseguir ler seus pensamentos. Lésbica, lésbica, lésbica, lésbica. Leu os resultados da pesquisa secreta:

XXXXX LESBICAS GOSTOSAS METENDO XXX PORNO GRÁTIS
sexo lésbica, colando velcro, tetas naturais, garota safada....Lésbicas, vídeos pornô de sexo grátis entre lésbicas safadas e gostosas.

Os melhores vídeos pornôs de lésbicas se chupando e trasando gostoso do x...

BOCETA COM BOCETA FREE VIDEO PORNHUB
novinha chupando amiga... clube. lésbica se divertindo. Videos Porno de Sexo com Lésbicas Grátis... Duas amigas resolvi se diverti fazendo uma gostosa putaria lésbica. Elas se...

LÉSBICAS-VIDEO LÉSBICAS GOSTOSAS FODENDO. XVIDEOS.COM
Todos os vídeos de sexo de Lésbicas que possa imaginar só aqui... Videos Porno com As Mais belas Lésbicas Brasileiras. Muita sacanagem entre novinhas e coroas gostosas, garotas Bi, Swing e muito Menáge. Tudo Isso...

4 LÉSBICAS BEM QUENTE PORNHARD.COM
Vídeos Pornôs: Pé, Cozinha, Lingerie, Mamãe, Mamas Pequenas, Milf, Gajas Boas, Lesbicad De Lingerie, Lesbias Jovens Loiras e muito mais.

LÉSBICAS A CAMINHO DO ÊXTASE PORNODOIDO.COM
Estas lésbicas são umas brasas. Elas estão com muito calor e vão se masturbar até chegar ao cumulo do prazer.

LESBICAS PORN VIDEO & SEX MOVIES/REDTUBE.COM
Lesbicas gostosas, a seleção dos melhores videos de sexo lesbico da internet aqui Todos os dias novas lesbicas se pegando.

VÍDEO PORNO DE LÉSBICAS — PORNOIRADO. COM
Lesbicas Porno Bengala: Assista e goze com essas lésbicas gostosas transando. Lesbica loira ou morena, elas fodem gostoso e se chupam até gozar.

Passou para as imagens. Fechou a pesquisa. Rapidamente, olhando para trás, através da porta do escritório viu os pais na cozinha. O coração desesperado pelo que tinha visto. Fechou os olhos e acalmou-se, aliviada. Não sou lésbica. Nada daquilo parecia com ela. Desligou o monitor e foi jantar, correndo com os pés meio pra fora dos chinelos, como Luana fazia.

O fetichismo expressado na pornografia é uma problemática histórica enfrentada pelas lésbicas e bissexuais, em especial as feministas. Somente em 2019, para se ter uma ideia, o ativismo das mulheres que amam as mulheres (e/ou transam com outras mulheres) foi ouvido pela Google, que finalmente mudou seu algoritmo para que a pesquisa da palavra *lésbica* não seja direcionada diretamente para *sites* de pornografia.

A especificidade desse direcionamento, frente às outras categorias de orientação sexual, torna-se mais absurda quando se faz um teste simples. Como explica o jornal *El País*, "se você fizesse uma busca pelas palavras *homossexual* ou *trans*, os primeiros resultados levavam à Wikipedia ou a páginas de informação".

Ainda sobre lesbianidade e voyeurismo, a historiadora da arte Joyce Delfim (delfim, 2019), brasileira, lésbica, branca, escreveu sobre o trabalho da pintora brasiliense Camila Soato, especificamente sobre a obra "Courbet sem Courbet" (2016).

> *O sono* (1866), pintura à óleo de Gustave Courbet, foi uma encomenda do diplomata turco Khalil-Bey para sua coleção privada de imagens eróticas, também composta pela paradigmática obra *A Origem do Mundo* (1866). A pintura representa duas mulheres nuas abraçadas em uma cama, há poucos elementos na tela, indicando a centralidade das mulheres na cena. Em *Courbet sem Courbet* (2016), Camila Soato propõe um "Courbet" sem o olhar masculino. A artista se apropria de *O Sono*, deslocando a obra semântica, temporal e geograficamente. A representação feita por Courbet para um colecionador masculino aponta para o papel da arte na fantasia sexual e no voyeurismo. A pintura do artista apresenta elementos, como o cordão de pérolas aberto e o ornamento de cabelo espalhados na cama, que remetem a momentos de um ato sexual. Camila Soato, ao retirar esses elementos da cena e se representar na imagem de forma despojada — abrindo uma Brahma —, desvia a obra da anterior centralidade erótica de fetichização do sexo lésbico. A artista, também personagem, não um voyeur, está na cena com a proposta de realocá-la para um contexto de naturalidade; apresenta uma proposição política a partir da representação de uma intimidade

> que quer ser desvelada ao público, em vez de uma intimidade que está na tela para ser observada atrás da porta, pela janela — sem que as mulheres representadas percebam. (DELFIM, 2019, p. 499)

Soato, como observa Delfim, não só se apropria da obra de Courbet, mas cria uma fresta no passado e corrompe o arquivo da história da arte, acrescentando essa nova presença, deslocada, relocalizada. Outra teórica lésbica brasileira branca, Lívia Auler (AULER, 2018), apropria-se do título do artigo de Linda Nochlin (NOCHLIN, 2001) que se pergunta pela falta de grandes artistas mulheres para questionar: *Por que não houve grandes artistas lésbicas?*. Em seu texto, Auler relembra o "grupo polêmico Ridykeulous que, desconstruindo o cartaz das Guerrilla Girls, fez *The Advantages of Being a Lesbian Artist* [As Vantagens de Ser uma Artista Lésbica]" (AULER, 2018). Em um ato de rebeldia depredativa — ao riscarem a palavra "mulher" do cartaz original e a substituírem pela palavra "lésbica" —, as Ridykeulous, em colaboração com as artistas Nicole Eisenman e A.L. Steiner, agem de acordo com a crítica de Monique Wittig (WITTIG, 2017), no ensaio "O Pensamento *Straight*", de 1980, que vai no sentido da negação à categorização das lésbicas como mulheres. No trabalho das Ridykeulous, as opressões sofridas pelas "mulheres" são descartadas e substituídas por outras, quando o que está em voga são as artistas "lésbicas". Monique Wittig afirma que:

> seria incorreto dizer que as lésbicas se associam, fazem amor, vivem com mulheres, uma vez que 'mulher' apenas tem significado em sistemas heterossexuais de pensamento e sistemas econômicos heterossexuais. Lésbicas não são mulheres. (WITTIG, 2017, p. 59)

Como na obra das Ridykeulous, as lésbicas, de acordo com Wittig, rasuram com força o sistema político da heterossexualidade e escrevem por cima: FUCK YOU [FODA-SE]. A apropriação, procedimento amplamente difundido pelos cubistas e surrealistas na história da arte, ganha novas dimensões éticas no que diz respeito às produções lésbicas e feministas.

É o caso de Katia Sepúlveda. A artista contemporânea chilena, em sua videoperformance "Messtizo es Beautiful" [Mestiço é lindo] (2015), apropria-se da conhecida obra de Marina Abramovic "Art Must be Beautiful" (1975). A artista, de cabelos curtos e com as axilas peludas, coloca-se em diálogo com "o estereótipo da beleza hegemônica da mulher branca, heterossexual e europeia, encarnado na figura de Marina Abramovic" (LEMOS, 2019, p. 284). Sepúlveda evidencia a dimensão generificada e crítica de sua performance, ao acrescentar, ao mesmo tempo em que penteia os cabelos (repetindo o gesto de Abramovic), outras bijuterias: colares, brincos, presilhas. Seu sotaque evidencia sua latinidade e, em comparação a Marina Abramovic, certamente, Katia Sepúlveda poderia ser considerada uma mulher gorda.

Por sua vez, a poeta paulistana negra Cecília Floresta (FLORESTA, 2016), em seu poema "Amazonas das sete lanças", nomeia-se lésbica em diálogo com a poesia de Drummond, "Poema de sete faces", com o clássico verso "vai, Carlos! ser gauche na vida". A autora se apropria da frase, dando-lhe novo destino:

> naquela noite
> Mariana atravessou a mesa
> me beijou e disse:
> vai, Cecília! ser fancha na vida.
>
> a sociedade coíbe mulheres
> que amam outras mulheres.
> aquela noite talvez fosse tarde,
> não houvesse tantas cervejas.
>
> minha cabeça vertiginosa cheia de imagens:
> meninas verdes púrpuras vermelhas.
> pra que tantas lesbianas, minha Deusa?
> resmunga meu coração.
> embora as minhas vontades
> sejam bastantes & famintas.

a moça de cabelos curtos
do outro lado do vagão
não deixa dúvidas:
gesticula em demasia
teve muitas, muitas amantes
a mulher atrás do livro
No bosque da noite

Afrodite,
por que foi que dividiste?
se sabias que amava demais
se atinavas que não beberia
apenas uma rodada por vez

comprida rua Augusta,
se eu soltasse um "no me gusta"
seria uma rima, e não sapatão.
comprida rua Augusta
da Paulista até o centro
foste muitas vezes
minha única consolação.

eu não devia dizer nada
mas aquela mulher
mas esse tesão
botam a gente chuvosa
como Ângela RoRo nos ouvidos
em domingos
quando é tudo
quase tudo por um triz (FLORESTA, 2016, p. 23)

A troca de Cecília Floresta (FLORESTA, 2016) com Drummond é afetuosa. Em uma interlocução com um *Carlos*, que eu interpreto como Drummond, ela escreveu:

o que me preocupa, carlos
é como o amor pode virar espuma
no canto da boca dos outros (FLORESTA, 2016, p. 23)

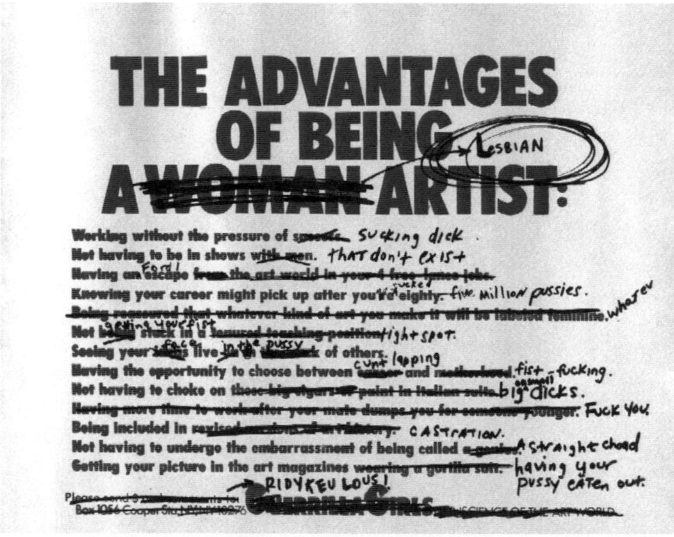

Fig. 58. *The Advantages of Being a Lesbian Artist*. Ridykeulous Nicole Eisenman e A. L. Steiner (2006)

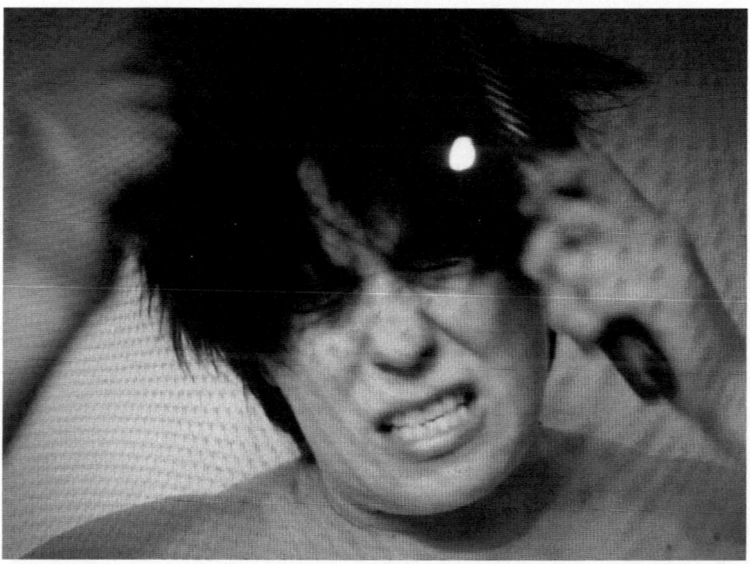
Fig. 59. Frame do trabalho de Katia Sepúlveda. Videoperformance *Messtizo es Beautiful* (2015)

No entanto, a referência que ela faz a outros escritores demonstra sua dimensão crítica mais contundente, revelando uma formação enviesada (que valoriza a escrita de homens brancos). Cecília Floresta compreende seu lugar social em seu *zine Genealogia*, no qual, em contrapartida, reivindica seu espaço e sua voz:

> a sapatão escurinha sabe ler muito bem
> Brecht Byron Baudelaire Maiakóvski Mallarmé
> uns cabra assim de nome difícil
> que mais dificultaram minha vida
> do que inspiraram versos
> e isso porque ocupam ainda mais linhas
> do que deveriam
> mas aqui eles todos cabem numa só
> tamanho o meu cansaço
> em inserir quebras pra separá-los ou
> talvez uma forma de incluí-los numa mesma
> categoria
>
> vaza da minha poesia, boys
> quem manda rima agora é nóis (FLORESTA, 2019)

No curta metragem *Cuerpo de Mujer* (2010), de roteiro e direção de Clara Albinati, cineasta e artista visual brasileira branca, a apropriação e a referência direta às imagens da história da arte se dão com o corpo das atrizes Nurielis Duarte e Mariela Brito, que são dispostos em cena dentro de molduras, sendo transformados (em um grito) na obra da artista dadaísta Hannah Höch. E, por conta da máscara de gorila, em uma obra das Guerrilla Girls. O curta trata do relacionamento entre duas mulheres amantes (ou ex-amantes), que leem cartas que parecem ter sido escritas em um procedimento dadaísta de embaralhamento de palavras e aleatoriedade, mas ainda assim podemos distinguir fragmentos de Safo. Em determinado momento, uma das mulheres sussurra: *yo me queria muerta* [queria estar morta] (SAPPHO, 1982, p. 117).

Sobre o corpo da atriz, de aparência encerada e deitado de barriga para cima, são dispostos seus órgãos, em referência às vênus anatômicas, bonecas de cera dispostas abertas, com suas vísceras à mostra, populares nas coleções dos museus de história natural do século XVIII. Há uma referência à obra "Étant donnés: 1.o La chute d'eau, 2.o Le gaz d'éclairage" (1946-1966) [Sendo dados: 1. A cascata/2. O gás de iluminação] de Marcel Duchamp, no início e no final do curta. A imagem, do corpo de mulher, branco, deitado de pernas abertas segurando uma lamparina, é encenada, porém de maneira invertida. Na obra de Duchamp, estamos espiando a vulva de uma mulher deitada; na de Clara Albinati, temos a impressão de que estamos dentro do corpo dessa mulher deitada, olhando para seus/nossos seios, sua/nossa própria barriga e púbis. Essa apropriação e encenação da obra de Duchamp modifica absolutamente a questão do ponto de vista e a localização artista/modelo/espectador, juntando tudo isso, de forma friccionada, no corpo da mulher que se olha no espelho, ao final, exibindo a vulva peluda.

Tanto a apropriação como a referência vão adquirindo camadas diferenciais nas obras dessas artistas. No texto "Apropriação na arte contemporânea: colecionismo e memória", Virgínia Cândida Ribeiro conceitua a apropriação em seu sentido memorialístico:

> Tratar de apropriações [...] é também tratar de memória, coleções, de arquivos — instituições humanas sempre em mutação, em ampliação [...]. O exercício de colecionar traz consigo a árdua tarefa de catalogação dos objetos e das coisas colecionadas, inventário da memória de cada um dos objetos retirados do mundo e re-significados em uma coleção. (RIBEIRO, 2018, p. 800)

A dimensão política do arquivamento e da memória das sapatonas, lésbicas, bissexuais também acontece no sentido afetivo, e a referência se torna uma reverência e homenagem, uma forma (muitas vezes ficcional) de criar um passado, uma história, conectar-se a uma hereditariedade.

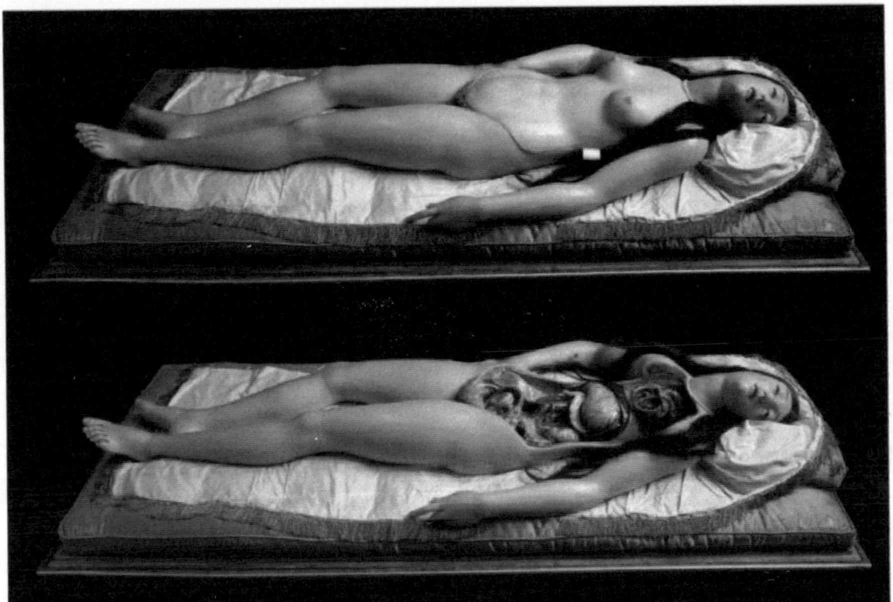

Fig. 60. Pôster do filme Dos Fridas

Angélica Freitas, sapatão branca pelotense, escritora e jornalista, publicou os livros *Rilke Shake* (FREITAS, 2007) e *Um útero é do tamanho de um punho* (FREITAS, 2012). Em seu poema "Alcachofra", Angélica Freitas se apropria de duas figuras do imaginário popular, Amélia e a mulher barbada, envolvendo-as em um romance lésbico tragicômico.

amélia que era a mulher de verdade
fugiu com a mulher barbada
barbaridade
foram morar num pequeno barraco
às margens do rio arroio macaco
em pedra lascada, rs
primeiro a solidão foi imensa
as duas não tinham visitas
nem televisor
passavam os dias se catando
pois tinham pegado piolho
e havia pulgas no lugar
"somos livres" dizia amélia
e se atirava no sofá
e suspirava
a mulher barbada também suspirava
e de tanto suspirar
já estava desesperada
"gostavas mais como era antes?"
perguntou amélia, desconfiada
temia que a outra
pensasse no circo
pois agora passavam os dias
só as duas no barraco
a mulher barbada sempre fora
de poucas e preciosas palavras
quase nem falava
assentia com a cabeça, balançava-a
se não concordava, como os simples
ou os que perderam a língua
a mulher barbada simplesmente não sentia

aquela necessidade de discutir
cada coisa do dia a dia
e amélia ficava grilada, então
além das pulgas e dos piolhos
era inseto pra caramba
....
....
....
"vivo com uma desconhecida"
disse amélia, certo dia, no barraco
"eu vou comprar cigarros"
disse a mulher barbada
"tu não vais a lugar nenhum"
disse amélia, "senta a tua bunda
peluda no sofá
que eu quero conversar"
a mulher barbada bufou
mas fez o que mandou a companheira
amélia contou de sua infância
em pinta preta, rs
e como era a garota mais cobiçada
porque não tinha a menor vaidade
e havia uns cinco rapazes pelo menos
que pensavam desposá-la
porque era conhecido o seu custo-benefício
muito mais quilômetro por litro
etc etc etc
"agora me conta de ti"
ti ti ti
ficou ecoando a palavra
que a mulher barbada
mais detestava
(depois de tu)
"e se essa louca
for a minha dalila?
o que é que eu faço?
pra onde é que eu corro?"
"sabe uma coisa que é boa pro estômago

é chá de alcachofra"
foi o que a mulher barbada ouviu
sair de sua boca
....
....
....
misteriosos pontinhos pretos
invadiram o espaço aéreo
dos olhos de amélia
e amélia disse: "chega, tu não me valorizas"
e ainda "levanta essa bunda peluda do sofá,
faz alguma coisa"
então a mulher barbada levantou a sua bunda peluda
do sofá e fez uma coisa: pegou um navio de bandeira grega
o kombustaun spontanya, e zarpou para servir
na marinha, virou o cabo seraferydo
dele ou dela não se teve mais notícia
amélia voltou para pinta preta
onde foi perdoa... promovi... esfaquea...
....
....
....
(FREITAS, 2017, p. 24-27)

O casal histórico *Liz & Lota* (FREITAS, 2007, p. 29) (Elizabeth Bishop e Lota de Macedo Soares) também se transforma em personagens da poesia descontraidamente lésbica de Angélica Freitas (na qual a americana Liz sonha com a carioca rica Lota e com a vastidão da América), bem como a própria Angélica, quando se pergunta:

diz-me com quem te deitas
Angélica Freitas.
(FREITAS, 2017, p. 39)

A Gertrude Stein, como Safo, rendem-se homenagens, dedicatórias e apropriações escandalosas da escritora como personagem de uma "história das lésbicas". Em "Epílogo" (FREITAS, 2017, p. 37), Angélica Freitas, Gertrude Stein e sua amante Alice Toklas, Josephine Baker e Djuna Barnes são colocadas em uma sala de espelhos.

> na saída gertrude me puxou pelo braço
> e me disse muito zangada: não achei graça
> no que você publicou nos jornais
> (FREITAS, 2017, p. 37)

Em "Na banheira com Gertrude Stein" (FREITAS, 2017, p. 32), Angélica Freitas se coloca dividindo um banho com uma Gertrude cabotina que não só peida estrondosamente e lhe rouba a toalha, como sai correndo pelada pelas ruas. Ainda sobre Gertrude Stein, uma forma de se apropriar de uma autora pode ser traduzindo-a. Em seu *Medium*, Letícia Féres, sapatão, escritora, brasileira branca nascida no interior de Minas Gerais, o fez assim: "traduzi este poema há muitíssimos anos, na época em que li o *Autobiografia de todo mundo*". "Retraduzi agora como uma dose extra de falta de noção, porque também disso é feito o encantamento do amor. E do meu encantamento pela Stein" (FÉRES, 2019). Eis a tradução:

> Eu amo meu amor com um b
> Porque ele é um banquete
> Eu amo meu amor com um t
> Porque sou além de alfinete
> Um rei.
> Eu amo meu amor com um e
> Porque ela é rainha
> Eu amo meu amor e um e é a melhor delas
> Pense bem e seja um rei,
> Pense mais e pense outra vez
> Amo meu amor vestido com estilo
> Eu amo meu amor e não com isso ou aquilo
> Eu amo meu amor com um i porque ela é minha mulher
> Eu amo com um c porque ela mete a colher
> Obrigada por estar lá

Ninguém vai se importar
Obrigada por estar aqui
Porque você não está lá

E comigo ou sem mim que é e sem ela ela pode estar atrasada e então e como e ao redor pensamos e descobrimos que é hora de chorar ela e eu.
(FÉRES, 2019)

É minha hipótese que as traduções se apoderam dos trabalhos de outras artistas adequando-os a uma nova língua e fazendo com que sofram incorporações, reorganizações, novos temperos. Seu próprio nome é posto ao lado do nome daquela que traduzimos. As apoderações que fazemos das histórias e das obras dessas mulheres também podem ser uma forma de dedicatória. Quer dizer, uma forma de conectar-se a sua genealogia, ombro a ombro com a autora que nos dedicamos a traduzir. O poema de Leslie Kaplan, em tradução de Marília Garcia, acrescenta uma camada erótica a essa dedicação entre poetas, o beijo de língua, das línguas estrangeiras e íntimas no fundo da boca. Originalmente, o poema de Kaplan (que nasceu em Nova Iorque em 1943 e vive na França desde os três anos de idade) é em francês e inglês.

Translating is sexy

a poesia é um beijo
entre duas línguas
a french kiss
ou
um beijo americano

buscar o ponto
em que as duas línguas se encontram
lá no fundo
da boca
ou então na superfície

a ponta da língua
contra a ponta da outra língua
how do you say that in english?
I love you
that's all
and
hold me tight
and
give it another try
baby

qual é o ponto de encontro
the meeting point
mas aí a gente pensa em carne
I can't meet you here
dear meat

let's play
a game
sim, vamos jogar um pouco

translating
is sexy

I know that

então

a boca the mouth
a língua the tongue

descreva a sensação
ooh ooh ooh
descreva de verdade

the tip of my tongue
dear love
will touch yours

dear love
and we will sing
dear love
together

the tip
of my tongue
will touch
yours

we won't sing
my love
we will breath
my love in silence

we won't sing
we will breath
in silence

we will live
and touch
slowly

does the tongue
have a skin?
the soft skin
of the tongue
will rape me
not rape
wrap
not wrap

uma língua doce
um pouco
rugosa

e não vamos falar
da saliva

essa substância mole
e doce
na boca

podemos trocá-la

ou talvez
ela troca você
como uma velha ponte mole

dilui-se dentro dela
ela faz você passar
é uma língua uma saliva uma velha ponte mole
ela leva você
ela faz você passar

but say it again
the soft skin of the tongue

some thing soft
and pointed

how is that possible

it is

say it
and do it

you do it to me
I'll do it to you
again
and again
till silence
how is silence possible
the soft skin of silence

it is

soft silence
pointed silence

can silence be a bridge?
it can
it is

and here we are
welcome

little word
little word

diga-me uma palavra
só uma palavra

[…]

give me
one word
just one word
that would open up
open up
explode
and multiply

sim
vamos lá
acabe comigo

[...]

there was this awful american
woman
who would say
she wanted to have sex

é nojento

é mesmo

but they do
they say that

those terrible
american woman

essas
mulheres
americanas
horríveis

oh
oh

Mas o céu, e essas estrias. Nada nos protege de sua beleza. Todo querer. O céu, o vinho, os livros, o amor. E o pensamento. Se não temos o pensamento, não temos nada. Nada de sua vida. Nada. Mas o pensamento, não o temos. Pensamos ele.

all the words

from all the times
from all the lives
you have lived
and will live

todas as palavras estão aí
disponíveis
elas esperam
all the words
and all the worlds
from all the lives
and all the lovers
cada palavra

está ali
não amanhã
hoje
AGORA
(KAPLAN, 2011)

Tatiana Nascimento dos Santos e Denise Botelho escreveram juntas um artigo sobre a tradução da poesia lésbica negra de Cheryl Clarke, uma poeta estadunidense que questiona a invisibilização da negritude lésbica através da literatura como exercício epistêmico: "poesia como uma forma de adentrar em diálogo político com minhas/meus pares" (CLARKE, 2006, p. 133, apud SANTOS; BOTELHO, 2013, p. 50). O artigo começa com uma brilhante elaboração de justificativa para a tradução de poesia negra lésbica. Clarke mostra um caminho através da escrita: "deixe sinais!", sinais de luta e triunfo. Mas não somente através da escrita: deixar sinais pode ser na tradução de poetas lésbicas, pode ser nas artes visuais, na escrita literária, poética, acadêmica, em nossas existências lésbicas e nossas lutas coletivas e particulares.

Mas ... não seja pega no seu sono agora.
Chame seus assassinos pelo nome agora
Deixe sinais de luta.
Deixe sinais de triunfo.
E corra
[...]
Deixe sinais.
(CLARKE, 2006, p. 133, apud SANTOS; BOTELHO, 2013, p. 50)

Acredito que há um interesse diferente quando uma sapatão traduz outra sapatão, ou se apropria de uma figura ou personagem lésbica (mesmo que ela não fosse assumida nos nossos termos) para escrever poesia ou fazer arte. Um exemplo está no filme *Dos Fridas* [Duas Fridas] (2018) que Ishtar Yasin dirigiu, com consultoria de roteiro de Clara Albinati (sua companheira durante grande parte da produção do longa-metragem). *Duas*

Fridas é baseado na história real da enfermeira de Frida Kahlo, Judith Ferreto, e na íntima relação das duas. Depois da morte de Frida, Judith sofreu um acidente e teve fraturas parecidas com as de sua paciente. Em entrevista para Ricardo Daehn, Ishtar Yasin declarou: "Judith sentia as dores de Frida; se pintava com a sobrancelha cerrada, tinha um cachorro parecido e se vestia aos modos de Frida. Houve como um espelho, uma incorporação" (DAEHN, 2019). Vale ressaltar que Ishtar Yasin não apenas dirigiu o filme mas atuou nele, como Frida Kahlo. As referências, as apropriações amorosas (de Judith no final da vida vestindo-se e incorporando Kahlo), a terceira camada de apropriações das atrizes na ficção, incorporando as existências de Judith e Frida, as próprias obras de Kahlo, que apontavam muitas vezes à arte folclórica, aos retábulos mexicanos, ou se apropriavam do rosto de Diego Rivera: as camadas são insondáveis, como uma sala de espelhos.

A dimensão da tradução, da apropriação (crítica, relacional, erótica também), os limites entre a dedicatória e a dedicação aparecem nas obras de Kaj Osteroth e Lydia Hamann. Para Isabella Rjeille e Leonardo Antiqueira (RJEILLE; ANTIQUEIRA, 2019), no catálogo da exposição *História das Mulheres, Histórias Feministas*, que ocorreu no MASP em 2019, "em sua obra Kaj Osteroth & Lydia Hamann propõem outra forma de relação entre mulheres artistas e ativistas feministas" (RJEILLE; ANTIQUEIRA, 2019, p. 262). Segundo eles, é pensando em *admiração* como uma forma radical de relacionar-se que as artistas buscam estabelecer uma rede de colaborações, aprendizagem, troca e afeto entre mulheres (RJEILLE; ANTIQUEIRA, 2019, p. 262):

> Em *Admiring Mmakgabo Mapula Helen Sebidi, Enjoy Drama!* [Admirando Mmakgabo Mapula Helen Sebidi, aprecie o drama!] (2014), elas retratam uma visita ao ateliê de Mmakgabo Mapula Helen Sebidi, uma das mais importantes pintoras da África do Sul. "Aprecie o drama!" foi um conselho dado à dupla pela pintora, representada em meio as suas obras. Em *Admiring Polvo de Gallina Negra, Mistress of Feminist Art* [Admirando Polvo de Gallina Negra,

Fig. 61. Pôster do filme Dos Fridas

> amantes da arte feminista] (2016), a admiração se deu nas ruas da cidade do México com a história do coletivo Polvo de Gallina Negra, fundado pelas artistas Maris Bustamante e Mônica Mayer, retratadas vestindo aventais e barrigas falsas de grávida, em referência à performance *Madre por un día* [Mãe por um dia], realizada em 1987. (RJEILLE; ANTIQUEIRA, 2019, p. 262)

Duas pinturas foram produzidas pelas artistas, especificamente, para a exposição do MASP (2019). Aproveitando a ocasião para uma pesquisa mais detida e localizada no Brasil, as artistas trouxeram diversas referências a importantes mulheres brasileiras, usando o recurso, inclusive, de escrever seus nomes, listados em um fax ou nas lombadas de livros em estantes. Podemos identificar referências a Tarsila do Amaral, Djanira da Motta e Silva, Lygia Clark, Anna Bella Geiger, Márcia X, Teresinha Soares, Wanda Pimentel, Lélia Gonzalez, Rosana Paulino, Sônia Gomes, Mônica Nador, Gabriela Leite, Conceição Evaristo, Anna Maria Maiolino, Djamila Ribeiro, Lina Bo Bardi, entre outras:

> O título *U.C.E — Unidentified critter entanglements* [E.N.I.C — Entrelaçamento não identificado de criaturas] e *Staying with the trouble* [Permanecendo com o problema] são referências ao livro da escritora feminista Donna Haraway, que aborda outras possibilidades de relações entre humanos e mais-que-humanos em tempos de fim de mundo. Nessas telas, um grupo de mulheres interagem entre si, trocam afetos e admiram diversas artistas, ativistas e escritoras brasileiras. (RJEILLE; ANTIQUEIRA, 2019, p. 262)

Catherine Lord (LORD, 2015), artista e escritora, professora emérita de Arte na Universidade da Califórnia e professora do Bard College, apresentou seu trabalho *To Whom it May Concern* na ONE National Gay & Lesbian Archives na University of Southern California Libraries. *To Whom it May Concern* [A quem interessar possa] é o título da instalação *site-specific*, emprestado da dedicatória do livro de John Cage, *Silence*, publicado em 1961.

O trabalho consiste em fotografias ampliadas contendo as dedicatórias dos livros da ONE National Gay & Lesbian Archives, que são dispostas, justamente, cercando os volumes da biblioteca em um mezanino. Algumas das dedicatórias são para pessoas famosas (como Hannah Arendt ou Audre Lorde ou Francis Bacon), outras para pessoas que não conseguimos reconhecer. Algumas são para os pais, outras para alguém de quem só sabemos as iniciais. Para as mães, para os pais, para as esperanças, em memória daqueles que não puderam contar suas histórias:

> Dedicatórias de livro oferecem votos de labor e amor. Sinal de afeto, prova de estima, sacrifício do tempo de alguém, a dedicatória carrega a conotação do comprometimento com uma causa, tradição ou outra pessoa. Dedicatórias podem ser ponderadas ou proferidas no último minuto, decididas tarde da noite ou como a primeira coisa logo pela manhã, oferecidas em homenagem, agradecimento, amor, pagamento de uma dívida, um capricho, até uma vingança. Dedicar um livro é colocar na página um sentimento quase nunca classificado, indexado. É preciso procurar para encontrar uma dedicatória. Você manuseia o objeto ou conta com a bondade de amigos, acasos e a benevolência das bibliotecárias, que prestam atenção a todo tipo de margem de livro. (LORD, 2015, p. 47)

Coautora da investigação histórica que resultou no livro *Art and Queer Culture* (2013), Catherine Lord expôs seu trabalho no *site Santa Fé*, La Mama Gallery (Nova York) e no ONE National Gay & Lesbian Archives (Los Angeles). Ainda sobre as dedicatórias em *To Whom it May Concern*, ela escreveu:

> Compor o texto que permite que a tinta atinja o papel é juntar-se a uma comunidade que trabalha para tornar a cultura algo tangível. Dizer é fazer. Se, na verdade, a maior parte dos livros e obras de arte são feitos com uma ou duas (até cinco) pessoas em mente, sua vigência resulta não de quantidades de leitores, mas de uma cadeia de destinatários que entendem o presente [*the gift*] como algo diferente de um bom objeto para ser trocado (aqueles que

Fig. 62. *Staying with the Trouble*, pintura de Kaj Osteroth e Lydia Hamann

Fig. 63. *Admiring Mmakgabo Mapula Helen Sebidi, Enjoy Drama!*, pintura de Kaj Osteroth e Lydia Hamann

> passarão o presente adiante, que o manterão em movimento, em vez de serem consumidas por ele), que se envolvem em uma relação de afeto, respeito e desejo. (LORD, 2015, p. 47)

Acho bonita a ideia de rede, dos fios enlaçados. A apropriação pode ser uma forma de reinscrever-se na história, criando uma rede de filamentos aos quais podemos nos atar e seguir. Criam-se genealogias, apresentando-se sinais em uma trilha confusa, sinais de existência, sinais de que estivemos aqui: nossos sinais de luta e triunfo.

VI.

UMA VISADA ECONÔMICA

CAPÍTULO 20

O MITO DO GÊNIO

Na apresentação de seu livro de 1998, *Nós e os Outros — A reflexão francesa sobre a diversidade humana*, Tzvetan Todorov nos conta a história de sua juventude na Bulgária, para esclarecer seu posicionamento ético em defesa da democracia. O resgate pessoal é elaborado pelo autor de forma precisa, segundo o qual "um pensamento (das ciências humanas) que não se nutre da experiência pessoal do cientista rapidamente se degenera em escolástica" (TODOROV, 1993, p. 12); ao que ele se questiona, "como se ocupar do humano sem tomar partido?" (TODOROV, 1993, p. 12). No entanto, a ideia da neutralidade, de um autor supostamente capaz de conceber um discurso isento de seus posicionamentos pessoais, não sendo portanto relativo ao sujeito, mas universal, é refutada ao longo do livro de Todorov. O autor busca sua origem no pensamento francês e seus desdobramentos, desenvolvendo uma intensa investigação sobre a alteridade, etnocentrismo e a construção histórico-social das raças e a hierarquia entre elas. A empreitada crítica de Todorov vai ao encontro do desenvolvimento de epistemologias feministas, que trazem em si uma elaboração da "experiência histórica e cultural diferenciada da masculina" (RAGO, 1998, p. 24); com isso, novos projetos feministas de ciência. Nas palavras de Margareth Rago, em seu texto "Epistemologia feminista, gênero e história", o pensamento feminista propõe uma nova relação entre teoria e prática, no escopo da produção do conhecimento. Assim,

> delineia-se um novo agente epistêmico, não isolado do mundo, mas inserido no coração dele, não isento e imparcial, mas subjetivo e

> afirmando sua particularidade. Ao contrário do desligamento do cientista em relação ao seu objeto de conhecimento, o que permitiria produzir um conhecimento neutro, livre de interferências subjetivas, clama-se pelo envolvimento do sujeito com seu objeto. (RAGO, 1998, p. 11)

Apesar de compartilhar da mesma bagagem etnocêntrica, patriarcal e generalizante que se encontra na origem das disciplinas das ciências humanas e do pensamento clássico, o discurso tradicional da História da Arte se apresenta com uma diferenciação pontual, contra o qual uma visada feminista deve se opor: o mito do gênio. A professora estadunidense branca Linda Nochlin, em seu texto de 1971, "Por que não existiram grandes artistas mulheres?", investiga a razão de não haver equivalentes femininos a um Rembrandt ou Delacroix, um De Kooning ou Warhol. O que ela constata é uma exclusão sistemática das mulheres artistas de espaços de formação, sendo esses as academias de belas-artes ou os ateliês privados, por conta de normas sociais que as proibiam de praticar o desenho de modelo nu, inapropriado para mulheres:

> até pelo menos 1893, estudantes 'senhoras' não eram aceitas nos desenhos vivos da Academia Real em Londres, e mesmo quando eram aceitas, o modelo tinha que estar 'parcialmente vestido'. (NOCHLIN, 2001, p. 25)

Essa privação impedia que as artistas fizessem uso de seus estudos de anatomia em obras históricas, gênero de maior relevância na pintura, permanecendo na produção dos gêneros menores, como a pintura de natureza morta e o retrato, bem menos valorizados. No entanto, a mitologia do gênio, que diz respeito àquele que nasce com o talento nato, dispensando uma formação prática e técnica, tem se perpetuado paralelamente à exclusão feminina dos ambientes de aprendizado. Combinados, dão origem a uma história da arte que perpetua um tipo muito particular de meritocracia, misógina, racista e etnocêntrica, naturalizando o destaque de homens brancos tidos como prodígios.

À guisa de exemplo, Nochlin retoma as variadas histórias de jovens talentosos, normalmente personificados na figura de um pobre pastor, que são descobertos por um mestre exigente que se impressiona com seu talento. Tal anedota biográfica, segundo Nochlin, remonta à imortalização de Giorgio Vasari, célebre biógrafo dos artistas italianos do século XVI, da grande descoberta do mestre Cimabue do menino Giotto. Cimabue teria visto um pastor infante tranquilamente a cuidar de seu rebanho enquanto desenhava as ovelhas em uma pedra. Impressionado e cheio de admiração, convida então o jovem a ser seu aluno (NOCHLIN, 2001, p. 24-25). Nas palavras da autora:

> Por uma estranha coincidência, artistas posteriores, incluindo a Beccafumi, Andrea Sansovino, Andrea del Castagno, Mantegna, Zurbarán e Goya, foram descobertos em circunstâncias pastorais similares. Mesmo que os grandes jovens artistas não tenham tido a sorte de estarem equipados com um rebanho de ovelhas, seu talento sempre pareceu se manifestar cedo e independente de qualquer estímulo externo: Filippo Lippi e Poussin, Courbet e Monet têm sido mencionados por terem desenhado cartuns à margem de seus cadernos escolares, em vez de estudar os assuntos requeridos — é claro que nunca ouvimos falar de jovens que negligenciaram seus estudos e rasbicaram à margem de seus cadernos sem nunca terem se tornado algo mais elevado do que um atendente em uma loja de departamento ou um vendedor de sapatos. (NOCHLIN, 2001, p. 25)

Apesar da não descartada possibilidade de tais histórias conterem traços de verdade, tendo sido baseadas em fatos, "esses mitos sobre as primeiras manifestações do gênio são enganosos" (NOCHLIN, 2001, p. 25):

> Por exemplo, sem dúvida, o jovem Picasso passou todos os exames para entrar na Academia de Arte de Barcelona, e depois para a de Madri, aos 15 anos de idade, em um único dia, um feito que para a maioria dos candidatos requer um mês de preparação. Mas gostaríamos de saber mais sobre outros aspirantes, igualmente precoces, às academias de arte e que mais tarde não alcançaram nada além

> da mediocridade e do fracasso — aqueles sobre os quais, é claro, os historiadores da arte não têm interesse algum — ou estudar mais detalhadamente o papel desempenhado pelo pai de Picasso, um professor de arte, na precocidade pictórica de seu filho. O que teria acontecido se Picasso tivesse nascido menina? O Sr. Ruiz teria prestado tanta atenção a uma pequena Paolita ou estimulado tanto a ambição por sua realização? (NOCHLIN, 2001, p. 25)

Essas histórias são construídas de modo a desvalorizar os bastidores da ocupação e da formação do artista, retratando-o como indivíduo singular e especial, dando-lhe certa aura mágica de um ser criador, destacando-o dos demais. Assim, há uma naturalização milagrosa, indeterminada e não social das realizações dos artistas (NOCHLIN, 2001, p. 25). Em uma crítica elaborada e contundente, Nochlin objetiva desmistificar a história dos artistas e a história da arte, questionando a narrativa mitológica que romanceia suas histórias pessoais e conquistas, tornando-as demasiado simples e anedóticas; incapaz de fornecer uma visada crítica, social e política da complexidade das relações que transformam um jovem artista em um nome consagrado.

Dessa forma, o que se observa é que, nas artes visuais, existe uma formulação específica que foca no sujeito, considerando a obra e consequentemente o ponto de vista e o trabalho do *autor* como relevantes para a própria constituição de uma obra de arte. Quer dizer, um quadro de Picasso, por exemplo, não é um Picasso sem a implicação da autoria. No entanto, esses sujeitos, como demonstra Nochlin, são lapidados de modo pungente, na busca de neutralizar seus contextos econômicos, sociais, políticos, e que são parte estrutural da própria história da arte. Portanto, uma crítica à disciplina deve levar em conta seus métodos de formatação e pretensões universais, desnaturalizando a figura do gênio que se personifica na do homem branco europeu e, posteriormente, estadunidense. Para dar conta dessa empreitada, segundo a autora, será necessário e fundamental lançar mão de novas categorias analíticas.

Linda Nochlin escreveu seu já citado artigo e escolheu um título polêmico, "Por que não existiram grandes artistas mulheres?", justamente porque a ela não interessa tentar resgatar mulheres escondidas e elevá-las, hoje, à categoria de *great artist* — que essas não alcançaram até então. A autora compreende que uma história da arte que seja crítica às questões femininas não pode continuar utilizando seus velhos conceitos fundadores, que formaram o mecanismo de exclusão. Para Nochlin, uma visada feminista da história da arte não pode ser uma simples tentativa de desocultamento das artistas mulheres que o patriarcado escondeu, mas uma investigação muito mais fundamental e basilar, que vá ao encontro de uma reformulação de nossas instituições e nossa maneira de educar.

CAPÍTULO 21

BASTIDORES

Gosto de pensar nesse problema como uma questão de bastidores, do acesso, das possibilidades, dos impedimentos e privilégios econômico-sociais por trás da história romântica dos artistas. Com isso em mente, proponho olhar o retrato de Laura Aguilar, seu corpo gordo, latino, lésbico-*butch*, de camiseta e bermuda, segurando um papelão no qual se lê: "Artist will work for axcess" (Artista vai trabalhar por *assesso,* [*acesso*, com erro ortográfico]. Essa obra tem lugar dentro de uma reflexão sobre nossas instituições: melhor dizendo, no que diz respeito ao "por trás" do universo das artes visuais e suas maneiras elaboradas de disfarçar a exclusão sistemática de certos grupos de pessoas. O marcador ortográfico *axcess* não dá conta apenas de sua condição social desprivilegiada (por ser periférica, pobre, de origem mexicana), mas também nos diz de sua severa dislexia auditiva.

Esses sinais inscritos em seus trabalhos — fotografias que não raro vêm acompanhadas de pequenos textos escritos de próprio punho — e mais incontestavelmente em sua série de 1993, *Will work for* (1993), estabelecem um diálogo interno de dimensões políticas: uma artista disléxica da classe trabalhadora buscando acessar o excessivamente excludente mundo da arte (EPSTEIN, 2017, p. 1-2).

A situação de Laura Aguilar, ou seja, suas dificuldades de leitura decorrentes da dislexia, fez com que ela, por sugestão de sua mãe, deixasse o ensino médio. Sua vida foi pobre, e mesmo suas fotografias, bastante conhecidas e inseridas no contexto da arte contemporânea dos Estados Unidos, não lhe renderam muito dinheiro (GUTIÉRREZ, 2018). Laura Aguilar sofreu com a diabetes durante grande parte de sua vida e faleceu no dia 25 de abril de 2018 aos 58 anos, por complicações da doença. Nesse sentido, apesar da relevância de seu trabalho, pouco se conhece sobre ela. No catálogo de sua exposição retrospectiva *Laura Aguilar: Show and Tell*, que aconteceu de 16 de setembro de 2017 a 10 de fevereiro de 2018, pouquíssimo tempo antes da morte da artista, Rebecca Epstein comenta o silêncio em torno de Aguilar:

> É irônico que a Laura Aguilar, uma artista veterana cujas obras mais conhecidas têm grande visibilidade, só agora se esteja organizando uma mostra completa de sua obra. Nos anos 90 e início dos anos 2000, suas fotografias estavam sendo exibidas nas galerias de Los Angeles que se tornariam algumas das mais importantes da cidade, e houve exibições que levaram alguns colecionadores particulares, bem como o Los Angeles County Museum of art, a adquirirem seus trabalhos. Ela também foi selecionada por um júri de curadores internacionais para uma residência na Artpace In San Antonio em 1999, o que lhe deu visibilidade para muito além do sul da Califórnia. No entanto, apesar desse sucesso, a primeira exposição individual de Aguilar não ocorreu até 2008; no hoje fechado Museum Alameda in San Antonio e, como nenhum catálogo acompanhou a mostra, a visibilidade institucional de Aguilar permaneceu elusiva. (EPSTEIN, 2017, p. 2)

Por sua vez, Mei Valenzuela, professora de Aguilar no departamento de fotografia na East Los Angeles College (ELAC), escreve sobre Laura como aluna querida e sobre os percalços que ela teve que enfrentar. Para Valenzuela:

> como estudante, Laura deveria ter sido ideal, fotografando constantemente quem e o que quer que a fascinasse, um espírito criativo e inquisitivo. Mas ela enfrentava uma miríade de obstáculos que se escondiam principalmente por trás de sua natureza aparentemente tímida e seu óbvio talento. Há mais ou menos trinta anos pouco se sabia publicamente sobre as dificuldades de aprendizagem e os distúrbios que viriam a ser definidos como dislexia. Aqueles que possuíam alguma das características sintomáticas eram comumente

> desafiados por seus professores a "prestar atenção", "se esforçar mais" e "se concentrar". Alguns podem ter sido humilhados publicamente na escola, fazendo com que se sentissem burros ou certamente menos do que adequados. Naquela época, quando Laura e eu começamos a interagir diariamente no departamento de fotografia do *East Los Angeles College* (ELAC), descobri que ela tinha um compromisso com o conhecimento que acreditava estar incorporado nos livros que ela lutava para ler, mas que estava constantemente adquirindo. Muitas vezes ela chegava até mim ansiosamente com seu último livro sobre Georgia O'keeffe ou talvez depois de uma estimulante viagem ao *Los Angeles County Museum of Art*, um tomo sobre expressionistas russos — nós duas pensando que talvez eu pudesse melhorar suas habilidades de leitura, mas depois nos conformando comigo fazendo uma sinopse do material para ela. À medida que nossas discussões cresciam em extensão e amplitude, tornou-se evidente que seu nível de leitura elementar mascarava uma mente altamente inteligente e analítica que não permitiria patronizações [*patronization*] de nenhum tipo; ela estava em busca de respostas. Felizmente, a faculdade iniciou um programa de testes que identificou Laura como tendo um distúrbio de aprendizagem, mas não havia preparado nenhum programa para ajudar tais alunos. Assim, Laura foi para a *Pasadena City College*, onde havia sido recentemente aberto um programa mais amplo de testes e remediação.
>
> Por um período, a vida parecia estar em conflito direto com Laura. Ela experienciou o diagnóstico e subsequente morte por câncer de sua mãe; tendo sido banida de seu amado curso de fotografia na ELAC até que concluísse uma série de aulas de inglês (inglês é sua língua nativa) para melhorar suas habilidades de comunicação; perdendo seu amigo querido Gilbert Cuadros para a AIDS, sendo diagnosticada como disléxica sem prognóstico de melhora real. Ela começou a se identificar com orgulho, pela primeira vez, como latina, como lésbica e como gorda em uma cultura social que idolatrava o glamour de Hollywood. (VALENZUELA, 2017, p. 19-21)

Segundo Valenzuela, Laura Aguilar teve de lidar, por toda a vida, com o iminente colapso de sonhos que exigiam algum tipo de conformação social. Sua jornada de aceitação e compreensão consigo mesma é expressada em seus trabalhos. São uma porta para o entendimento de uma artista para quem nada foi entregue de mão-beijada. Politizando as questões dos bastidores (a situação social, econômica, familiar das/dos artistas), como propõe Nochlin, podemos perceber, em retrospecto, que a trágica precocidade da morte de Aguilar é sintomática do trabalho da artista, no qual Laura posa com um papelão em que se lê um pedido ao Papai Noel: um trabalho com seguro de saúde.

Há uma crítica econômica pulsante no trabalho de Aguilar, que pode ser pensada em paralelo ao trabalho "Fabriquinha" (1999 a 2008) de Juliana Silveira Mafra e Érika Machado, uma dupla de artistas brasileiras. Érika e Juliana eram também um casal de namoradas, além de sócias. Trabalharam com uma produção que girou em torno do universo do *craft*, do artesanal e do brinquedo; ao mesmo tempo, marcadamente regida pelo repertório da venda, dos leilões, preços e lucros.

A lesbianidade óbvia e ao mesmo tempo "camuflada" pode ser vista no trabalho "Conjuntinho" (2000), no qual uma foto das duas de braços dados, vestidas com roupas coloridas e divertidas, tranças nos cabelos, a estampa de jacaré na bolsa de uma combinando com a estampa da blusa da outra, é acompanhada de um retrato em alto-relevo de suas avatares, com uma moldura cheia de jacarés na qual se lê: Érika e Juliana.

A ironia do jacaré na frase popular "mulher com mulher vira jacaré" se repete na performance da artista Olivia Viana com Janaína Tábula em 2014:

> O trabalho surge da frase popular "mulher com mulher vira jacaré" e da ideia de pensar o movimento como forma de construção de imagem, para falar sobre a interdição do desejo feminino, onde duas mulheres, corpos répteis, rastejam, arrastam e viram jacaré. Como num conto de fadas, a punição de se transformar em um animal monstruoso e selvagem pela descoberta da sexualidade. A obra utiliza recursos da dança e explora os corpos das performers como se fossem esculturas.
>
> "O trabalho questiona essa ideia de que mulher é um ser humano frágil e delicado e, por isso, na obra, a inserção da figura grotesca

> e pantanosa, feroz e predatória do jacaré, que se contrapõem. Gosto de pensar que posso fazer as pessoas refletirem em relação à sexualidade feminina e também em relação à homofobia, outra questão abordada na performance, embora o foco narrativo seja a poética entre o delicado e o grotesco." explica Olívia Viana. (FOCO IN CENA, 2014)

A posição final, escultórica, dos corpos das *performers* é um 69, que permite que as duas pessoas façam sexo oral uma na outra ao mesmo tempo. As roupas de tons terrosos, o cenário pantanoso do jardim do memorial, no qual a performance aconteceu, compõem a imagem do animal no corpo das duas mulheres.

Em tempo, a questão econômica, ligada às questões de gênero e sexualidade, pode ser observada no primeiro leilão da "Fabriquinha", que aconteceu em 2004 na Galeria do BDMG, em Belo Horizonte, no qual Juliana e Érika venderam ao maior lance sua cavalaria de eguinhas de cabo de vassoura, crias de suas garanhonas Suzana e Bebete (2003). Suzana e Bebete foram confeccionadas especialmente para a ocasião de uma abertura de exposição chique (que teria até o serviço de manobrista). Como Juliana e Érika não tinham carro, decidiram costurar suas éguas para desfrutarem do regalo.

A crítica de Nochlin — de que a grande arte não seria criada por seres míticos, geniais, diferenciados do resto de nós, incomuns, mas por pessoas específicas em situações previsíveis — vai ao encontro da crítica feminista das ciências econômicas. Isso porque, como "o artista", o ser isolado, afortunado e místico das artes, o *homus economicus*, qual seja, o sujeito que a economia dominante (a chamada neoclássica) observa, não é uma pessoa qualquer, mas um homem branco. Como observa Miriam Nobre, em seu texto "Introdução à Economia Feminista", o questionamento feminista à teoria neoclássica, bem como a sua metodologia e prática, dá-se porque o suposto sujeito universal econômico dotado de autonomia não pode ser aplicado como modelo explicativo para toda a humanidade. Para Miriam:

Fig. 64. “Conjuntinho”, trabalho de Juliana e Érika, parte do projeto Fabriquinha

> Esse indivíduo é, ademais, pensado de forma isolada, como um Robinson Crusoé em uma ilha perdida, que nunca foi criança nem será velho porque não tem relações de dependência com ninguém. Como as feministas comentam, esse homem é como um fungo que já aparece pronto e com suas preferências definidas. Além de difundir o mito da independência, o pressuposto da autonomia esconde todo o trabalho da reprodução, da produção das pessoas, que é feito em sua maioria pelas mulheres. (NOBRE, 2002, p. 11)

O destacamento social do sujeito da economia é o paradigma dominante que necessita de reconceitualização. Para a economista estadunidense Diana Strassmann, justamente:

> A estrutura conceitual do paradigma está centrada em agentes autônomos: corpo capaz, com controle, independente, racional e heterossexual — um adulto autocontido, capaz de escolher em uma variedade de opções, limitado somente por repressões não-teorizadas. Essa identidade de agente e seu comportamento, em especial sua presumida independência, a idade adulta e a capacidade de fazer escolhas, subordinam muitos aspectos-chave dos modelos da tendência dominante e implicam outras suposições menos óbvias. A suposição da autonomia individual, por exemplo, desvia a atenção da sequência lógica da vida humana e das complexidades das relações interdependentes. Mais ainda, a noção de pessoas como agentes independentes e personalidades únicas, responsáveis somente por suas próprias necessidades, reflete uma visão de mundo adulta e privilegiada, desproporcionalmente masculina. Uma estrutura teórica construída na experiência de adultos independentes ignora a autonomia limitada das crianças, dos mais velhos e dos doentes, assim como daqueles que dependem criticamente de decisões de outros. (STRASSMANN, 2002, p. 27)

Por sua vez, a economista norte-americana Julie Matthaei, em seu "Por que os/as economistas feministas/marxistas/anti-racistas devem ser economistas-feministas-marxistas-anti-racistas", propõe uma visada interseccional da teoria e metodologia econômica, porque "gênero,

Fig. 65. Fotografia de Laura Aguilar

raça/etnia e classe não são contas distintas do 'rosário' da identidade de alguém, mas sim processos interdeterminantes" (MATTHAEI, 2002, p. 45). Dessa forma, "é necessário estudar raça e classe de forma a compreender a opressão de gênero — e a se organizar contra esta" (MATTHAEI, 2002, p. 45). Nesse sentido, a obra de Laura Aguilar é um motor profícuo de questões interseccionais, levantando a problemática da história econômica dos artistas, principalmente em seus trabalhos da série *Will Work For*. Porque Laura Aguilar contesta e questiona, através de seu trabalho em fotografia, paradigmas históricos, artísticos, sociais, econômicos, raciais. A complexidade de suas obras, portanto, exige mecanismos conceituais que sejam capazes de abarcar as multiplicidades de sua identidade e suas intersecções, suas demandas sociais e políticas.

CAPÍTULO 22

CORPO E ESCRITA

Para continuar escrevendo sobre Laura, quero seguir dois caminhos: primeiro, a centralidade de seu corpo em suas fotografias; em seguida, a insistência da escrita.

Começando pelo corpo, em sua tese de doutoramento "Shooting from the Wild Zone" [Fotografando/atirando desde a zona selvagem], Asta M. Kuusinen escreveu: "Há algo ao mesmo tempo calmante e inquietante sobre a presença do corpo de Laura Aguilar, ou mais precisamente, sobre a imagem de seu corpo nu, tão diferente das imagens do corpo feminino mercantilizado desenfreadamente em nosso ambiente visual diário" (KUUSINEM, 2006, p. 149). Para Kuusinen, o que há de inquietante na obra de Aguilar é a

> sutil rejeição às categorias estabelecidas que comumente circunscrevem políticas de identidade, subscritas pelas designações de etnia, raça e/ou diferença sexual. (KUUSINEM, 2006, p. 149)

As fotografias de Aguilar apresentam seu corpo nu (e às vezes o de outras mulheres, gordas e magras), o rosto discretamente escondido, teatralmente posicionadas em uma paisagem idílica: à beira de um rio, embaixo de uma grande árvore. Nas palavras de Kuusinen, "em sua identificação orgânica entre o *self* e a natureza, as imagens de Aguilar refletem o tipo de sensibilidade 'pagã' típica da fotógrafa Anne Brigman, em particular, que gostava de encenar seu corpo nu no cenário dramático de árvores e montanhas acidentadas" (KUUSINEM, 2006, p. 152). Assim:

Fig. 66. Laura Aguilar, *Nature SelfPortrait #5*, 1996.

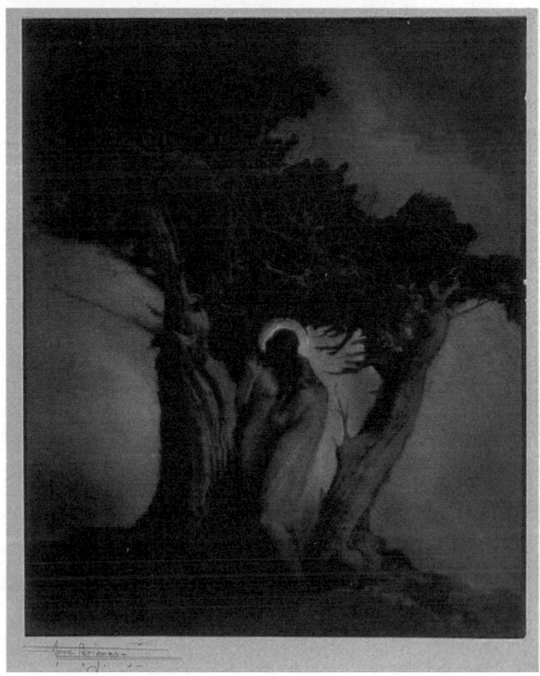

Fig. 67. Fotografia “The Heart of the Storm” de Anne Brigman, 1902

> A recepção do trabalho de Aguilar tendia a seguir clichês, talvez por causa de sua propensão para misturar a estética convencional da fotografia modernista com o conteúdo radical informado — embora não determinado — por seu envolvimento na política de identidade chicana e lésbica em Los Angeles. Sua posição como fotógrafa de nudez parece intrigantemente contraditória, por um lado, revelando uma forte ligação estilística às primeiras mulheres modernistas, como Anne Brigman e Imogen Cunningham, para quem a câmera oferecia meios para escapar das restrições sociais de seu tempo, e por outro lado, provocando uma leitura alegórica da conjuntura do sexo, raça e poder através da representação de corpos femininos nus. (KUUSINEM, 2006, p. 151)

O corpo de Aguilar, inserido em uma gramática tradicional dos nus femininos na relva, tensiona a herança das imagens às quais faz referência. Há variados deslocamentos de perspectiva quando nos confrontamos com os significados políticos de seu corpo, controlando sua própria representação nas fotografias. Tanto sobre Brigman quanto sobre Aguilar, Kuusinen escreveu:

> Essas "auto-autorizações/autorias" ["self-authorings"] produzem duas leituras aparentemente contraditórias, a saber, aquelas denominadas de procura e de paródia. Do ponto de vista do leitor (pós) moderno, o trabalho de Aguilar se inclina para o primeiro, como já mencionei, e de Brigman para o segundo. (Fryer) Davidov sugere que "podemos ler as fotografias de Brigman como a paródia da equação Mulher = Natureza no âmago dos projetos românticos e simbolistas, como atos de mascaramento que confrontam o sentido em que a apresentação do eu é sempre em resposta ao seu reflexo no olho de um outro." Para as duas fotógrafas, a câmera evidentemente funciona como um meio de transformação e cura. Brigman, no entanto, sempre desenhou suas imagens para esconder a falha (um seio removido) em seu corpo saudável, enquanto Aguilar não esconde nada além de seu rosto. Provisoriamente, as dobras pesadas de sua carne — "não-redimidas" pela ótica da câmera — transmitem uma paródia indireta do voyeurismo erótico característico da estética modernista (e das imagens comerciais); sem dúvida

alguma, eles falam de uma busca um tanto tortuosa de aceitar e amar a própria materialidade apesar das enormes dificuldades. Levantando-se, curvando-se, esticando-se ou mantendo-se imóvel em repouso, as pesadas dobras de carne comunicam-se de maneira mais poderosa com a própria fotógrafa/vidente, provocando uma resposta emocional interior. (KUUSINEM, 2006, p. 152)

O corpo de Aguilar, apesar de estar disposto em meio aos signos tradicionais, como bem aponta Kuusinen — sobre as séries *Stillness* e a série *Motion*, de 1999 —, não é um objeto tradicional (e, mais importante, não é um objeto disposto em uma cena por um sujeito hegemônico: Aguilar encena a si mesma). Marcado pela etnia e pelo racismo, pela obesidade e pela gordofobia, pela não conformidade de gênero, o corpo de Aguilar ocupa um lugar central para pensarmos a respeito de seu trabalho.

Laura Aguilar morreu na mesma condição — complicações da diabetes — que tirou a vida de outra mulher chicana, a filósofa e poeta Gloria Anzaldúa. Anzaldúa, que também era lésbica, foi uma grande teórica do feminismo decolonial e pensadora importante sobre a condição das mulheres de cor, principalmente no contexto dos Estados Unidos. Estabeleço essa ponte entre as duas porque acredito que Anzaldúa possa fornecer um caminho para tratar a escrita na obra de Laura Aguilar.

Em seu famoso texto "Falando em línguas: uma carta para as mulheres escritoras do terceiro mundo", de 1980, Gloria Anzaldúa endereçou-se às suas "queridas mulheres de cor, companheiras de escrever" (ANZALDÚA, 2000, p. 229). Ela fala sobre a dificuldade de começar novamente, buscando intimidade e prontidão em sua escrita, escapando do que a autora chama de "lavagem cerebral" que sofreu na escola. Seu texto é escrito em inglês:

> É improvável que tenhamos amigos nos postos da alta literatura. A mulher de cor iniciante é invisível no mundo dominante dos homens brancos e no mundo feminista das mulheres brancas, apesar de que, neste último, isto esteja gradualmente mudando. A lésbica de cor não é somente invisível, ela não existe. Nosso discurso também não é ouvido. Nós falamos em línguas, como os proscritos e os loucos.

Fig. 68. Performance “Mulher com mulher vira jacaré” de Olívia Viana com Janaína Tábula (2014)

> Porque os olhos brancos não querem nos conhecer, eles não se preocupam em aprender nossa língua, a língua que nos reflete, a nossa cultura, o nosso espírito. As escolas que frequentamos, ou não frequentamos, não nos ensinaram a escrever, nem nos deram a certeza de que estávamos corretas em usar nossa linguagem marcada pela classe e pela etnia. Eu, por exemplo, me tornei conhecedora e especialista em inglês, para irritar, para desafiar os professores arrogantes e racistas que pensavam que todas as crianças chicanas eram estúpidas e sujas. E o espanhol não era ensinado na escola elementar. E o espanhol não foi exigido na escola secundária. E mesmo que agora escreva poemas em espanhol, como em inglês, me sinto roubada de minha língua nativa. (ANZALDÚA, 2000, p. 229)

Uso essa citação para desnaturalizar a questão da língua. A dislexia auditiva pode explicar de forma simples a evasão escolar de Laura Aguilar e, consequentemente, seus erros ortográficos que com frequência figuram em suas obras. Mas é necessário dar um passo atrás, não ceder a uma lógica superficial. Laura Aguilar, como Gloria Anzaldúa, como cidadã norte-americana de origem mexicana, é um exemplo de uma pessoa que cresceu em uma situação peculiar no que diz respeito à língua de sua família, à língua de sua comunidade. A escrita marcada de Aguilar (incorreta, desnaturalizada e, assim, desneutralizada) é uma importante característica de seu trabalho fotográfico. Faz parte da sua identidade, da identidade de seu corpo.

A insistência de Aguilar na escrita também nos diz muito. Penso em outro trecho da carta de Anzaldúa:

> Quem nos deu permissão para praticar o ato de escrever? Por que escrever parece tão artificial para mim? Eu faço qualquer coisa para adiar este ato — esvazio o lixo, atendo o telefone. Uma voz é recorrente em mim: Quem sou eu, uma pobre chicanita do fim do mundo, para pensar que poderia escrever? Como foi que me atrevi a tornar-me escritora enquanto me agachava nas plantações de tomate, curvando-me sob o sol escaldante, entorpecida numa

Fig. 69. Gloria Anzaldúa

> letargia animal pelo calor, mãos inchadas e calejadas, inadequadas para segurar a pena? (ANZALDÚA, 2000, p. 230)

Por um atrevimento (como o de Anzaldúa, que se torna escritora), Aguilar se torna uma artista. Anzaldúa cita a poesia de outra chicana, Cherríe Moraga, que cito aqui a fim de a fazer vibrar ao lado das fotografias de Laura Aguilar, ao lado do corpo "estranho", "caracterizado" de Laura Aguilar, sua insistência em posar tradicionalmente na relva, como uma ninfa ou uma deusa das pinturas dos grandes mestres.

> *Não tenho imaginação* você diz
> *Não.* Não tenho língua.
> A língua para clarear
> minha resistência ao literato.
> Palavras são uma guerra para mim.
> Ameaçam minha família.
>
> Para conquistar a palavra
> para descrever a perda
> arrisco perder tudo.
> Posso criar um monstro
> as palavras se alongam e tomam corpo
> inchando e vibrando em cores
> pairando sobre minha mãe,
> caracterizada.
>
> Sua voz na distância
> *ininteligível iletrada.*
> Estas são as palavras do monstro.
> (ANZALDÚA, 2000, p. 230)

CAPÍTULO 23

"EU ESCOLHI SER...": A QUESTÃO DA IDENTIDADE

Na fotografia "Three Eagles Flying", de 1990, Aguilar faz uma composição simétrica, dispondo seu corpo entre as bandeiras do México e dos Estados Unidos da América. Com os seios à mostra, uma outra bandeira mexicana lhe serve de capuz, cobrindo seu rosto completamente, mas de modo a se ver o desenho central da águia. Uma outra bandeira estadunidense está transpassada em sua cintura como uma saia, e uma corda naval enrolada em seu pescoço garante a fixação das bandeiras e ata suas mãos, descendo até as coxas.

As cores nacionais são neutralizadas pelo preto e branco da fotografia. O título "Três águias voando" faz referência às duas águias do brasão mexicano que estão na fotografia e, simbolicamente, a uma terceira, a águia-de-cabeça-branca, grande selo dos Estados Unidos que se apresenta virtualmente através da presença da bandeira nacional. A ironia da referência ao voo, símbolo de liberdade, autonomia e independência, contrasta com a sólida corda naval que prende o corpo da artista e o captura. Na figura de Aguilar não se encontra nada que a faça bater asas; ao contrário, ela parece uma prisioneira a ser executada, anônima e sem rosto, entre as duas nações: sua herança mexicana, sua cidadania norte-americana.

Em uma entrevista sobre o tema da identidade, o sociólogo Zygmunt Bauman parte da própria experiência de polonês que vivia na Grã-Bretanha, retomando o episódio sobre sua dificuldade em escolher qual dos dois hinos nacionais deveria tocar na cerimônia de seu recebimento do título de doutor *honoris causa*, na Universidade Charles, em Praga. "Trinta e tantos anos antes da cerimônia de Praga eu tinha sido privado de minha

Fig. 70. Laura Aguilar, “Three Eagles Flying”, 1990

cidadania polonesa," explica, "minha exclusão foi oficial" (BAUMAN, 2005, p. 16). Tendo o problema solucionado por sua companheira, a pesquisadora Janina Bauman, o que se escutou em sua cerimônia foi o hino da Europa. A problemática de sua identidade e pertencimento, no entanto, resulta em reflexões relevantes. Segundo o autor:

> Tornamo-nos conscientes de que o "pertencimento" e a "identidade" não têm a solidez de uma rocha, não são garantidos para toda a vida, são bastante negociáveis e revogáveis, e de que as decisões que o próprio indivíduo toma, os caminhos que percorre, a maneira como age — e a determinação de se manter firme a tudo isso — são fatores cruciais tanto para o "pertencimento" quanto para a "identidade". (BAUMAN, 2005, p. 17)

Também sobre a experiência semelhante de dupla vinculação (entre a França e a Bulgária), Todorov escreveu em *O homem desenraizado:* "a palavra dupla revela-se uma vez mais impossível e encontrava-me cindido em duas metades, uma tão irreal quanto a outra." (TODOROV, 1999, p. 20)

Chicana de terceira geração, nascida na Califórnia, a identidade de Laura Aguilar também se encontra cindida entre sua ancestralidade mexicana e sua vida nos Estados Unidos enquanto latina. Politicamente consciente e engajada, Aguilar declarou em uma entrevista, em 1992: "eu sou uma descendente direta do movimento Chicano dos anos 60. Alguém me disse uma vez que você é o que você se identifica... Eu escolhi ser, entre outras coisas, uma chicana." (DI CERTO, 2006, p. 56). No entanto, não se pode ignorar o *entre outras coisas* que permeiam o escolher ser de Laura Aguilar.

A artista feminista e pesquisadora Judy Chicago, em seu texto "A mulher como artista", de 1971, faz uso do termo identidade, relacionando-o a outras categorias e outras esferas no que tange às vivências femininas. Chicago escreveu:

> A identidade sexual, a identidade humana e a identidade artística estão profundamente interconectadas. As mulheres não possuem identidade legal; somos vistas pela sociedade e com frequência

> vemo-nos a nós mesmas como extensões de homens, e somente agora começamos a ter uma identidade sexual. As mulheres tampouco têm uma identidade histórica ou artística. E não obstante essas circunstâncias, as pessoas ainda se perguntam: por que há tão poucas artistas? (CHICAGO, 2017, p. 39)

A formulação teórica do conceito de gênero, segundo a pesquisadora branca estadunidense Joan Scott (SCOTT, 1995), é uma categoria útil de análise histórica. Através de seu trabalho, podemos observar os esforços e desdobramentos, bem como o desenvolver dos aspectos conceituais da ideia de gênero, no final do século XX. Mulher e chicana, questões de gênero e questões raciais e sociais se entrelaçam e se entrecruzam na vida e na obra de Laura Aguilar. Na impressão de suas fotografias, não foram raras as vezes em que a artista escolheu o grande formato do tamanho mural (DI CERTO, 2006, p. 56). Essa escolha pode ser vista, em muitos aspectos, como uma referência ao legado mexicano da artista, mais especificamente ao Muralismo, mas como uma referência feminista, diferenciada. Isso porque o Muralismo foi um movimento majoritariamente masculino: pintado por homens, seus temas também eram, de modo geral, públicos, "masculinos": a história do México. Enquanto, por exemplo, Frida Kahlo pintava seus temas "privados", Diego Rivera eternizava a história da nação. Mais uma vez, a dicotomia entre público e privado, na qual se valoriza o público como o espaço da política e o espaço masculino e se subalterniza o privado, relegado ao doméstico e ao feminino, despolitizando-o (não é à toa que um dos grandes lemas do feminismo é "o pessoal é político").

Em seu texto sobre o imaginário médico na obra de Kahlo, David Lomas propõe uma perspicaz comparação entre o trabalho da artista e os murais sobre a história da cardiologia pintados por Rivera, no mesmo período. Segundo ele:

> Rivera retrata o "nascimento" da cardiologia, enquanto Kahlo pinta cenas de um parto real. As primeiras são enormes e heroicamente masculinas, enquanto as últimas são pequenas em escala, não heroi-

Fig. 71. Laura Aguilar,
Latina Lesbians, (1987-90)

> cas, e falam da experiência feminina. Os murais do modernismo artístico reforçam o tema do progresso médico; arte e ciência se encadeiam em um edificante abraço mútuo. Kahlo, como espero mostrar, usa a imagética médica de um modo dissociador como uma intrusão alheia que nos força a questionar as fronteiras e exclusões impostas pela arte. Combina a imaginária extraída de fontes díspares mas escapa da visão rigidamente hierárquica dos murais de Cardiologia de Rivera. A colisão dos pontos de vista que se diferem dentro deste heterogêneo campo pictórico tanto se faz relativa como acaba com qualquer hierarquia estável de autoridade. (LOMAS, 2001, p. 332)

A dimensão monumental das obras de Laura Aguilar é apenas uma das maneiras que ela encontra de desafiar as caracterizações normativas do feminino, contrapô-las a sua herança mexicana, contestá-las. O confronto das "identidades" no trabalho de Laura Aguilar pode ser visto em um autorretrato, "Laura", parte da série *Latina Lesbians* (1987-1990).

Laura, com as mãos no bolso da bermuda, veste uma camisa de mangas listradas, um chapéu de *cowboy* e tênis, sorrindo amigavelmente para a câmera. Atrás dela, na parede, uma gravura de Frida Kahlo. Ao lado, vemos uma estante cheia de livros e fotografias familiares, um homenzinho com um sombreiro, máscaras penduradas. Acima, à direita, o que parece ser um boneco está pendurado pelo braço (uma *piñata*?). Ao redor da imagem, compõe-se cartas de um baralho mexicano da *lotería*, um jogo de sorte similar ao bingo: cada uma contém uma ilustração: lua minguante, caveira, uma escada, uma bota, escorpião, frutas, a palma de uma mão, sereia, *el diablito*, a morte, duas flechas cruzadas. Embaixo da fotografia, está escrito à mão: "eu não estou confortável com a palavra lésbica mas a cada dia que passa eu fico mais e mais confortável com a palavra LAURA. Eu sei que algumas pessoas me veem como muito infantil, ingênua. Talvez eu seja. Mas eu estaria ferrada se eu deixasse esta parte de mim morrer!".

O crescente conforto em *Laura*, sobre o qual escreveu Aguilar, em paralelo a sua ainda desconfortável relação com a palavra *lésbica*, assim como o incômodo na imagem da mulher presa por uma corda entre as duas bandeiras, as duas nacionalidades, pode ser pensado sob as lentes utilizadas por Todorov, em seu *O homem desenraizado*:

> O homem desenraizado, arrancado de seu meio, de seu país, sofre em um primeiro momento: é muito mais agradável viver entre os seus. No entanto, ele pode tirar proveito de sua experiência. Aprende a não mais confundir o real com o ideal, nem a cultura com a natureza: não é porque os indivíduos se conduzem de forma diferente que deixam de ser humanos. Às vezes ele fecha-se em um ressentimento, nascido do desprezo ou da hostilidade dos anfitriões. Mas, se consegue superá-lo, descobre a curiosidade e aprende a tolerância. (TODOROV, 1999, p. 27)

O desenraizamento e a diferença de Aguilar, suas identidades sexual, cultural, "feminina", gorda, disléxica, sua atitude contestadora e antinormativa, sua investigação plástica através da fotografia — com a qual se debruça sobre si mesma e sobre outras e outros como ela, diferentes —, tudo isso é o proveitoso de sua experiência. Ainda, na sutileza de sua afirmação, entre Laura e lésbica, e sendo Laura uma mulher lésbica, Aguilar propõe uma visada pessoal para um grupo de pessoas que, não raro, são plasmadas sob uma categoria geral que as conforma: pessoas LGBTQ+. Laura Aguilar propõe uma identificação pela diferença, uma humanização na singularidade. Como no retrato de Carla Barboza, da mesma série, *Latina Lesbians*, onde se lê: "Eu costumava me preocupar sobre ser diferente. Agora sei que minhas diferenças são minha força".

"Por necessidade, a 'arte' feminista já é um híbrido" (LIPPARD, 2017, p. 62), escreve Lucy Lippard em 1980. Gosto dessa afirmação, e penso que essa necessidade possa vir, justamente, da complexidade de nossas identidades, de todas as contas do rosário que formam as pessoas que somos, quando queremos falar de um grupo de pessoas que não estava incluído na História da Arte dos Grandes Gênios. E o lugar do hibridismo talvez seja o lugar do monstro de Moraga, das obras de arte que não conseguem ser explicadas sem uma visada cheia de hifens: antirracista-marxista-feminista-anticolonial-etc. Assim, colocamo-nos em movimento, dispostas a desapegar de antigos paradigmas, dispostas a democratizar, rever, reparar.

Fig. 72. Laura Aguilar, Latina Lesbians, (1987-90)

VII.

O SEXO

CAPÍTULO 24

CATHERINE OPIE: MÃE E PERVERTIDA

Na fotografia, o corpo branco, gordo de Catherine Opie, com as mãos entrelaçadas, posa calmo e altivo sobre um fundo de padronagem de tapeçaria. De seios desnudos e calças pretas, o mamilo direito transpassado por um piercing de argola, os braços furados por agulhas de sadomasoquismo dos punhos até a altura dos ombros e a cabeça coberta por uma máscara fetichista toda fechada de látex preto, a artista exibe no peito uma escarificação recente, ainda vermelha: a palavra *pervert* (pervertida), ornamentada com um detalhe *art nouveau* centralizado entre os seios.

A fotografia intitulada "Self-Portrait/Pervert" foi tirada em 1994. Catherine Opie, mulher lésbica inserida na comunidade *queer* sadomasoquista *underground* do BDSM, ostenta em sua pele o título de pervertida. Faz sentido retomar essa imagem agora. Nela, Catherine Opie é uma mulher anormal, viciosa, desviante. A imagem da pervertida, no entanto, formalmente se insere na tradição dos retratos de reis e rainhas, duques e duquesas. Em entrevista para Linda Yablonsky, no *The New York Times* (YABLONSKY, 2008), Opie comenta sobre seu retrato: "esse é meu Henry VIII/Holbein", referindo-se e situando-se no rol dos retratos que Hans Holbein, o jovem, fez de Henrique VIII por volta de 1536. Sobre um desses retratos, que fazem parte de seu acervo, o Museu Nacional Thyssen Bornemisza publicou em seu *site*:

> é um exemplo magnífico do estilo notável de Holbein, caracterizado por uma representação monumental de figuras que, no entanto, são dotadas de considerável profundidade psicológica. Neste retrato marcadamente linear, Holbein usa a pose frontal do modelo real e a

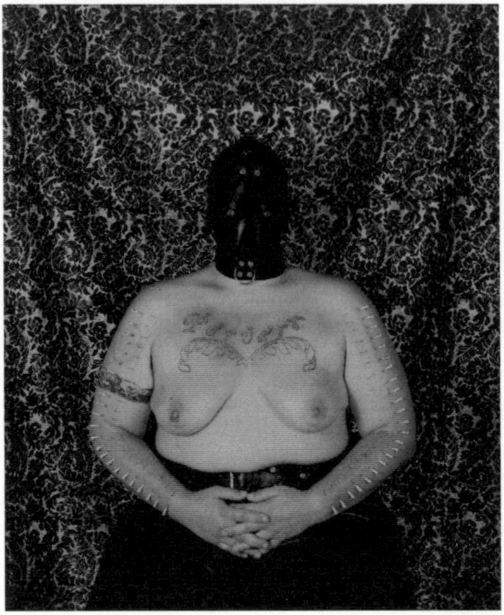

Fig. 73. Catherine Opie, Self-Portrait/Pervert (1994)

Fig. 74. Catherine Opie, Self-Portrait/Nursing (2004)

> posição de suas mãos para transmitir sua personalidade poderosa e a postura majestosa. (MUSEU NACIONAL THYSSEN BORNEMISZA, 2018)

Dez anos depois, Catherine Opie se fotografa em uma posição parecida, frontalmente, seios desnudos, mas a cabeça descoberta, e em seus braços seu filho, que mama no peito. "Self-Portrait/Nursing" é de 2004 e remonta à tradição de madonas que amamentam Cristo menino, uma cena de cuidado e maternidade: um papel tradicionalmente feminino, de mãe, mulher virtuosa. No entanto, ainda é o corpo de Catherine Opie, e a cicatriz branca, brilhante, na pele de seu peito ainda aparece: "pervert". Seu semblante corajoso não é de devoção materna, é outra coisa: Opie é mãe, ela ama e cuida de seu filho, mas não só isso.

Em seu livro vencedor do National Book Circle Award de 2015, *Argonautas*, a escritora norte-americana branca *queer* Maggie Nelson escreve sobre a transição de sua companheira de "butch que toma T" para homem trans, o artista Harry Dodge, e a morte de sua mãe. Nesse mesmo período, Nelson passa por transformações corporais, gestando e parindo seu filho. O livro, uma intensa e honesta reflexão sobre essas mudanças, sobre condição *queer*, família, identidades, feminismo, maternidade, normatividade, gravidez, nascimento e morte, conta com o acúmulo intelectual da autora que se utiliza da teoria filosófica e psicanalítica, bem como de seu conhecimento em história da arte para escrever sua "autobiografia" (ou, melhor dizendo, sua "autoteoria"). Nelson escreve sobre Opie:

> Assim como boa parte da obra de Catherine Opie, *Self-Portrait/Cutting* [Autorretrato/Corte] (1993), com o desenho dos bonecos-palito sangrando em suas costas, ganha significado quando visto em séries, em contexto. O desenho tosco dialoga com as letras ornamentadas da palavra *Pervert* [Pervertida], que Opie talhou em cima do peito e fotografou um ano depois. E as duas obras dialogam com as famílias lésbicas heterogêneas de sua série *Domestic* [Doméstica] (1995-1998) — na qual Harry aparece, com cara de bebê —, bem como de *Self-Portrait/Nursing* [Autorretrato/Amamentação] (2004), feita 10 anos depois de *Self-Portrait/Pervert*.

> No autorretrato da amamentação, ela segura e contempla seu filho Oliver enquanto ele mama, com a cicatriz de *Pervert* ainda visível, embora fraca, no meio do peito. A cicatriz apagada sugere uma representação figurada da maternidade sodomítica: a pervertida não precisa morrer ou se esconder *per se*, tampouco a sexualidade adulta é imposta na criança, tornando-se seu fardo. (NELSON, 2017, p. 73)

Maggie Nelson se propõe pensar a radicalidade diante da normatividade, no que diz respeito às (na falta de termo melhor) *famílias queers*. "A homonormatividade me parece uma consequência natural da descriminalização da homossexualidade" (NELSON, 2017, p. 82), Maggie Nelson escreve. E com frequência, Opie é confrontada com essa ideia. Cito Nelson:

> Aqui está um trecho da entrevista de Catherine Opie para a revista *Vice*.
>
> Entrevistadora: Então, acho que você está saindo da cena SM para ser mãe, e suas fotos novas trazem essas cenas domésticas felizes — é um choque, de certo modo, porque as pessoas querem separar as duas coisas.
>
> Opie: Elas querem separar. Por isso é transgressor quando uma pessoa como eu se torna homogeneizada e parte da esfera doméstica convencional. Rá! É uma ideia engraçada.
>
> Engraçada para ela, talvez, mas nem tanto para quem se assusta como o aumento da homonormatividade e sua ameaça à condição queer. Mas, como Opie deixa implícito aqui, o que é insustentável é a oposição binária entre normativo e transgressor, junto com a exigência de que toda pessoa viva uma vida que seja uma coisa só. (NELSON, 2017, p. 83)

A homonormatividade como consequência da descriminalização e, por que não, da despatologização do comportamento *queer* pode mesmo cobrar um preço através da homogeneização e da normalização. A fotografia de Opie, como sugere Maggie Nelson sobre "Self-Portrait/Cutting", está justamente nesse ponto de embate entre doméstico, normal, inserido e o marginal, *underground*, contracultural. Mas qual o limite da homogeneização? Até onde podemos chegar?

A relação histórica entre fotografia e lesbianidade envolveu também o nascimento da medicina e o vocabulário médico. Em sua pesquisa de mestrado, Jennifer Tobitha Bridges escreveu:

> A "homossexualidade", como um termo medicamente afixado ao corpo, anunciando assim a identidade do corpo, é um produto do século XIX. Por esta razão, esta tese irá comparar as fotografias de Catherine Opie de corpos "homossexuais" (especificamente lésbicos) com tipologias do século XIX que foram "normalizadas" por retratos fotográficos. Este estudo irá argumentar que um grande corpo de seu trabalho se assemelha e responde às fotografias tipológicas do século XIX de corpos anormais (também conhecidos como "outros" categóricos), que incluem corpos étnicos, corpos criminosos e corpos insalubres. As fotografias tipológicas são imagens fotográficas de corpos que tentam negar ao sujeito sua individualidade e agência. Essas fotografias documentais têm sido utilizadas para apontar, descrever ou evidenciar categorias ou tipos de seres humanos em contextos socio-antropológicos altamente científicos. As técnicas de composição das fotografias tipológicas do século XIX eram regidas por códigos fotográficos como a centralidade da face e da cabeça, um espaço de composição superficial, posicionamento frontal completo do corpo, um fundo nu e o posicionamento teatral de gestos e adereços. (BRIDGES, 2005, p. 6)

A relação entre a normatização e domesticação das sexualidades e das vidas das pessoas sexualmente diversas é colocada frente à radicalidade e ao poder revolucionário que tais sujeitas/os/es vivenciam e reivindicam. As questões se tornam problemáticas quando tocam a relação da lesbianidade com a fotografia, e, consequentemente, a relação da fotografia com sexualidade e erotismo. Isso porque chegamos, por tabela, aos tangenciamentos entre lesbianidade e pornografia, e pornografia é um tema polêmico, complicado, que divide a opinião de muitas feministas. Assim, a tarefa propositiva de um debate saudável sobre sexualidade e a criação de imagens e representações positivas das diversidades sexuais — escapando (ou tentando escapar) de dogmatismos, moralismos, hierarquizações patologizantes — torna-se ainda mais dificultosa quando nos preocupamos com o destino das imagens. Como fazer para escaparmos de um olhar masculino fetichista, como politizar o sexo sem promover uma normatização, sem congelá-lo a uma moral, mesmo que seja uma moral feminista? Nenhuma dessas questões estão exatamente separadas e nenhuma resposta simples daria conta delas.

Recorro, então, às elaborações críticas de Gayle Rubin. A antropóloga norte-americana lésbica Gayle Rubin — estudiosa de literatura do lesbianismo e das comunidades gay *leather* [couro], ativista pró-sexo, também fundadora, junto a Patrick Califia e outras militantes, do primeiro grupo lésbico sadomasoquista de que se tem notícia, o Samois, em 1978 — escreveu a coletânea de ensaios *Deviations*, que publicou em 2011. Nela, consta o texto "Pensando o Sexo: notas para uma teoria radical da política da sexualidade". Para Rubin:

> Chegou a hora de pensarmos sobre o sexo. Para alguns, a sexualidade pode parecer um tema sem importância, uma dispersão frívola de problemas mais graves, como a pobreza, guerra, doença, racismo, fome e destruição nuclear. Mas é justamente em épocas como esta, quando vivemos com a possibilidade de enfrentar uma aniquilação inimaginável, que as pessoas tendem a sair perigosamente dos eixos no que diz respeito à sexualidade.
>
> Os conflitos contemporâneos ligados a valores sexuais e condutas eróticas têm muito em comum com disputas religiosas de séculos anteriores. Eles adquirem imenso peso simbólico. As discussões relacionadas ao comportamento sexual muitas vezes se tornam um veículo para deslocar angústias sociais e descarregar as intensidades emocionais concomitantes a elas. Consequentemente, a sexualidade deveria ser tratada com especial cuidado em tempos de grande estresse social. (RUBIN, 2017, p. 63-64)

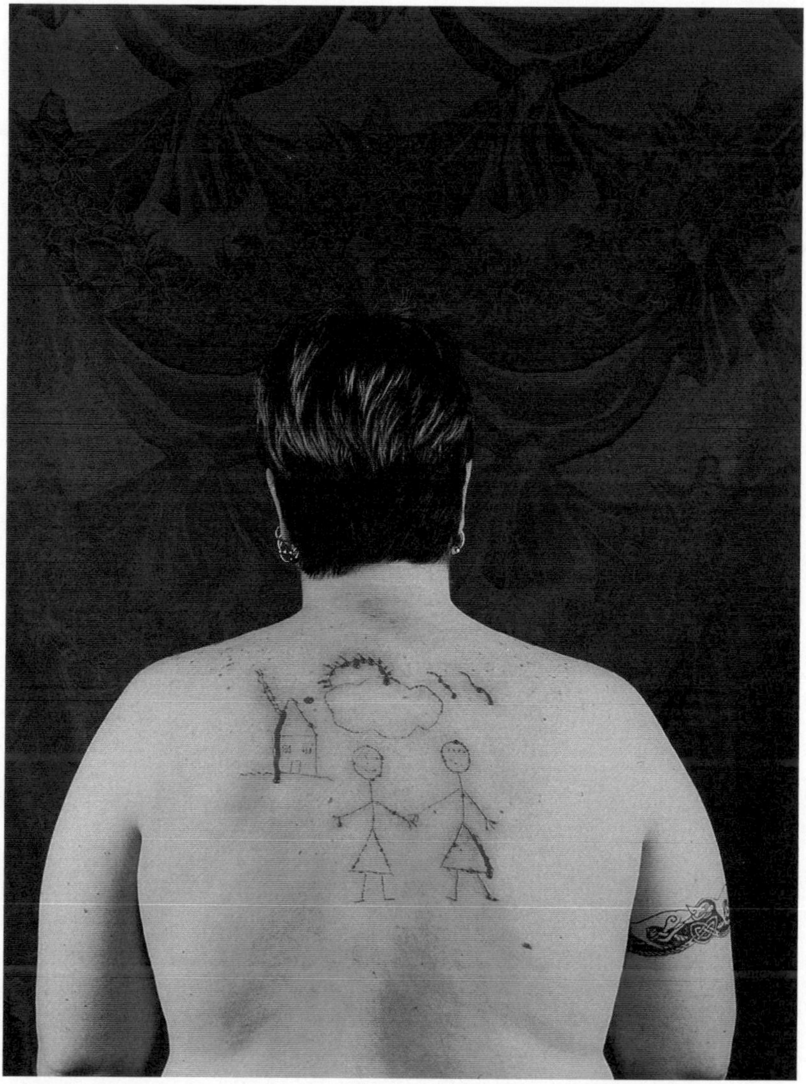

Fig. 75. Catherine Opie, Self-Portrait/Cutting (1993)

A autora introduziu um tom urgente no assunto da sexualidade na década de 1980. Mas no ano em que escrevo minha pesquisa, 2019, podemos selecionar exemplos contundentes da atualidade e seriedade da denúncia de Rubin. No Brasil, Jair Bolsonaro e seu governo inflam sistematicamente o pânico moral no tocante à sexualidade. Isso ficou evidente nos casos das *fake news* das "mamadeiras de piroca" e do *kit gay*, providenciadas nas vésperas da eleição em 2018 e que, segundo Bolsonaro & Cia., deveriam ser combatidas em perseguição a uma "ideologia de gênero", supostamente fruto de uma esquerda sodomita. No dia 16 de outubro de 2018, a *Revista Fórum* publicou: "TSE diz que 'Kit Gay' nunca existiu e proíbe Bolsonaro de disseminar Fake News" (revista fórum, 2018). No entanto, é de 1º de novembro de 2018 a chamada do *site Congresso em Foco* que diz: "Pesquisa mostra que 84% dos eleitores de Bolsonaro acreditam no kit gay" (congresso em foco, 2018). A retórica moralista não se resume ao Brasil. Nas vésperas das eleições presidenciais na Bolívia (em 2019), o candidato de origem sul-coreana Chi Hyun Chung afirmou que os incêndios que ocorriam em suas florestas eram um "castigo de Deus" pela existência de homossexuais no país (molina, 2019). Em uma matéria publicada no jornal *El País*, cujo título é "O discurso dos pequenos 'Bolsonaros bolivianos': dois candidatos menores são comparados ao presidente brasileiro, com quem têm em comum algumas propostas radicais e o apoio de igrejas evangélicas", lê-se a seguinte conclusão:

> O sociólogo especializado em temas religiosos Julio Córdova acredita que "à medida que avança a agenda de direitos para as mulheres e diversidades sexuais, a reação conservadora religiosa fica mais visível e com potencial de influir nas eleições do futuro". Isso ocorre porque "se perdeu quase totalmente a típica postura protestante de separação entre Igreja e Estado". Os dois candidatos citados fizeram uso intenso — segundo Córdova, "descarado" — de templos e redes evangélicas. "Com o beneplácito de líderes evangélicos conservadores que veem na instrumentalização política de sua fé uma oportunidade de influir no Estado", conclui o

especialista, houve "uma 'Santa aliança' entre política partidária e religião". (MOLINA, 2019)

É acertada a afirmação de Gayle Rubin de que "sexo é sempre político" (RUBIN, 2017, p. 64). Mas ela dá um passo além quando chama atenção à política interna que existe no domínio da sexualidade, produzindo e perpetuando desigualdades e modos de opressão próprios (RUBIN, 2017, p. 64). Como explica a autora:

> Na década de 1950, nos Estados Unidos, houve mudanças significativas na organização da sexualidade. Em vez de focar na prostituição ou na masturbação, as angústias dessa década tiveram como tema central a imagem da "ameaça homossexual" e o espectro ambíguo do "delinquente sexual". No período que antecedeu e logo após a Segunda Guerra Mundial, o "delinquente sexual" se tornou objeto de medo e escrutínio público. Muitos estados e cidades, incluindo Massachusetts, New Hampshire, Nova Jersey, estado de Nova York, cidade de Nova York e Michigan deram início a inquéritos para reunir informações sobre essa ameaça à segurança pública. O termo *delinquente sexual*, às vezes aplicado a estupradores, outras vezes a "molestadores de crianças", passou, a partir de determinado momento, a funcionar como um código para designar homossexuais. Em suas versões burocráticas, médicas e populares, o discurso do delinquente sexual demonstrou uma tendência a tornar pouco claras as distinções entre uma agressão sexual violenta e atos ilegais mas consensuais, como a sodomia. O sistema de justiça criminal incorporou esses conceitos quando uma epidemia de leis tratando de psicopatias sexuais se estendeu por todos os corpos legislativos estaduais. (RUBIN, 2017, p. 67)

Na campanha da "ideologia de gênero" antigay (igualando homossexualidade à pedofilia), podemos perceber a deflagração de um movimento conservador amplo, cujo objetivo é estreitar as fronteiras do que significaria um comportamento sexual aceitável. Melhor ainda, que busca definir o comportamento aceitável em geral, já que a agenda da campanha relaciona, impreterivelmente, a ameaça homossexual à ameaça da esquerda, isto é, a ameaça comunista.

Nesse sentido, a simbólica figura do delinquente sexual está retratada em "Self-Portrait/Pervert" de Catherine Opie, com sua parafernália proibida característica de um submundo de sexualidades marginalizadas, escondidas, por vezes ilegais. Acrescenta-se mais uma volta no parafuso, no entanto, quando a artista se retrata como pervertida, sim, porém como realeza, superior e impassível. Ela subverte e mistura a ideia de hierarquia sexual e hierarquia de casta em uma elaboração imaginária que mescla a palavra pervertida, as técnicas de escarificação, a máscara e as agulhas, tudo aquilo que vem de um universo associado a uma sexualidade ameaçadora, suja, obscena, a um código visual identificado à nobreza, à decência, ao que é rico, forte e imponente.

Sua cicatriz ainda visível, sua postura maternal em "Self-Portrait/Nursing", com seu filho no colo, nos leva ao outro calo sensível das figuras dos delinquentes sexuais e da política do pânico moral. A maternidade sapatão de Opie pode parecer ser uma contradição em termos para os "defensores de crianças", paladinos da moral. Segundo Gayle Rubin, é bom lembrar:

> ao longo de mais de um século, nenhuma tática para incitar a histeria erótica tem se mostrado mais eficiente que o apelo à proteção das crianças. A atual onda de terror em relação às questões eróticas atingiu mais profundamente, mesmo que apenas em um sentido simbólico, as áreas associadas à sexualidade dos jovens. O lema da campanha de revogação do Decreto do condado de Dade foi "salvem os nossos filhos" de um suposto recrutamento homossexual. (RUBIN, 2017, p. 70-71)

No Brasil, um episódio simbólico da mistura entre censura, artes visuais, pânico moral, homossexualidade e acusações de pedofilia aconteceu em torno da exposição *Queermuseu — Cartografias da Diferença na Arte Brasileira*, que ocorreu no Santander Cultural, em Porto Alegre, no final de 2017. Com curadoria de Gaudêncio Fidelis, a mostra reunia

270 trabalhos de 85 artistas (como Adriana Varejão, Cândido Portinari, Hudinilson Jr., Lygia Clark e Leonilson). Gaudêncio Fidelis, curador de carreira, declarou que nunca tinha visto nada parecido: "as manifestações foram muito organizadas e se debruçaram sobre algumas obras muito específicas, que não dão a verdadeira dimensão da exposição. Esses grupos [de críticos] mostraram uma rapidez em distorcer o conteúdo, que não é ofensivo" (RUBIN, 2017, p. 70-71).

Especificamente, houve barulho em torno da obra de Bia Leite, a pintura "Travesti de lambada e deusa das águas" (2013). Nela estão retratadas imagens de duas crianças com as inscrições *criança viada travesti da lambada* e *criança viada deusa das águas*. O termo *criança viada* ficou popular como uma página no *tumblr*, na qual Iran Giusti, que havia começado compilando suas próprias fotos de infância e de seus amigos, passou a postar fotos de LGBTQs do Brasil inteiro, que enviavam suas melhores fotos de infância, nas quais apareciam posando como crianças "gênero-discordantes": meninas *tomboys* e meninos afeminados; nas palavras de Giusti, "bem pintosas". No texto "Como o 'criança viada' virou militância, motivo de histeria reacionária e um crime" (GIUSTI, 2017), Iran Giusti explica:

> A ideia era simplesmente reunir momentos fofos, tanto da minha infância quanto a de amigos e amigas. Logo no dia seguinte, o Tumblr viralizou, e muitas pessoas começaram a mandar fotos e pedir que eu fizesse legendas. [...]
>
> A parte boa é que, além das risadas vindas de crianças fabulosas que estão sendo crianças, e melhor, crianças que não estão nem aí para os papéis de gênero que a sociedade obriga a gente a assumir, acabou rolando um debate sobre homossexualidade na infância.
>
> Veja bem, ninguém se importa quando fala-se sobre crianças, que "ele já tem uma namoradinha" ou então "ele é muito novo pra ter uma namoradinha", partindo sempre do pressuposto de que aquela criança é heterossexual. A grande questão é a gente entender a heterossexualidade como um padrão e perguntar ou negar que ela tem "uma namoradinha" não implica que ela está

> sendo sexualizada ou então que ela tem afetividade romântica, por exemplo. (GIUSTI, 2017)

Segundo ele, em janeiro de 2013, Bia Leite entrou em contato e pediu autorização para usar as frases das legendas e o nome do *blog*. Quando a exposição *Queermuseu* foi cancelada, as queixas contra ela eram de que algumas das obras promoviam blasfêmia contra símbolos religiosos, também apologia à zoofilia e à pedofilia. Segundo uma matéria do *El País*,

> as manifestações foram lideradas principalmente pelo Movimento Brasil Livre (MBL), que pediu o encerramento da exposição e pregou ainda um boicote ao banco Santander. O prefeito de Porto Alegre, Nelson Marchezan Jr. (PSDB), também se manifestou contra a mostra dizendo que elas exibiam 'imagens de zoofilia e pedofilia'. (MENDONÇA, 2017)

De fato, foi em 2017 que esses ataques da direita, da bancada religiosa e do Movimento Brasil Livre aparecerem com mais força, fazendo pressão em empresas privadas financiadoras e também em órgãos públicos responsáveis pela cultura, mas já no final de 2011 a Oi Futuro havia cancelado a vinda das fotografias de Nan Goldin da série *A Balada da Dependência Sexual* (1980-1986). A polêmica (que não teve a mesma repercussão que a de 2017) envolvia as crianças retratadas por Goldin. Em entrevista ao *Estadão*, a artista provocou:

> Numa sociedade com tantas crianças na rua, que têm de fazer de tudo para sobreviver? Eu já fui ao Brasil três vezes. Soube que houve um massacre pela polícia quando as crianças dormiam (chacina da Candelária, em 1993) [...] Não faz qualquer sentido. Estão criando problema com fotos de crianças que são filhos de amigos meus há 20 anos, que estão no ambiente acolhedor e amoroso, onde há sexualidade, enquanto há crianças na rua, se prostituindo fumando crack. Qual é o problema mais sério? (PENNAFORT, 2011)

A primeira vez que vi as fotografias de Nan Goldin foi em um livro, durante uma aula na Escola de Belas Artes. A sala estava escurecida e as fotos de Nan também tinham tal atmosfera. Lembro-me de ter lido em inglês: "eu fotografo meus amigos". Mas os amigos de Nan eram a comunidade LGBTQI+, as mulheres prostituídas, as travestis e *drags* em seus camarins baratos e glamourosos, pessoas queridas morrendo por causa do HIV em uma cama de hospital, recebendo um beijo na testa.

No trabalho de Rogério Diniz Junqueira, "A invenção da 'ideologia de gênero': a emergência de um cenário político-discursivo e a elaboração de uma retórica reacionária antigênero", o autor retoma a pergunta de Paul B. Preciado (PRECIADO, 2013) em seu texto "Quem defende a criança queer?" (abrasileirando: quem defende a criança viada?) de 2013. Cito Preciado:

> Os defensores da infância e da família invocam a figura política de uma criança que eles constroem de antemão como heterossexual e gênero-normado. [...] A criança que Frigide Barjot pretende proteger é o efeito de um insidioso dispositivo pedagógico, o lugar de projeção de todos os fantasmas, o álibi que permite ao adulto naturalizar a norma. [...] A criança é um artefato biopolítico que garante a normalização do adulto. [...] A norma [...] prepara a reprodução, da escola até o Parlamento, industrializa-a. A criança-a-ser-protegida de Frigide Barjot é a criatura de uma máquina despótica: um naturalista miniaturizado que faz campanha para a morte em nome da proteção da vida. (PRECIADO, 2013, apud JUNQUEIRA, 2018, p. 454)

Isso posto, faz ainda mais sentido a provocação de Nan Goldin, a "travesti da lambada" de Bia Leite, o bebê gordinho e saudável no colo da "mãe pervertida" de Catherine Opie, e também a elaboração normativa das famílias de palito, casinha e sol, talhada nas costas da artista.

A quadrinista Alison Bechdel (BECHDEL, 2008), em seu trabalho *Dykes to watch out for* [Sapatonas pra ficar de olho], também retrata a maternidade lesbiana no seio de uma comunidade de personagens sapatonas multiétnicas politizadas nos Estados Unidos em meados de 1980, que juntas questionam o mundo e a "função" das lésbicas nele. Essa série de quadrinhos, como explica Bechdel em *The Essentials Dykes to watch out for* (BECHDEL, 2008), era uma maneira de se inserir na insurgência lésbica dos anos 1980 e ao mesmo tempo *capturar* a *essência* dessas personagens, como uma colecionadora de borboletas (Bechdel mesmo já questiona seu essencialismo na introdução de seu livro). Ao longo de *The Essentials*, um casal de personagens, Toni, de origem porto-riquenha, e Clarice, uma mulher negra, decidem celebrar seu casamento em uma cerimônia íntima em seu quintal cheio de amigas e com um churrasco de tofu. Uma das convidadas levanta o punho dizendo que ama as duas como irmãs: "deve ser por isso que eu pego tanto no pé de vocês sobre serem *yuppies* traidoras e o porquê de eu sinceramente esperar que vocês não abandonem a luta das lésbicas de cor radicais contra o patriarcado imperialista". Outra companheira responde: "acho difícil pensar em algo mais radical do que duas mulheres corajosas desafiando os poderes ao celebrarem publicamente seu relacionamento lésbico!". Quando Toni e Clarice decidem gerar um filho, Mo, uma lésbica neurótica e compulsivamente preocupada com política, provoca as amigas ao dizer que o trabalho das lésbicas é mudar o mundo e não fraldas: "ao invés de estarem na linha de frente contra o patriarcado, vocês vão estar levando a criança para o ensaio da banda". Clarice responde: "lésbicas tendo bebês vão mudar o mundo! Pense nisso como trabalho infiltrado. Você trabalha na linha do front. Nós vamos escorregar para dentro e mudar as coisas embaixo do nariz deles!".

Por sua vez, no vídeo *Lesbian Mothers* (1972) (primeiro vídeo da série *Living in New York*, gravado com o primeiro equipamento portátil fabricado pela Sony, representou a *New School for Social Research* na primeira mostra de vídeo de Tóquio), Rita Moreira e Norma Bahia Pontes, videoartistas brasileiras, elaboram uma peça complexa que contém depoimentos de mães lésbicas, das suas crianças, cenas de afeto entre mulheres, falas de especialistas em psicologia e comentários de transeuntes sobre o assunto. Em determinado momento da peça, um homem é perguntado sobre o efeito de uma mãe homossexual sobre seus próprios filhos, ao que ele responde que todo mundo sabe que o efeito será terrível!

Maggie Nelson, ainda em *Argonautas,* também se questiona a respeito da radicalidade do casamento entre homossexuais e do lugar da família e da maternidade *queer*:

> Ouvir a expressão "casamento entre pessoas do mesmo sexo" sendo repetida a torto e a direito me deixa irritada principalmente porque não conheço muitos queers (talvez não conheça nenhum) que considerem a principal característica do seu desejo como sendo o "mesmo sexo". É verdade que muitos dos escritos sobre sexo lésbico na década de 1970 falavam sobre se excitar, e até sobre se transformar politicamente, pelo encontro do mesmo. Esse encontro era, é e pode ser importante, pois nele vemos refletido tudo o que foi ultrajado, nele trocamos por desejo e cuidado o que era alienação ou repulsa interiorizada. Dedicar-se à boceta de outra pessoa pode ser um meio de se dedicar à sua própria. Mas qualquer identidade que eu tenha notado nas minhas relações com mulheres não é a identidade da Mulher, e certamente não é a identidade entre os genitais. Em vez disso, é o entendimento comum e opressor do que significa viver no patriarcado. (NELSON, 2017, p. 30-31)

No entanto, ela e seu companheiro (que, nessa época, já se entendia como homem trans), casam-se mesmo assim. O casamento acontece, justamente, no momento em que o direito ao casamento entre homossexuais estava ameaçado (e foi de fato retirado), na Califórnia, em 2008, por conta da Proposição 8. Cito:

> Não planejávamos nos casar no papel. Mas quando acordamos na manhã do dia 3 de novembro de 2008, véspera da votação, e ouvimos no rádio, preparando café, o resultado da pesquisa mais recente, levamos um choque: havia uma chance de a Proposição 8 ser aprovada. Nossa reação nos surpreendeu, pois ela revela a confiança tola e passiva de que o arco do universo moral, por mais longo que seja, sempre tende para o lado da justiça. Mas a justiça real não tem coordenadas nem teleologia. Pesquisamos no Google

> "como se casar em Los Angeles" e fomos até a prefeitura de Norwalk, onde o oráculo havia prometido que o ato seria consumado, e deixamos nossa criaturinha na creche, que ficava no caminho. [...] Passamos por diversas igrejas com variações de "um homem + uma mulher: do jeito que Deus quer" nas marquises. Também passamos por dezenas de casas com placas de VOTE SIM PELA PROPOSIÇÃO 8 fincadas no gramado, com os bonequinhos-palito incansavelmente alegres.
>
> Pobre casamento! Lá vamos nós matá-lo (imperdoável!). Ou reafirmá-lo (imperdoável!). (NELSON, 2017, p. 30-31)

Retornando aos quadrinhos de Alison Bechdel, percebe-se o paradoxo em curso. Nesse sentido, a ansiedade de Mo perante a radicalidade/normatividade da família de suas amigas, embora um tanto irritante, faz sentido. Quando Clarice responde que irá mudar o mundo tendo uma família nuclear e filhos, Mo rebate, emburrada: "se eles não mudarem você primeiro". De fato, para Maggie Nelson:

> Há algo mesmo estranho em viver no momento histórico em que a ansiedade e o desespero conservador de que os queers vão destruir a civilização e suas instituições (o casamento, mais notadamente) são contrapostos pela ansiedade e pelo desespero que tantos queers sentem sobre o fracasso ou a incapacidade da condição queer de derrubar a civilização e suas instituições, e sua frustração com a tendência assimilassionista e irrefletidamente neoliberal do movimento LGBTQ+ predominante, que já gastou uma boa grana implorando a entrada em duas estruturas historicamente repressoras: o casamento e as forças armadas. "Não sou daqueles gays que querem enfeitar metralhadora com adesivo de arco-íris", declara o poeta CAconrad. Se existe uma coisa que a homonormatividade revela, essa coisa é o fato perturbador de que *você pode ser vitimado, mas de jeito nenhum ser radical; isso acontece com muita frequência entre homossexuais, assim como em todas as outras minorias oprimidas.* (NELSON, 2017, p. 31)

Nelson acrescenta: "Isso não é uma desvalorização da condição queer. É um lembrete: se quisermos algo além de entrar a unhas e dentes nas estruturas repressoras, teremos muito trabalho pela frente" (NELSON, 2017, p. 32). Concordo. Não acho que a resposta seja simples e nem muito confortável. Vai dar trabalho e tem dado muito trabalho. Sobretudo, porque a capacidade de assimilação neoliberal — estrategicamente transformando lutas e movimentos sociais em mercadoria e lucro, ou dando-lhes uma carapaça homogênea e comportada, oferecendo em troca nada além de serviços oportunistas — tende a desorganizar e individualizar as demandas por direitos, borrando as utopias e as insurgências, impedindo mudanças estruturais no sistema patriarcal-capitalista-colonialista-racista.

CAPÍTULO 25

INDIGESTAS

Em *Sejamos indigestas para o patriarcado*, de 1998, a artista e escritora boliviana María Galindo escreve sobre a armadilha de institucionalizarmos o feminismo:

> Nossa moção feminista tem sido outra coisa: interpelar, propor, dialogar, confrontar, transformar, não delegar, desordenar, criar, desacatar. Na busca por unir todas essas ações e fazer delas um movimento subversivo, uma rebelião conjunta — lésbicas, índias, prostitutas, divorciadas, deficientes físicas, desempregadas e qualquer uma originária das fontes inesgotáveis de identidades que nos cercam na contemporaneidade —, é que nos fazemos feministas. Partimos do fato de nos reconhecermos, a nós e à *outra*, como mulheres habitadas por profundas contradições: reconhecermos, em nosso interior, alianças autodestrutivas — às vezes indecifráveis — com a opressão que sofremos. Alianças que nos fazem encobrir essas contradições; que às vezes nos tornam suas cúmplices; outras vezes nos levam a conviver cotidianamente com nossos opressores. Por causa dessas perturbadoras contradições, optamos pelo feminismo, empenhadas na ética da coerência entre os âmbitos público e privado, na rejeição a totalitarismos de qualquer *dever ser* absoluto, no caminho que nos conduza sempre e de novo ao diálogo com a *outra*; diálogo que me permite entrar dentro de mim mesma para não me perder, para não vender nem meu corpo nem minha alma. Por isso não nos adaptamos ao fato de que se pretenda, hoje, dentro do próprio feminismo, recolher essas identidades e transformá-las em coisas inertes, em uma mercadoria cujo valor reside em negociá-las com o opressor para ocupar postos dentro do sistema. (GALINDO, 2019, p. 246-247)

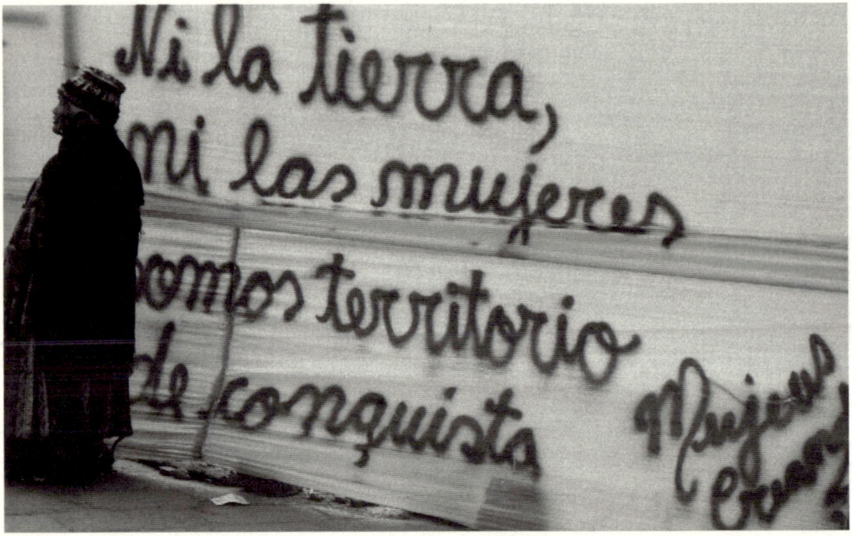

Fig. 76. *Mujeres Creando*

Estratégia de indigestão, podemos dizer assim, é o trabalho de coletivos de artistas feministas LGBTQ+ que mesclam artes gráficas, militância, performance, vídeo, palavras de ordem, grafite, fotografia e ação direta: como no caso das faixas e grafites das *Mujeres Creando*, na Bolívia, as impressões das/os/es *Serigrafistas Queer*, na Argentina, e, desde 2017, as queimas de avatares enfeitiçados de políticos da extrema direita promovidos pelas *Bruxas de Blergh*, no Brasil.

As *Bruxas de Blergh* são um coletivo feminista de artistas e pesquisadoras lésbicas e bissexuais que se reuniram em Belo Horizonte, pela primeira vez em setembro de 2017. O objetivo, explicitado por elas em seu primeiro *zine*, que remonta aos primórdios do grupo e do contexto político do Brasil, era "encarnar essa figura da feminista velha, bruxa, toda horrorosa e fodas. Ela comendo a cabeça dos cara" (BRUXAS DE BLERGH, 2018). Em uma atmosfera *trash*, *punk* e com ares de sociedade secreta e seita satânica (que costuram e queimam bonecos vodus), as *Bruxas* se identificam por nomes de animais e nunca definem, de fato, quem são as membras do grupo. Murssega, Kalanga, Aranha, Preguiça, Rinoceronta, Cigarrrra, Vaca, Serpente, Coala, Golfinha, Leoa são algumas das personagens que aparecem assinando suas obras e figurando nos *zines* que publicam, em geral, de forma independente: a primeira edição, intitulada *Bruxas de Blergh*, foi também publicada pelo selo Sapata Press, em Portugal, e a segunda edição, *Senhouras de Blergh*, foi impressa pela Publication Studio São Paulo, para integrar as obras gráficas na Feira Tijuana São Paulo, em agosto de 2019.

No primeiro *zine*, produzido após o golpe contra a presidenta Dilma Rousseff, em 2016, o conteúdo era explicitamente feminista, ensinando e incitando a prática do vodu e da maldição contra políticos como Michel Temer, Donald Trump, Jair Bolsonaro, Aécio Neves, Fernando Henrique Cardoso e o editor e âncora do Jornal Nacional, da Rede Globo, William Bonner.

A segunda edição, que foi produzida no início do mandato de Jair Bolsonaro e durante o programa de residência das *Bruxas de Blergh* no Centro

Cultural UFMG, tem um conteúdo bastante diferente. Compreendendo o terrorismo moral e retrógrado de uma conjuntura política que ataca os direitos das mulheres, dos povos indígenas, dos pobres e da população negra no Brasil, as universidades e escolas, as/os/es estudantes e professoras e professores, as *Bruxas* optaram por uma abordagem "camuflada" (não mais *Bruxas de Blergh*, mas *Senhouras de Blergh*). Usando imagens originais de revistas dos anos 1950, as artistas inseriram nelas suas cabeças de animais e denunciaram um conteúdo nocivo, que há muito pouco tempo era endereçado às mulheres brasileiras.

Em uma entrevista à revista portuguesa *Blimunda #72*, intitulada "Vulvas e feitiços contra o Brasil de Temer" (COSTA, 2018) as *Bruxas de Blergh* apontaram que o golpe contra a presidenta Dilma foi um ato, também, de misoginia. Na publicação podemos ler:

> O vosso colectivo nasce em Belo Horizonte e ganha força nestes últimos tempos que o Brasil tem vivido. De que necessidade, urgência ou vontade (ou tudo isto, talvez) nasce esse gesto de organizar um colectivo feminista?
>
> Aranha: A urgência foi que a gente percebeu que o circo estava montado e a fogueira estava quase pronta! Falamos: se 'tão querendo queimar a gente, vamos revidar antes que seja tarde. Vamos jogar bosta neles, vamos apelar p'ras forças ancestrais da grande xoxota [vulva]! No meio disso tudo, montado o primeiro zine, mataram a Marielle Franco... O golpe que a gente 'tá vivendo no Brasil é um golpe misógino, de Dilma à Marielle, é um golpe contra as mulheres e é um golpe racista também... (COSTA, 2018)

Após Michel Temer, o vice de Dilma, assumir o poder em meio ao golpe, a revista *Veja* publicou, em abril de 2016, uma matéria com a nova primeira-dama: "Marcela Temer: bela, recatada e 'do lar'". Em comparação a Dilma, que foi simbolicamente estuprada em memes e adesivos de carro, que foi alvo de chacota por sua aparência e seus modos, a figura de Marcela, com sua juventude, beleza, recato e domesticidade, prefigurava a força com que a pauta da moral e dos costumes voltaria com a eleição de Jair Bolsonaro, em 2018.

Donna Haraway, em seu célebre "Manifesto Ciborgue", escreveu: "A blasfêmia sempre exigiu levar as coisas a sério" (HARAWAY, 2009, p. 35). A escolha das artistas pelas imagens dos periódicos femininos dos anos 1950 remetem às declarações da atriz Regina Duarte, grande apoiadora de Bolsonaro, que assim o definiu, depois de conhecê-lo pessoalmente:

> encontrei um cara doce, um homem dos anos 1950, como meu pai, e que faz brincadeiras homofóbicas, mas é da boca pra fora, um jeito masculino que vem desde Monteiro Lobato, que chamava o brasileiro de preguiçoso e que dizia que lugar de negro é na cozinha. (DUARTE, *on-line*)

Quase dez anos mais velha que Bolsonaro, Regina percebe nele o "inocente" comportamento masculino, racista e homofóbico de seu pai (essa declaração da atriz foi repercutida por diversos jornais e revistas, entre eles a revista *Veja* (ROMANA, 2020)). Nesse desejo de retornar (de retroceder) ao tal "homem antigo", temos que nos perguntar, então: qual é o comportamento ideal de uma mulher dos anos de 1950? Dentro do escopo da blasfêmia proposto por Donna Haraway, a "estratégia retórica" e o "método político" irônico das *Bruxas de Blergh* respondem à demanda tão em voga, com a eleição de um presidente "homem dos anos 1950", de retrocesso e involução.

No zine *Senhouras de Blergh*, uma mulher varre, satisfeita, utensílios médicos, porque finalmente há um remédio milagroso para todas as *Enfermidades das Senhoras*. O anúncio do remédio *Saúde da Mulher* aparece ao lado de uma ilustração de uma mulher aos trapos, com os seios à mostra, em uma floresta. Na imagem, há a legenda: *louca*. As propagandas aproximam "as doenças do útero" e as "doenças dos nervos" que acometem as senhoras e senhoritas. Um exemplo é a do Regulador Gesteira:

Fig. 77. Capa do Zine Senhouras de Blergh, das Bruxas de Blergh (2019)

> Regulador Gesteira trata os padecimentos nervosos produzidos pelos sofrimentos do útero, pêso no ventre, dôres, cólicas e perturbações da menstruação, debilidade, palidez e tendência a hemorragia, provocadas pelo mau funcionamento do útero, fraqueza geral e desânimo, tristezas súbitas, palpitações, tonturas, pêso, calor e dores de cabeça, enjôos, dores nas cadeiras, falta de disposição para fazer qualquer trabalho, cansaço e outras sérias alterações da saúde causadas pelas congestões e inflamações do útero. (BRUXAS DE BLERGH, 2019)

Em uma das páginas, vemos a ilustração de título *Um lar feliz*. Uma mulher nos braços do marido, o filhinho entre os dois, responde à interpelação "falta-lhe alguma cousa para seres completamente feliz?". Ela diz:

> Nada, absolutamente nada! Possuo-te, temos o nosso querido filhinho, habito uma casa confortável e luxuosa e, para os casos de molestias, unicos que podiam perturbar a nossa felicidade, tenho sempre de promptidão — A SAUDE DA MULHER — unico especifico efficaz contra todos os males de origem uterina: a BORO-BORACICA — milagroso preparado contra as molestias da pelle, e o BROMIL, incomparavel medicamento para as bronchites, pois cura qualquer tosse em 24 horas. (BRUXAS DE BLERGH, 2019)

O trabalho das *Bruxas de Blergh* aponta um direcionamento teórico importante, se queremos pensar de maneira crítica na questão do corpo feminino gênero-discordante representado nas artes visuais. Stuart Clark, em *Pensando com Demônios: A Ideia de Bruxaria no Princípio da Europa Moderna*, investiga o fenômeno da caça às bruxas e sua relação radical com uma perseguição às mulheres. Clark localiza uma lógica profunda na demonologia, no seio da teodiceia cristã. Essa lógica é a da contrariedade, fundamental para explicar o demoníaco e "constituir a bruxaria como presença moral necessária" (CLARK, 2006, p. 189). Segundo ele:

Fig. 78. Capa do zine *Bruxas de Blergh* (2018)

> Como figura do pensamento (os teóricos críticos nos vêm dizendo, afinal), a contrariedade é intrinsecamente ambivalente. Ela parece promover a ordem e a coerência fixando significados numa relação precisa e concisa. Mas, ao definir contrários em relação uns com os outros, ela impõe uma troca semântica constante e, por fim, insolúvel, entre eles. A mente estabelece o significado de um contrário confrontando-o com o significado de seu par; consequentemente, a dependência semântica do segundo termo para com o primeiro torna-se igualmente aparente, e o ato inicial de entendimento é desestabilizado. (CLARK, 2006, p. 190)

Assim, em uma relação de interdependência entre pares opostos e contrários (como deus e o diabo, o bem e o mal), a definição do significado desses pares não acontece fora deles. Tal efeito semântico, portanto, apesar de aparentar em um primeiro momento uma estabilidade discursiva, funciona, na verdade e paradoxalmente, como um agente de instabilidade. Essa característica do significado de pares binários e contrários, como é o caso da bruxa má *versus* a donzela virtuosa, está de acordo com a complexidade da definição do que significa uma coisa e outra, para além da antítese.

Assim, na relação entre bruxaria e gênero, Clark lança mão da figura da "contrariadora" ou "maria-do-contra", uma mulher que contesta a autoridade do marido, e que aparece na poesia inglesa do século XVII. A história da bruxaria, aponta Clark, é principalmente uma história das mulheres. As acusações de bruxaria estavam intimamente ligadas às acusações de desvios femininos. Esses "desvios" são embasados em argumentos que percebem um agravante no *status* das mulheres por consequência das mudanças nos padrões populacionais e matrimoniais da época, que provocaram um aumento de mulheres vivendo sós, "solteironas" e viúvas; na mudança cultural e social com relação à caridade, que afetava diretamente o status das mulheres muito pobres e "pedintes"; em irregularidades nas regras de transmissão de propriedade, que havia passado para mãos femininas grandes heranças (CLARK, 2006, p. 157). Mulheres muito ricas e mulheres muito pobres foram tomadas como desviantes e acusadas de bruxaria. Nas palavras do autor:

> Argumentos desse tipo sugerem como grupos de mulheres se tornaram (ou assim se achavam) tão anômalos em relação às normas sociais contemporâneas (fortemente masculinas) que facilmente atraíam acusações. Mas que tipo de acusações? O que esses argumentos são menos bem sucedidos em mostrar — e o que, na verdade, não podem mostrar isoladamente de algumas considerações sobre o *significado* de bruxaria nas culturas em questão — é por que as acusações deveriam se referir a *bruxaria* e não a algum outro crime. Isto, afinal, é o que precisa ser explicado em vez de alguma incriminação geral das mulheres. (CLARK, 2006, p. 157)

Stuart Clark investiga a complexidade do fenômeno da acusação de bruxaria e a perseguição das mulheres acusadas, o que não caberia aqui tentar resumir. O que quero resgatar da pesquisa de Clark, no entanto, é o enorme rol de mulheres aberrantes: as proprietárias, as muito pobres, as solteiras, as viúvas, as bruxas, as histéricas, as prostitutas. No escopo da problemática definição do que é domesticidade e do que é abjeção, e especificamente do que é o corpo das mulheres doentes/anormais, podemos perceber a administração social-cultural-ideológica daquilo considerado normal e bom — uma mulher virtuosa em detrimento de uma mulher viciosa, uma maria-do-contra.

Com bandeiras e estandartes, usando suas máscaras de animais, as figuras divertidamente monstruosas das *Bruxas* participam de manifestações e passeatas carregando seus bonequinhos enfeitiçados, prometendo pragas imediatas. A estratégia combativa e de "terrorismo poético" das *Bruxas* faz sentido diante da chamada de María Galindo: sejamos indigestas! Em um momento politicamente delicado, no qual a heteronormatividade social e a regra patriarcal estende seus tentáculos, a resposta blasfêmica do riso das bruxas ressoa como um alívio cômico poderoso.

No entanto, considerando a assertiva de Galindo frente ao trabalho de Zanele Muholi, por exemplo, frente à beleza de suas fotografias, podemos perceber que a estratégia é outra. Essa diferença e a própria abertura para a diferença fazem coro às palavras de Galindo:

> O feminismo latinoamericano pode ser muitas coisas: formas de conceber a estética, estilos de vida, busca de poções, alquimias de amor e paixão.
>
> Não somos detentores de uma definição de feminismo, nem nos reconheceríamos na tentativa de circunscrevê-lo. Mas o que une essas formas, o que lhes dá sentido e vocação de utopia, o que os nutre e se torna sua força principal é o fato de que, transcendendo todas essas formas diversas e enriquecedoras, o feminismo é um movimento social e político, transformador e subversivo. (GALINDO, 2019, p. 249)

A conciliação entre estratégias, posicionamentos teóricos e práticas políticas não é tão simples quando o que está em jogo é, sexo, sexualidades, feminismo, erotismo, fotografia e, por consequência, pornografia. Em seu artigo "De-titled: gender and the architecture of the double signature in Droit de Regards (Roman-photo de Marie-Françoise Plissart suivi d'une lecture de Jacques Derrida)", Paul B. Preciado (PRECIADO, 2004) escreve sobre "as lésbicas" como imagens fotográficas. Segundo ele, estas foram produzidas a partir do final do século XIX, sob o registro da criminologia, patologia médica e pornografia heterossexual. As mulheres lésbicas eram submetidas a uma disposição teatral, com as pernas abertas e cabeças para trás, as mãos abrindo os lábios da vulva, imobilizadas durante todo o tempo da exposição fotográfica.

A homossexualidade, que estava inserida no contexto da "teoria da inversão", deveria, segundo a medicina da época, mostrar o clitóris anormalmente desenvolvido no corpo da mulher lésbica. No entanto, essa anomalia não era facilmente identificável, o que serviu para fomentar a ideia de que a identificação da "fêmea invertida" dependia de traços psicológicos, como histeria, tendência à masturbação e outras formas de "alienação mental". Assim, a fotografia mostrava-se tecnicamente insuficiente para a representação das lésbicas. No regime da visibilidade, as lésbicas foram objetos das mais variadas técnicas de imagem, como radiologia e rastreamento genético. Simultaneamente ao desenvolvimento da fotografia como técnica da ciência médica, começaram a circular na Europa fotografias de mulheres nuas juntas. Essas fotografias de "cenas lésbicas" eram um novo gênero de turismo sexual, e podiam ser apreciadas em alguns bordéis de primeira classe.

Para Preciado, duas conclusões podem ser tiradas dessa breve história da produção de uma certa visibilidade lésbica. A primeira seria que a fotografia enquanto tecnologia e a homossexualidade enquanto identidade patológica foram criadas concomitantemente. A segunda é que tanto a medicina quanto a pornografia dependiam do mesmo discurso visual no que diz respeito à homossexualidade feminina. Dessa forma, Preciado cita Tom Vaugh (PRECIADO, 2004, p. 156), segundo o qual a medicina e pornografia compartilhavam técnicas de representação em comum, como fragmentação visual do corpo, superexposição de certas partes, *framing* e etiquetagem. Nesse sentido, estaríamos imersas em uma tensão: "a não coincidência e o constante deslizamento entre a invisibilidade lésbica na esfera pública e política e a saturação das 'lésbicas' como objeto da pornografia e do discurso da medicina" (PRECIADO, 2004, p. 159). Assim:

> Por causa das condições históricas para a produção da visibilidade dos corpos lésbicos inseparáveis do pornográfico e da tecnologia fotográfica para a medicina desenvolvidas durante o século XX, a fotografia parecia ser um meio impossível de autorrepresentação para lésbicas. Em certo sentido, a "fotografia lésbica", observa Susie Bright, manteve-se um paradoxo excepcional, "a self-canceling phrase" (uma frase que se auto-cancela), que significa algo apenas quando criado por alguém que nunca poderia ser uma lésbica, um *voyeur* do sexo masculino. (PRECIADO, 2004, p. 163)

De acordo com o estudo de Preciado, lésbicas representando a si mesmas são uma produção de alteridade radical aos discursos heterossexuais apenas no início da década de 1970. Foi nesse ínterim que Tee A. Corine (CORINE, 1988) publicou o *Cunt Coloring Book*, "o livro de colorir da boceta", com mais de 25 páginas de vulvas para colorir, hoje considerado o "primeiro livro lésbico sexual ilustrado" (BRIGHT; POSENER, 1996, apud PRECIADO, 2004, p. 163). Mel Lee Cottrell e Morgan Gwenwald produziram algumas das primeiras fotografias "lésbicas" durante o final dos anos setenta.

Ainda, o livro feminista *Our Bodies, Ourselves* [nossos corpos, nós mesmas] foi publicado em 1973. Nele havia o capítulo "In America they call us Dykes" [na América nos chamam sapatonas], que gerou grande polêmica e repercussão. Nesse capítulo, reuniram-se algumas das primeiras imagens autorrepresentativas abertamente lésbicas. Sobre isso, Tamsin Wilton aponta a seguinte questão:

> como dizer "lésbica" em uma fotografia é talvez a chave do problema. Porque nós somos definidas *by/as* [através/como] nossos *sexual selves*, nossos "*eus sexuais*", uma imagem inconfundível de fotografia de lésbicas e uma resistência ao apagamento heterossexista, é obrigada a apresentar uma lésbica sexualizada, — ou a depender de algo extra-textual etiquetando/interpretando a imagem, como um título dizendo "lésbicas", o que a fotografia não tem. (WILTON, 1995, apud PRECIADO, 2004, p. 165)

É o momento oportuno para olhar para as fotografias de Marie-Françoise Plissart, Droit de Regards (1985) e de Catherine Opie em *O Portfólio* (1999), e o trabalho da artista lésbica brasileira branca Melissa Rocha, especificamente, seu livro de artista *Playboy* (2004), no qual, através de procedimentos como apropriação e colagem, a artista organiza fragmentos de suas fotografias autorais em um objeto erótico lacunar, poético, ressignificando conceitualmente a marca Playboy, conhecida por suas "coelhinhas" e pela objetificação feminina. A cineasta norte-americana lésbica branca Barbara Hammer, por sua vez, trabalha a sexualidade lésbica em seu documentário experimental *Nitrate Kisses* (1992), no qual duas mulheres brancas idosas desfrutam de um momento erótico, entre beijos e roçadas, intercalado por imagens de capas de romances lésbicos de caráter mais fetichistas — com suas ilustrações de mulheres jovens, magras, maquiadas, femininas —, artistas de Hollywood, imagens de arquivo do filme *Lot In Sodom* (1933) e filmagens de uma construção abandonada. Todos esses trabalhos ainda compartilham, em menor ou maior grau, de técnicas de representação como fragmentação visual do corpo, superexposição de algumas partes, *framing* e, de uma maneira mais ou menos explícita, um certo tipo de etiquetagem, através da inserção de palavras que direcionam o sentido.

Sobre as autorrepresentações lésbicas, há as mulheres enlaçadas fotografadas por Zanele Muholi. As fodas explícitas nos desenhos de Alison Bechdel. A fotografia intimista do corpo nu de Laura Aguilar no quarto de outra mulher (na fotografia "In Sandy's Room" [No Quarto de Sandy], 1989). Ela está em frente ao ventilador, e parece esperar alguma coisa, relaxando depois de uma noite com a Sandy. Acredito que esses são alguns trabalhos que apontam alternativas às construções dogmáticas e moralistas da sexualidade. Repensar e trabalhar por outras representações da lesbianidade, em particular, e das diversidades sexuais, em geral, é uma empreitada estética, mas, ao mesmo tempo, política, ética.

Em tempos de angústias e estresses sociais (como a década de 1980, como a onda de ascensão da extrema direita em 2018 e 2019), a questão da moralidade sexual — que hierarquiza e condena expressões sexuais, que concebe parâmetros estreitos sobre virtuosidade e vício — torna-se mais urgente. Mais que isso, o debate saudável sobre a diferença e variação sexual vai se mostrando cada vez mais difícil, cada vez mais necessário. Como aponta Rubin:

> É difícil desenvolver uma ética sexual pluralista e sem um conceito de variação sexual benigna. A variação é uma propriedade fundamental de toda a vida, desde os organismos biológicos mais

> simples até as mais complexas formações sociais humanas. Ainda assim, suponhamos que a sexualidade tem de se conformar a um padrão único. Uma das ideias mais arraigadas a respeito do sexo é a de que existe uma melhor forma de fazê-lo, de modo que todos deveriam fazê-lo dessa forma.
>
> A maior parte das pessoas têm dificuldade em compreender que as coisas que agradam no sexo podem suscitar repulsa em alguns, e que as coisas que elas abominam sexualmente podem trazer a mais prazerosa das experiências para outra pessoa em outro lugar. Ninguém precisa gostar de praticar nem está obrigado a praticar determinado ato sexual como reconhecimento de que outros podem fazê-lo, e essa diferença não indica falta de bom gosto, saúde mental ou inteligência de qualquer uma das partes. A maioria das pessoas se engana ao considerar suas preferências sexuais como um sistema universal que funciona ou deveria funcionar para todos. (RUBIN, 2017, p. 88)

Esbarramos no constante perigo da higienização e da normatização. Para pensar as obras de Catherine Opie, a ácida crítica que Gayle Rubin faz ao movimento feminista antipornografia talvez seja interessante. Segundo ela, na ideologia feminista antipornografia, sempre existiu a condenação ao sadomasoquismo: "as primeiras propagandas antipornografia recorriam a uma amostra altamente seletiva da iconografia sadomasoquista para respaldar uma análise bastante precária" (RUBIN, 2017, p. 110). Para Rubin:

> Fora de contexto, tais imagens costumam ser chocantes, o que foi impiedosamente explorado para assustar o público, fazendo-o aceitar a perspectiva antipornografia. O uso da iconografia sadomasoquista no discurso antipornografia é inflamatório. Ele implica que a maneira de tornar o mundo seguro para as mulheres é acabar com o sadomasoquismo.
>
> Grande parte da propaganda antipornografia implica que o sadomasoquismo é a "verdade" subjacente e essencial à qual tende toda a pornografia. Acredita-se que a pornografia é uma porta de entrada para a pornografia sadomasoquista, que, por sua vez,

levaria supostamente ao estupro. Temos aqui uma encarnação da ideia de que os pervertidos sexuais, e não as pessoas normais, cometem crimes sexuais.

[...]

A literatura antipornografia culpabiliza uma minoria sexual impopular e os materiais que leem por problemas sociais que eles não criam. A retórica feminista tem uma incômoda tendência a ressurgir em contextos reacionários. (RUBIN, 2017, p. 110-111)

O que acho interessante na proposta de Gayle Rubin é a possibilidade de buscarmos deixar em aberto as construções e explorações da sexualidade adulta consensual de maneira não moralista, dogmática e patologizante; e principalmente, não persecutória. Se, como critica Rubin, "as representações explícitas do sexo se dão em um verdadeiro lamaçal de circunlóquios jurídicos e sociais" (RUBIN, 2017, p.111), talvez se possa começar atacando, justamente, o problema da representação.

Eis Monique Wittig, que, em *O Corpo Lésbico* (publicado originalmente em 1973), descreve seu sexo com uma amante-loba:

> Sua pelugem é bem preta e brilhante. No intervalo das suas longas mandíbulas os dentes descobertos e/u reconheço seu sorriso ambíguo. Suas orelhas elevadas mexem e se agitam. M/inha mão ao se colocar sobre o seu flanco coberto de suor faz sua pele se arrepiar. E/u percorro toda sua espinha com dedos leves, ou então m/inhas mãos se enfiam nos seus pêlos. E/u toco os seus seios, aperto-os com a m/inha mão. Você endireitada sobre suas patas segura uma delas esfregando o chão por um instante. Sua cabeça pesa sobre a m/inha nuca, seus caninos entalham m/inha carne no ponto mais sensível, você m/e mantém entre as suas patas, m/e impede de m/e apoiar sobre m/eus cotovelos, você m/e faz dar as costas, os seus peitos se apoiam contra a m/inha pele nua, e/u sinto seus pêlos tocando m/inha bunda na altura do seu grelo, você trepa em m/im, você m/e arranca a pele com as garras das suas quatro patas, um grande suor m/e sobe quente e tão logo já frio, uma espuma branca se propaga ao longo do seus beiços pretos, e/u m/e viro,

> m/e agarro na sua pelo jovem, e/u seguro a sua cabeça entre as m/inhas mãos, e/u falo com você, sua grande língua passa pelos m/eus olhos, você m/e lambe os ombros os seios os braços a barriga a vulva as coxas, chega um momento em que toda a febril você m/e pega nas suas costas m/inha loba m/eus braços em volta do seu pescoço m/eus seios m/inha barriga apoiados na sua pelugem m/inhas pernas apertam os seus flancos m/eu sexo saltando contra os seus rins, você se põe a galopar. (WITTIG, 2019, p. 12-13)

Descrito em baba, saliva, ranho, lágrimas, cerume, urina, fezes, sangue, linfa, leite, albumia, vagina, flatulências, corrimentos e espuma, tendo seus ossos nomeados, seu ânus, córnea e retina, o corpo lésbico de Wittig é de uma monstruosidade potente e desconcertante:

> M/eu clitóris o conjunto dos m/eus lábios são tocados pelas suas mãos. Através da m/inha vagina e do m/eu útero você se introduz até m/eus instintos rompendo a membrana. Você coloca em volta do seu pescoço m/eu duodeno rosa pálido com veios azuis. Você desenrola m/eu intestino delgado amarelo. Ao fazer isso você fala do cheiro dos m/eus órgãos molhados, fala da consistência deles, fala dos movimentos deles, fala da temperatura deles. Nesse ponto você tenta arrancar m/eus rins. Eles resistem a você. Você toca na m/inha vesícula verde. E/u m/e farto, e/u reclamo, e/u caio num abismo, m/inha cabeça é arrastada, m/eu coração chega até a beirada dos m/eus dentes, parece que todo m/eu sangue congelou nas m/inhas artérias. Você diz com tudo que você o recebe em grande quantidade sobre suas mãos. Você fala da cor dos m/eus órgãos. E/u não consigo vê-los. E/u ouço a sua voz assoviar nas m/inhas orelhas. E/u m/e concentro para ouvi-la. E/u m/e vejo esticada, todas as m/inhas entranhas estão expostas. Abro a boca para cantar uma cantata à deusa m/inha mãe. Com esse esforço preciso do coração. Abro a boca, recebo a sua língua os seus lábios o seu palato, através de você monstro adorado e/u m/e ponho a morrer enquanto você não para de gritar em volta das m/inhas orelhas. (WITTIG, 2019, p. 31-32)

A poeta brasileira lésbica branca Maria Isabel Iorio (iorio, 2019) também joga com a monstruosidade animalesca quando descreve duas pessoas atracadas, chupando suas bucetas, como aracnídeas, desdobrando o lugar comum da aranha associada ao sexo lésbico.

> 1) minha boca na sua
> buceta durante 2) sua boca na minha
> buceta isto visto de fora
> por alguém com sobrenome
> dizem que parece tão inofensivo
> quanto uma aranha
> peluda imensa solta tremendo
> de fome (IORIO, 2019, p. 57)

Por sua vez, a poeta lésbica brasileira Simone Brantes, em seu livro *Quase todas as noites* (brantes, 2016), investiga a sexualidade lésbica, propondo uma gênese poética do desejo em seu poema "Pote", descrevendo uma relação sexual entre mulheres e esquadrinhando uma moça-boneca/colchão/lençol/travesseiro e sua animização, isto é, seu despertar vivente, nas mãos de uma outra:

> A moça que me inspira, vista
> tão pouco e de tão longe
> é meu colchão, lençol, travesseiro
> o que é de mim mais perto
> onde me deito, foi feita
> dessa matéria de bonecas
> pobres (nem louça inglesa
> nem corda) precisa da menina
> que aquece, beija e roda (BRANTES, 2016, p. 47)

> **As moças**
>
> Como duas moças se encontram
> pelas moitas? como entram duas vulvas

sob a colcha
como sem mergulho
marulham no fundo os líquidos
de uma na outra?
Como, como —
por que poder de Deus
— as moças
se comem se comem se comem
pelas coxas? (BRANTES, 2016, p. 48)

Pote

Você acha que sexo é isso:
três
ou quatro
posições
e executá-las?
Você quer
muito
muito mesmo
que eu goze?
Então vamos por partes —
não se vai com tanta sede ao pote —
Primeiro: fabricar a sede
Segundo: fabricar o pote
Terceiro: deixar que a água jorre (BRANTES, 2016, p. 51)

Uma sexualidade complexa, adulta, expansiva e disposta a experimentação nos é apresentada no livro de poesia de Alessandra Safra (SAFRA, 2012), *Dedos não brocham*. Em uma espécie de ode a uma prima libidinosa, somos introduzidas em um mundo de aventuras eróticas:

[...]
toda menina tem uma prima
lasciva
a minha lívia sabia manter vestido limpo na missa de domingo

papai mandava me comportar
como ela

obedeço (SAFRA, 2012, p. 20)

A prima "que toda menina tem" é uma porta que se abre para a investigação do erotismo na infância da autora, que olha para sua experiência sem acrescentar a ela nenhuma camada de culpa ou julgamento. Ao contrário, Alessandra Safra se diverte com a idealização da infância comportada da prima-modelo que seu pai queria que ela copiasse. As duas meninas exploram o mundo e um universo inteiro no pomar da casa da tia. Exploram o gosto roxo da amora na língua, o toque do botão de flor perfumado na pele, e suas "outras florzinhas" elas esfregam uma na outra, abrindo os sentidos para o mundo.

amoreira em greve e eu querendo tingir minha língua de roxo
manga espada, roubada! por um caminhão e cinco homens. contei, cinco
homens com varas longas roubaram a mangueira todinha, sobrou nada
a tia levou uns trocos pro almoço dos barulhentos filhos

nasci desejando silêncio na maternidade
preferindo sempre árvores, gatos, livros
e páginas em branco expostas a tinta e fatura
olhava espantada aquela brancura
e respeito embora ignorasse que respeito havia
em papel alvinho
hoje sei: era licença pra sair do mundo

no pomar já é novembro e as laranjeiras estão em flores
respiro debaixo dela. apanho leviana botõezinhos e esfrego em mim
jeito esse desejar possuir o perfume dela é roubo
prima sobre galho forte, vestido branco lascivo:
desce
esfreguei nela outras florzinhas

> assim pude possuir toda beleza existente no pomar
> quando dávamos conta do mundo, então terra, folhas secas, pequenos galhos estavam em nós e assim o pomar nos possuía (SAFRA, 2012, p. 23)

Em seu poema sobre "Eunice", Safra investiga o sexo com uma personalidade masoquista. O texto é provocativo: nele, a autora se pergunta, irônica, se Eunice não seria um paradoxo da emancipação feminina.

> eunice era dessas poucas meninas: cheirava chulé, recebia contente tapas na cara, lambia os pés sola de sapato. tremia excitada se cuspisse em sua boca-latrina ou a tratasse por termos ralés. babava pelas bocas quando várias sibilavam no ar calado em pele suplicadora. adorava ser traída e ouvir miudezas do sexo com outras. menina feliz, assim mesmo nada feminista. dava-se como lixeira e procurava castigos. um paradoxo da emancipação feminina? eunice dócil e serviu se me dá de presente disponho como objeto de masturbação. ela era toda sem travas, destravava minhas taras, recebia em si minha fome. ela era (nada) ordinária, encantava seus cílios longos de vaca mansa a lamber-me com devoção. (SAFRA, 2012, p. 85)

Em conclusão, desenvolvendo o projeto dos usos do erótico de Audre Lorde, a poeta negra sapatão estadunidense Cheryl Clarke (CLARKE, 2013), cuja poesia foi traduzida pela já citada Tatiana Nascimento, oferece uma compreensão politizada da intimidade lésbica, que é frequentemente perseguida, alienada, suprimida:

> Intimidade não é luxo aqui.
> Não mais telefones pendurados
> ou linhas sempre ocupadas
> ou conversas ainda censuradas.
> Não mais mirar nossas mãos
> temendo dá-las
> ou se dadas
> temendo soltar.
> Nós estamos aqui.

> Após anos de separação,
> mulheres tomam seu tempo dispensam velhas animosidades. Tribadismo é uma panaceia ancestral e vale o risco
> uma panaceia ancestral e vale o risco. (CLARKE, 2013, p. 60)

Vale o risco, mas há risco. Justamente, a noção de que o sexo, o erotismo, o afeto, o amor, a sexualidade etc. são terrenos de disputa política é radicalizada por Tatiana Nascimento em seu poema "O amor é uma tecnologia de guerra (cientistas sub notificam arma biológica) indestrutível::", publicado em 2019. Concluo este capítulo com o poema, que foi escrito como nota sobre o apocalipse que estamos enfrentando, e a respeito do qual nossa derrota nas eleições de 2018 é um dos símbolos. Vamos a ele:

> a urgência dos nossos sonhos não espera
> o sono chegar: isso que a gente faz
> deitada
> tb chama
> revolução.
>
> sua palma, em linhas p
> retas, dança calor na minha pele
> (cores tortas, que somos).
>
> isso que
> aparenta um segurar-de-mãos
> ousado não é declaração de posse
> ou de mero par, casual que fosse, nem
> só demonstração de afeto pública,
> carícia brusca contra essas
> tropas, brutas
>
> (eles quase que nos
> somem);
>
> é nossa arma de guerra, "mana minha", desejada

amante,

y essa eles não vão
adulterar desativar corromper deturpar
denunciar na ONU caçar como terroristas
capitalizar sabotar (re)acionar — essa eles não podem

não sabem y nem quereriam

acionar —

essa é química
hormonal
visceral
astral
usa fonte de energia
renovável ("friccional")
é inesgotável reciclável tem

garantia

ancestral

o nome dela anda meio banal,
"afeto", "amor" (se bem que a prática tamos
reinventando...), mas ainda é nossa maior tecnologia (y a mais vasta)
en contra y
adelante a escassez dessa cruzada.

y eu não tenho
medo: cada peito como o nosso a
briga a força de mil granadas
. mesmo assim nem
se forçadas
paramos de lançar
primaveras pelos ares
(agourentos que eles cavam)

— eu acho
que faz tempo
que sonhamos acor
dadas, que nossa paz
é barulhenta,

y que da areia dos nossos olhos insones
isso a noite fábrica suas pérolas (de
amor, e de outras guerras):

& elas brilham
como nós. (NASCIMENTO, 2019, p. 21-23)

CAPÍTULO 26

SETEMBRO DE 2018

Com uma caneta rosa te escrevo. Já andei pelo centro de chinelos a tarde inteira, agora meus pés doem, e eu te espero sentada em um restaurante argentino tomando chope. Primeiro copo de chope, a barriga vazia; um monte de luminárias no teto e, mesmo assim, uma meia-luz; a chuva ameaçando o toldo da varanda do restaurante, o garçom que me atendeu e perguntou "só você?", sozinha em uma mesa com mais três lugares vazios, um pôster da seleção argentina com a palavra *campeón* escrita em azul. Uma mulher asiática passa por mim segurando uma sacola plástica vermelha, o trânsito dos carros se confunde no cruzamento e tem uma livraria do outro lado da rua. Visto de novo o casaco que eu havia tirado quando sentei, o corpo quente de caminhar, vontade de lavar as mãos, eu sempre acho que estão sujas. Hoje eu acordei do seu lado sentindo a cabeça pesada e a sinusite parecendo muito uma ressaquinha, mas ontem eu não bebi. Eu fico comovida com os azeites em vidros verde-escuros em cima de cada mesa. A espuma no fundo do meu copo vazio e eu penso que provavelmente é melhor não pedir outro chope, mas até agora nem sinal de você chegar e com esse trânsito não tem nem como botar a culpa em uma pessoa por se atrasar, porque a coisa toda se confunde e o garçom chega e pergunta, interrompendo a caneta frenética na minha mão "mais um chope?". E eu respondo com um sorriso "quero" e ele deposita outro copo cheio menos de um minuto depois na minha frente.

Desde o dia onze tô sentindo dor nos ovários. Ou antes, até. Dia dez de setembro eu tenho que ir para São Paulo.

Do outro lado do meu caderno estava escrito em caneta azul

ensaboada
camuflada
escorregadia

***

Desisto de viajar pro Rio de Janeiro hoje porque menstruei no meio da aula da pós, na História. Eu senti meu útero todo contorcer e cuspir o sangue na minha calcinha branca encardida. Branca não, cor de batata crua. Desisto de viajar pra não passar pelas cólicas sentada em uma poltrona suja de ônibus encostando no braço de algum desconhecido.

***

No meio da leitura da Lívia uma pontada no útero. Menstruei quarta-feira, dia 29 de agosto, dia da visibilidade lésbica, no meio da aula de história e a professora falando sobre o medo e o terror dessas eleições.

Menstruar trouxe um certo alívio, mas as dores nos ovários duraram dias demais e agora vem a dor do útero se contraindo e descolando aquele sangue todo e plasma e gosma. Eu tinha um absorvente interno na bolsa, por acaso, então eu fui ao banheiro segurando o pacotinho verde na mão, lavei as mãos no milagre de ter uma garrafinha pet cheia de sabão dentro, na pia do banheiro do terceiro andar da FAFICH. Desembrulhei o absorvente e enfiei com um dedo só, suficientemente fundo na minha vagina. Agora aquela dor que contrai e relaxa e eu fico pensando que pode ser uma apendicite e que eu preciso fazer um ultrassom. Fico pensando que no ano passado eu fui em umas três ginecologistas diferentes porque estava procurando uma que eu realmente gostasse e acabou que de tanto contar que não, eu não tomo anticoncepcional e elas perguntarem em seguida "mas como você previne a gravidez?"/"usa camisinha?"/"o seu parceiro não sei o quê" e eu tendo que interromper o fluxo e dizer "olha, Doutora

Xanas, acontece que eu sou sapatão" e rolar aquele constrangimento tão grande que até eu fico querendo um buraco pra enfiar minha cara ou que ela me mande tirar logo a roupa pra ficar logo tudo bem com as variadas Doutoras Xanas que não se dão o trabalho de perguntar "qual a sua orientação sexual" antes de querer saber como eu faço pra não engravidar.

Tudo isso rendeu um miniconto. Joana homossexual, minha personagem que vai à ginecologista para um exame de rotina.

Lavar a roupa
Arrumar a cama
Alimentar os cães
Limpar o quintal
Dar remédios
Organizar minha agenda
Avisar tia Eliana das novas datas
Marcar ginecologista

A gata brinca com uma toalha laranja enquanto eu escovo os dentes, tentando tirar o gosto venenoso do anti-inflamatório que tomei há pouco. Baco me olha de canto de olho, *fish eye*, soslaio. O soslaio de um cachorrinho *basset*. Vira-lata com cara de *basset*.

***

A Taís escreve da surreal obrigação de continuar a vida normal como se não tivéssemos em ruínas

***

Triturar o amendoim com os dentes, descascar a pelinha do amendoim torradinho, tostadinho.

Acordo com as gatas na porta do quarto: porta de vidro, de correr. Vejo as cabecinhas embaçadas através do vidro. O desespero pela ração começa às sete da manhã e puta merda. Levanto sem blusa, só um shorts branco que manchei definitivamente de menstruação esse mês. O cachorro Baco está espreguiçando no carrinho de mão. Ontem, antes de dormir, hidratei a bundinha dele para não assar. Um vizinho passa pelo portãozinho lateral e ele late, puto da vida.

A viagem pra São Paulo às 21h se aproxima e a vontade de criar raízes nos pés também. Só às vezes. Uma muda nova, um galho arrancado que se deve colocar na água para que ele germine. Da cicatriz do corte nascem aqueles bracinhos brancos, crescem pra plantar depois. Eu gosto especialmente dessa parte.

Tá foda. Mudar de casa, as caixas, Lígea vai para o Mato Grosso e eu fico, pelo menos até o mestrado acabar.

Triturar o amendoim com os dentes. Uma coisa tão sequinha e tão oleosa, oleosa na ponta da língua.

Peguei um casaco limpo, do guarda-roupa, para vestir, mas permaneço de shorts sujo de sangue. Começo a pensar que estou com fome. Listo coisas para fazer hoje.

***

As evidências cotidianas de um massacre.

***

Meu arroz nunca tinha
estralado antes mas quando
hoje eu peço
pra minha amiga
olhar o arroz
enquanto eu termino
de trocar a fralda
do cachorro Baco

ela me diz
que o arroz ainda não estralou

O que ela quis dizer
é que deixa
o arroz secar até que o fogo
arda os grãozinhos mais próximos
do fundo da panela
e faça um barulhinho
tic tic tic

"Estou prontinho!"
minha amiga dubla o arroz
estralando
enquanto desliga o fogão
mas meu jeito de fazer arroz
é como minha mãe

Quando a água pouca
desliga-se o fogo
a água evapora
poupa-se o gás
mas não há
estralos

***

Foi aniversário da Lígea. Eu sempre entro em um estado de gratidão enorme pelo nascimento da minha irmã, dois anos e meio depois que eu nasci.

Eu usei um vestido preto.

Uma hora no ônibus você me pergunta o que eu estou pensando e eu não digo, porque o que eu estou pensando é se um dia você vai conseguir abrir mão da culpa e da vergonha que você carrega, de uma forma tão séria, sua forma tão séria.

Eu te disse,

Eu tinha um texto inteiro na cabeça enquanto eu tomava banho, porra. Eu tirei o vestido preto que usei hoje, na frente do espelho. Por causa de todo o sol que tomei com você vejo a marca do dia queimado na minha pele: treino nove horas da manhã, no parque, voltar de ônibus, esperar na sombra de uma árvore, um inseto vermelho berrante subir no seu pé (nunca tinha visto desses), é o começo da primavera hoje, depois chegamos em casa e eu e você tomamos banhos em banheiros diferentes ao mesmo tempo, voando, porque era aniversário da Lígea e o combinado era almoçar num restaurante que ela gosta e depois tomar um café numa cafeteria que eu gostaria que ela conhecesse (com você), então comemos croissants de amêndoas e de limão e creme e depois te convenci a não ir pra casa estudar ainda porque eu queria ir no lançamento do romance da Flávia Peret.

No seu apartamento tem 2 banheiros e um só rolo de papel higiênico agora, pra lá da metade. Eu fiz xixi no banheiro do quarto e pedi pra você buscar o papel pra mim. Depois decidi que iria tomar banho e saí pelada pela casa pra chegar no outro banheiro porque o chuveiro não esquenta tanto. Eu saí pelada pela casa pensando que sempre estou pelada, e agora que tenho que procurar um apartamento eu tenho que colocar na cabeça que é verdade eu estou sempre pelada, então eu não posso morar em um apartamento no qual as janelas dão todas para dentro de outros apartamentos porque daí ou eu fico sem roupa ou sem ar e sol, cortinas em todos os cômodos. Agonia.

Quase não existe isso de apartamentos econômicos não serem um de frente ao outro de uma forma invasiva. Eu tenho muito medo dos vizinhos. Será que uma mulher heterossexual tem *esse* medo dos vizinhos? Porque vai além do medo do assédio, medo de estupro, medo de ser vista como uma mulher sozinha. É medo de ser vista como uma mulher *lésbica*. O meu *lésbica*, apesar de ter muitas coisas em comum com o seu *lésbica*, é muito diferente de você.

A minha feminilidade, melhor, minha feminilidade e a minha sexualidade, essa energia (???) faz com que aconteçam.

Eu não faço, mas acho que pode ser um jeito de estar no mundo que não é exatamente respeitado. Muito difícil, escrever sobre isso. Mas eu passei a minha vida sendo alvo de assédios tenebrosinhos, pequenas invasões.

Eu não quero ser uma vítima porque é como ser uma vítima naquele jogo detetive (assassino ou vítima, vítima, vítima, vítima...) que quando você desdobra o papelzinho com um v no jogo e é basicamente esperar para morrer se o assassino piscar pra você.

Cada vez mais confusa.

Hoje tá foda.

Eu tinha um texto ontem, perdi.

Eu comecei a escrever isso aqui à lápis, eu troquei para uma caneta depois... lápis não, lapiseira. Sua lapiseira *bic* tons pastéis que vinha no sucrilhos.

São umas seis e meia da manhã. Você dorme do meu lado ainda e eu tô deitada ao contrário na cama, seu rosto está coberto (porque você sabe que eu estou acordada, seu rosto está coberto. Tá um calor do caralho e eu sempre me surpreendo com a sua vergonha). Eu tô olhando o seu pezinho fino e comprido do meu lado — vontade de te encostar mas eu não quero te acordar. Você então se mexe sob as cobertas, vira.

De uma forma muito deformada, desenhei seu pé no meu caderno. Parece mesmo uma banana da terra. Eu quero falar sobre vergonha e sobre você e sobre mim, mas eu não sei o quanto você vai se sentir humilhada.

Eu sei que você gosta que eu debruce a minha escrita sobre você, mas dessa vez eu não tenho certeza. Vou ver como Flávia deu conta, no livro dela, mas o assunto de um diário pode ser *outra* pessoa, completamente? Ou, no caso, será que meu exibicionismo pode me fazer crer que se eu tento ser honesta aqui sobre mim/comigo, você pode ser destrinchada também? Você que dorme com a cabeça coberta.

Agora são meia-noite e três.

Mais cedo, ao meio do dia, você me perguntou se eu tinha levado a sua caneta (suas coisas estavam em cima da mesa da sala: sua lapiseira *bic*, suas três canetas vermelha, preta e azul e também já tem um tempo que você vem me cobrando a falta do corretivo que me emprestou e eu jamais devolvi).

Agora é meia-noite e quatro. Minha irmã e nossas amigas vieram aqui e fizemos pastel porque na minha casa o gás acabou e é domingo, então remarcamos o encontro pro seu apartamento. (Agora me ocorre se algum dia seus pais poderão vir a ler as coisas que eu escrevo sobre você. Sinto uma pontada de vergonha.)

Quando começamos a namorar eu te escrevi cartas disfarçadas de cartilhas informativas sobre doenças estranhas, como a doença da arranhadura do gato. Eu fazia assim: como um trabalhinho de escola, na folha sulfite A4, dobrada no meio, fazia uma capa bonita, colorida, com canetinha. Escrevia grande: A Doença da Arranhadura do Gato. Porque eu te explicava, ninguém ia desconfiar que era uma carta de amor. Mesmo assim, você guardava suas cartas dentro de um livro na minha casa.

Agora você estuda na sala, depois que todo mundo já foi embora e eu fiquei de novo aqui no seu apartamento com você, para limparmos tudo amanhã.

Eu abri meu caderno para escrever e encontrei sua caneta que peguei mais cedo e não soube onde tinha colocado.

Meia-noite e dez. Um dia quente, hoje. O começo da primavera. Minha mãe me escreveu uma mensagem de texto perguntando se eu olhei os apartamentos. Preciso me mudar.

Escuto o barulho do ventilador na sala. Não quero dormir antes de você chegar. Hoje cortei as unhas muito rente e tirei com acetona os restos de esmalte velho que sempre descasca de uma forma mais ou menos circular, sobrando só no meio das unhas. Vários mapas, parece. Uma vez eu estava sentada do lado de uma amiga escritora e eu vi ela fazer uma anotação no caderno assim, esmaltes só nos meios das unhas. As pessoas às vezes acham que eu pinto de propósito uma bolinha no meio da unha, só. Sempre escuto comentários sobre isso. Minha irmã mais nova, Ivana (a Lígea é a do meio, apesar de ser a mais nova do casamento dos meus pais), falou comigo uma vez: suas unhas, sempre tão características. Achei legal, percebi que as minhas unhas descascavam *diferente*.

Semana passada não aguentei ficar em uma reunião que noventa e nove por cento do tempo só um cara falava, fui embora. Não tava a fim, nem falei por quê. Só peguei minhas coisas e fui, como se não quisesse interromper o raciocínio, mas na verdade mesmo eu queria poupar meus ouvidos. Não tenho muito saco, não tenho nenhum saco ainda mais nesse calor.

Levantar a lebre quer dizer começar um assunto. A Bárbara disse que tem a ver com o mágico tirar o coelho da cartola e a Lígea acha que é um jogo de perseguir a lebre viva e solta em um campo aberto.

Quando eu era criança e criávamos coelhos na fazenda, eles fugiram. (Eles eram impossíveis, os coelhos.) Saímos correndo atrás porque soltos eles comiam a horta inteira, destruíam tudo, eles se escondiam nos tufos de capim e um dos homens que trabalhavam na fazenda fez uma manobra e perdeu o tampo do dedão do pé. Não sei por que eu lembro tão bem dessa imagem. O corpo grande do homem negro, de chinelo e bermuda, sem camisa, perseguindo um coelho tão pequeno, ágil e branco. Muito branco no cerrado marrom. Um campo aberto no Mato Grosso é uma vista lisa até o fim, sem montanhas. Bem diferente daqui. Lá é tudo, quase, reto. O calor é diferente também, o vento e o asfalto.

Vou guardar a caneta dentro do caderno fechado, outra vez, mas quando você me perguntar de novo se peguei sua caneta azul eu vou lembrar e te devolver.

***

Quando eu era criança cantava assim: com as mãos de um anãozinho, mas a força de um gigantão. Sim! Eu sei quem sou, eu sei pra onde ir, eu vou cantando… quando o dia surgir.

***

Hoje na academia eu estava procurando uma anilha de 25 quilos para somar aos 25 quilos de cada lado na máquina de malhar coxas, porque somar 50 quilos de cada lado de 15 em 15 quilos é insuportável. E um homem me perguntou se eu precisava de ajuda. Porque eu estava de bom humor disse que não.

Tem um outro homem na academia que faz imenso esforço para me ignorar. Ele foi meu aluno. De uma turma de calouros que eu fui monitora há muito tempo atrás. Ele é mais velho que eu, um homem de quase 40? Acho. Eu acho que ele largou o curso de artes visuais e fez uma especialização, não sei, foi dar aula na extensão, algo assim, e então ele usa uma camiseta escrito UFMG e embaixo PROFESSOR. Por causa da camiseta UFMG PROFESSOR que eu sei que não foi concurso.

Deve fazer sucesso.

***

Todas as mulheres estão ameaçadas, mas umas mais que outras.

***

Domingo agora você pintou as unhas dos meus pés (que estavam imundos de andar descalça o dia todo) de azul. Depois passou esmalte de glitter por cima, ficou uma caca. Grosso, horrível. Mas foi tão bonitinho você chegando com a maletinha de manicure da sua mãe pintando minhas unhas do dedão como se pintasse uma parede. Logo você, que nunca pintou sua própria unha na vida. Depois saímos pra tomar açaí com um casal de amigas e minha irmã. Daí passei a noite arrancando o esmalte dos dedos dos pés com as unhas das mãos.

Tá difícil escrever, sabe? Tá muito difícil fazer as coisas, dormir tá difícil. Tá um calor do inferno e as eleições, puta que pariu. E a mudança de casa, cara. Tem isso ainda. O pneu da sua bike furou. Vou levar lá na oficina pra você, surpresa! Poupar seus pés de andar aquela UFMG inteira. Tô com saudade. Tô com muito medo também.

***

Começo a escrever porque li e você me lê por cima da jarra de louça. "Não vale!", eu falo e você responde que não entende nada dessa minha letra. "Cadê a outra letra?". Há alguns segundos eu levantei e você passou a mão na minha bunda e me falou pra eu escrever um conto erótico zoando com a minha cara. Agora você tentou me fazer um carinho no pé e meu pé está sujo e você reclamou que estou descalça e eu acho que o problema não é estar descalça, é eu não conseguir manter um apartamento mínimo desses minimamente limpo. Eu li um poema ontem num evento, microfone e tal. Depois o rosto da Marielle enorme, na projeção que eu mesma tinha preparado, mas me engasgou de um tanto. Aquela vontade de chorar porque ela está morta, vai fazer aniversário já já a morte da Marielle como a morte da Luana fez aniversário. A morte da Marielle, o assassinato faz aniversário perto do meu aniversário, um pouco antes, eu nunca mais ser feliz no mês do meu aniversário porque alguém mandou executar a Marielle enquanto o Anderson dirigia o carro com ela dentro e no dia 14 de março ela é morta. Para sempre.

Eu estava preenchendo ao seu lado o cadastro de moradores do prédio deste apartamento tão pequeno e eu não tive coragem em "relação com o responsável" que eu tinha que escrever na ficha. Entre você e eu, sendo eu, nesse caso, a responsável. Eu não ia escrever que somos amigas mas escrever que somos namoradas parece assinar uma prova contra nós duas, nós somos uma prova contra nós duas. E você sempre fala que quem quiser ver vai ver.

Na disciplina do estágio de docência os alunos e as alunas estavam conversando e aquele papo de 18 anos de idade "não existe hétero, gente, todo mundo é gay por alguém". Em um determinado momento eu falo que existe hétero sim e que ser hétero é entrar no Uber e chamar sua namorada de amor e pegar na mão e ficar relaxado, minimamente relaxado se ele seguir o GPS e for minimamente cordial e você fica bem. Enquanto ser lésbica é entrar no Uber e sentar longe e chamar pelo nome e você não responder nenhuma pergunta mais ou menos pessoal que aquele motorista faça para você. O menino olhou para mim como se tivesse entendido de verdade: "então ser lésbica é sobre ter medo?"

VIII.
SOBRE O QUE MAIS PODERÍAMOS FALAR HOJE?

CAPÍTULO 27

AS LÉSBICAS SÃO FELIZES

Uma bandeira azul-turquesa, de mais de dois metros de altura, foi hasteada na curva da escadaria principal da Escola de Arquitetura da UFMG. Inscritas em vermelho, letras pintadas à mão formavam a frase "as lésbicas são felizes". Esse trabalho era parte da exposição Arte Generada, que havia sido organizada em resposta aos atos de censura que fecharam mostras de arte como a promovida pelo Santander Cultural de Porto Alegre, *Queermuseu*, e as investidas contra a exposição de Pedro Moraleida, no Palácio das Artes em Belo Horizonte. O ano é 2017.

Essa bandeira, antes de tudo, é meu aceno de luta e triunfo para minhas amigas. Em um mundo que perde em solidariedade e ganha em precarização, a felicidade não é uma questão banal. Indica-se que a juventude LGBTQI+ tem três vezes mais chances de cometer suicídio que a juventude heterossexual e cisgênero. Violências específicas se somam à carga psicológica de pessoas LGBTQI+. Escuto na minha cabeça a voz de Tumi Nkopane lembrando a Zanele Muholi que sua cidade é famosa pelas matanças. Medo, violência, risco, desamparo são algumas das constantes nas vidas da maioria das sapatonas. Uma autoimagem positiva, a criação de comunidades de apoio, de representação e representatividade são tijolos de uma casa construída individual e coletivamente. Requer renunciar à vergonha, requer munir-se de coragem. *As lésbicas são felizes* vem simbolizar tudo isso. No entanto, apesar de ser muitas coisas, *as lésbicas são felizes* não é nem promessa nem profecia.

If you burn

se você for
queimada   tia
na fogueira
eu vou te amar mesmo assim

quando a mataram   tia eu lembrei
da primeira vez que você me disse pra ficar
viva
fica viva
para lutar você me disse   primeiro
a gente tem que ficar viva
eu fico pensando   tia
se você sente o que eu sinto quando te vejo
na frente
de uma greve   tia
pelo sus   pelo povo
por aquela senhora magrinha   negra e pobre
que reclamava pra você eu tenho um escorpião
na barriga   doutora
e você me disse olha eu desconfio   porque eu examinei eu apertei
o abdome dela eu desconfio
que a dor da ferroada de escorpião seja
fome   sabe
quando você foi presa
por um policial que depois
sem farda
levou a filha pequena pra consultar no posto de saúde
onde você trabalha   ele disse
você tem que entender
era o meu trabalho
porque seu corpo reconheceu o arrepio de medo
e ele reconheceu   você
uma menina tossindo   um policial bruto que bate
em quem defende o sus e a criança
tosse em casa e como que engole
ter brutalizado a médica do seu bairro?

a sapatona passando na sua rua é a médica do seu bairro
que dirige um fox vermelho velho
um fox vermelho que roda o mato grosso inteiro porque
a sapatão descendo a sua rua acredita na saúde como um direito
das pessoas pobres no interior do mato grosso
ela é casada com uma assistente social
que fica tentando encontrar uma forma de evitar
o constrangimento das travestis
porque elas têm que falar o nome de batismo alto na recepção
da unidade de saúde especializada
em hiv e ela tenta decorar
o nome social de todas porque as fichas
estão com o nome de batismo ainda
ela acredita
eu acredito também que
o tratamento tem que ser gratuito e a saúde é
um direito ficar viva é um direito
das pessoas das travestis com hiv que se prostituem
num bairro afastado da capital do mato grosso
e você me disse   tia
fica viva e eu rezo
todos os dias   tia
fica viva
porque eu não sei se eu
acredito em deus mas eu acredito
que o julgamento é só pra alguns o fogo só pra alguns   tia
se você queimar
fica viva
se eles prepararem
o julgamento quente
frito feito pra você
eu danço junto até as cinzas
até sobrar pouca coisa
ou nada
fica viva

e os nossos pezinhos
os nossos

e os de todas as sapatonas
all the lesbians dançam
sempre de pé em carne viva sempre de pé
no vidro quebrado das janelas
por cinco quatro minutos o tempo
de uma música
dançam mas dançam mesmo
não ficam
de ai ai ai
não

esta é a história mais linda do mundo vamos
pra cuba
você me disse vámonos
falar espanhol
eu
você y las otras tortilleras
escapar
dessa queima   tia
burning figures
burning fingers
melted plastic
toasted bodies
até as cinzas
com você até
sobrar pouca coisa
ou nada

porque imagina o cheiro   tia
de umas quinze mulheres
queimadas
numa vilinha desse tamanico
na itália sei lá eu
na frança
no meio do centro-oeste
uma mulher indígena rasgada ao meio   tia
no acre na barra da tijuca américa
as mulheres empilhadas

com seus filhos e filhas e maridos e suas companheiras
na palestina   as afogadas
o bando das estupradas
por mais de trinta
as engenheiras
do massacre da escola politécnica de montreal
fuck you all feministas   até as cinzas
até sobrar pouca coisa
ou nada
no meio da lagoa da pampulha na festa
de ano novo em campinas eu vou matar todas
aquelas putas   filho
você vai ter orgulho de mim
até não sobrar nada morreram onze
mulheres a mãe de seu filho e seu filho
você vai ter orgulho de mim
as boas mulheres da china   sei lá eu
no meio do sertão todas as mães
todas as putas que se sustentam
da mineração as soterradas
em mariana uma cidade morta
com nome de mulher imagina
o cheiro
de um cadáver que o mar cuspiu para a areia
há uns três dias de uma mulher partigiana
deitada em uma cama de corais e pedras
de um cadáver que um mar de areia engoliu
há uns três dias de uma mulher curda
burning figures
burning fingers
melted plastic
toasted bodies
até as cinzas
com você até sobrar pouca coisa
ou nada

você acha que não queima   titia
bruxa

no brasil?
e não foi a Marielle tia
à queima roupa você acha
que as sapatonas
não ardem
quem é que vai reclamar
nossos cadáveres?

2014 foi o ano do assassinato
de Gerciane Pereira Araújo
ela foi estripada pelo ex que não aceitou
que ela tinha se entendido lésbica
o assassino cortou o corpo de Gerciane
ao meio
do tórax até a vagina
ele arrancou a genitália dela e colocou na boca
da vítima

Paula iniciou um namoro com seu assassino
quando ainda tinha 12 anos de idade
ele tinha 18 anos
dois anos mais tarde ela
se descobre lésbica
o cara
matou Paula e sua companheira Luzinete
ele as seguiu após a festa de aniversário da mãe
de Luzinete e quando as duas estavam sozinhas
em casa
as espancou até a morte

Arlinda Santos Ferreira foi atacada
a pedradas e pauladas na cabeça
em via pública na cidade de itabela na bahia ela era professora
ela foi encontrada
ainda com vida
ela não sobreviveu quem matou
Arlinda era ex-parceiro de Índia sua companheira
na época ele não aceitava o fato da ex se relacionar

com uma mulher
o assassino morreu quatro meses após o ataque
nunca chegou a ir a julgamento

Andréia dos Santos cozinheira
residente do município de guarujá
foi espancada
até a morte no seu local de trabalho
por
três
homens
os garfos as facas os instrumentos da cozinha furaram
a cabeça de Andréia ela teve
traumatismo craniano furaram
seus ouvidos e seus olhos e seu corpo
Andréia
era lésbica e surda
Andréia tinha 40 anos

Teresa
tinha 15 anos
quando foi assassinada pelo ex-parceiro da sua namorada ele não
aceitava que a jovem estivesse se relacionando com uma mulher
ela tinha 15 anos
o assassino se aproximou da casa de Teresa
quando ela estava com a namorada atirou nas duas
várias vezes
ele as perseguiu pra dentro da casa
acertou Teresa com quatro disparos

um homem
estrangulou e enterrou
no quintal de sua casa
Renata Christina Pedroza Moreira
Paloma Aparecida Paula dos Santos
Andreia Gonçalves Leão
Natasha Silva Santos
Carlos Neto Alves de Matos Junior

todas as suas vítimas eram homossexuais mas a polícia descartou
a tese de crime por homofobia e lesbofobia
tentou conectar as mortes
ao tráfico de drogas

Marcele Ferreira foi morta pelo vizinho
por ser lésbica
por não ser
feminina seu corpo
foi encontrado quatro dias
depois

Katiane Campos Góis
foi estuprada
Katiane Campos Góis
foi estrangulada
o corpo
de Katiane Campos Góis
foi queimado

Luana Barbosa dos Reis
foi espancada por policiais
ela foi parada
na rua de sua casa enquanto levava seu filho
pra escola
na garupa da moto
Luana era negra
lésbica
butch
Luana apanhou
tanto
que morreu no hospital
Luana apanhou
na frente do seu filho
na frente dos seus vizinhos
na frente da sua família toda
não queria?
apanha como homem

não queria?
você não queria ser homem?
ninguém tem inveja   tia
do falo
a gente tem inveja
do poder
sair na rua
de poder

Priscila Aparecida Santos da Costa
foi assassinada
no litoral paulista
um homem atirou em Priscila
duas vezes
porque ela estava na praça
com a namorada e o irmão
porque ela era uma mulher
lésbica

Thays Gierdry Borges dos Santos
foi assassinada por um homem
que era namorado de uma ex
as duas mantinham contato ainda
a ex-namorada de Thays
armou uma emboscada
junto com seu companheiro
Thays foi
atraída para uma praça pública
no município de campo grande com a desculpa
de que seu afilhado
o filho da ex-namorada
estava doente
era horário de expediente
no trabalho de Thays mas
Thays foi
de moto até a praça
enquanto ela conversava
com a mãe de seu afilhado

sentada
em um banco
Thays foi
atacada por trás
Thays foi
degolada pelo namorado da moça

Meiryhellen Bandeira e Emilly Martins Pereira
eram namoradas
o vizinho de Emilly surpreendeu
as duas
saindo de moto
matou as duas
a tiros
Meiryhellen tinha 28 anos
Emilly tinha 21
o vizinho era um homem
de 60 anos
atirou nas costas
das duas
a moto preta bateu
de frente
em uma caminhonete
Meiryhellen morreu na hora
Emily morreu
depois

isso sem falar das lésbicas
suicidadas   tia
das que só
apanham   tia
até quase
morrer mas não morre
não queria?
apanha como homem
não queria?
você não queria ser homem?

ninguém notifica
ninguém lamenta ninguém se comove
diante das mortes das lésbicas
não queria?
quem vai reclamar
nossos cadáveres?
no final continua
a ser só
um corpo morto
de mulher
lésbica

então
as bruxas
que ardam
com seus pezinhos brutos
nos sapatinhos
que não cabem
e por isso tivemos
que arrancar o tampo
do dedão
ou morria
fica viva
se a fogueira subir
alta
eu ardo com você e todas
as nossas amigas
ardem
eu danço com você   titia
eu ardo
eu ardo de ódio
eu queimo
estrala a vergonha um
galho seco uma brasa quente
uma marca de bruxa
de nascença
no batismo a água
na testa

ferve e queima mas fica
viva
a igreja inteira
viva!
não queria?
eu choro alto eu engasgo
a minha carne exala e arde
eu não peço pra parar não queria?
e se eu morrer queimada tia
eu vou feder
com minhas irmãs
o continente inteiro
(HOKI, 2018a)

***

Eu escrevo um poema enorme sobre nossas mortas. O poema foi escrito para a segunda edição da Ã revista literária. O tema era Idade das Trevas. O ano é 2018.

Em abril de 2016, a polícia militar de Ribeirão Preto havia espancado até a morte — por ser negra, sapatão e pobre da periferia — Luana Barbosa dos Reis; também em 2016 toma corpo o golpe misógino contra a presidenta Dilma Rousseff, que sofreu um *impeachment* transmitido ao vivo na televisão, em que uma maioria de homens brancos privilegiados invocaram deus, a moral, a família, a ditadura militar e a tortura; o golpe se assenta, e há congelamento de gastos com saúde e educação, perseguição política, miséria e ódio; 14 de março de 2018, a vereadora do Rio de Janeiro Marielle Franco — mulher negra, favelada, sapatão — e seu motorista Anderson Gomes são assassinados com 13 disparos de submetralhadora MP5 9mm, quatro tiros atingem a cabeça de Marielle, Anderson leva três tiros nas costas.

O *Dossiê sobre lesbocídio no Brasil de 2014 até 2017* (PERES; SOARES; DIAS, 2018) surgiu de uma iniciativa do Núcleo de Inclusão Social — NIS da

Universidade Federal do Rio de Janeiro e do Nós: dissidências feministas. A pesquisa que deu origem ao Dossiê, "Lesbocídio — as histórias que ninguém conta", é de autoria de Milena Cristina Carneiro Peres, Suane Felippe Soares e Maria Clara Dias, sendo esta última professora titular da UFRJ, atuando na área de Ética, Filosofia Política e Filosofia da Mente. Após a publicação da pesquisa, a Profª. Drª. Maria Clara Dias teve que se dirigir em carta aberta (conferir nas referências) a toda a comunidade acadêmica, porque ela havia se tornado vítima de calúnias sistemáticas feitas em forma de denúncias endereçadas a diversos órgãos públicos, como Ouvidoria e Reitoria da UFRJ, MPF, CGU, CAPES e CNPQ. As acusações envolviam fraude e insinuações mentirosas sobre o mau uso do dinheiro público. Tudo isso por conta da pesquisa sobre o assassinato de mulheres lésbicas no Brasil. Ela escreveu:

> Minha foto, assim como a das demais autoras do Dossiê, encontram-se, desde então estampadas como pano de fundo em um blog que profere um discurso de ódio e busca, de forma nada acadêmica, coibir a defesa dos direitos básicos de grupos heterodiscordantes. [...] Há mais de vinte anos tenho trabalhado com temas relativos aos direitos humanos, aos direitos dos animais e à justiça. A forma como venho sendo atacada, e como acusações, de cunho nada científico, vêm sendo acatadas por instâncias superiores, denuncia uma nova dinâmica das relações de poder no nosso país. Neste momento particularmente difícil que estou/estamos vivendo, peço o apoio de todos vocês. (DIAS, 2018)

Com a divulgação do *Dossiê*, várias amigas e colegas me enviaram a notícia. Por ser muito completo, o *Dossiê* era um tipo de pesquisa na qual você precisa de um tempo para se debruçar. O assunto também não era dos mais tranquilos. Então, fiquei pensando em uma forma de reescrever as informações, a fim de difundi-las. Uma maneira que eu pudesse ler e, de alguma forma, destacar partes do trabalho; dando a ele outros formatos. Traduzi-lo de todas as maneiras que eu pudesse para dizer sobre isso em todas as linguagens que eu alcançasse: pensei uma forma de ler isso em voz alta.

Então comecei a escrever o poema para minha tia Eliana, que é mulher lésbica comunista e médica militante da luta pelo Sistema Único de Saúde. Ela era uma das pessoas que ficaram sabendo do *Dossiê* mas não tinha tido tempo de ler com calma. Ela, que mora longe de mim, sempre me diz para ficar viva: "essa é a nossa primeira tarefa para continuar na luta! Se cuide. Fica viva!". Contando para ela o que eu tinha lido, eu queria ser ouvida por todas as mulheres que lutavam e todas as mulheres que lutaram, eu queria falar com as bruxas, com as guerrilheiras, com as feministas. Queria falar com qualquer pessoa que quisesse ouvir sobre aquilo que eu tinha aprendido. Queria alertar sobre as matanças. Queria montar uma armadilha.

Amanda Ribeiro, uma amiga poeta LGBT, escreveu "Arapuca".

palavra é arapuca
alçapão mata-burro
traidora ao meio-dia
com ruas movimentadas céu
aberto ensolarado salta
do telhado se estrebucha
no chão espalhando seus miolos

a palavra casa
não abriga ninguém
casaco não aquece mudez
é falsa justiça
é a falta dela estupro
sai rasgando a voz e
poesia não chega a sê-la

mas ódio sim ódio é nua
ódio não finge
ódio é o que diz ser
não tem abreviatura ódio

desperta alerta sacode faz perder
a complacência

odeio a palavra odiosa
das línguas afiadas
vestida de dentes que acovarda
condena à fogueira tortura mata
genis marielles joanas marias das dores do
socorro e odeio
o silêncio

odeio
o silêncio

e direi a palavra
ódio
até gastá-la até
que ela caia
em desuso. (RIBEIRO, 2018, p. 11-12)

Após escrever "If you burn", fui apresentada ao trabalho da jornalista, ativista visual e poeta recifense Adelaide Ivánova. Ela é uma das que escrevem como estratégia: da memória, da narração da história dos lados de cá. Seu poema "Mimimi", escrito em julho de 2017, faz cruzamentos entre o pensamento de Susan Sontag (SONTAG, 2003) em *Diante da dor dos outros* e as notícias de feminicídio no Brasil. Uma leitura dele aconteceu na FLIP 2017; sendo gravada, foi disponibilizada na internet. Depois da execução de Marielle Franco em 14 de março de 2018, Adelaide declarou que o poema nunca mais poderia ser lido da mesma forma: "esse texto portanto passa a ser dedicado a ela. marielle, presente!", escreveu Adelaide depois.

> "Pág. 75
>
> O problema não é que as pessoas lembrem por meio de fotos, mas que só se lembrem das fotos. Lembrar, cada vez mais, não é recordar uma história, e sim ser capaz de evocar uma imagem".

> Na foto preto-e-branco, o corpo de ANGELA DINIZ está de bruços, descalço, de blusa e meia-calça, sem a parte de baixo da roupa, sangue na altura da cabeça. ANGELA DINIZ foi assassinada em 1976 pelo namorado, com três tiros no rosto e um na nuca. A foto está online.

Adelaide também cita os nomes das mortas pela ditadura, das mortas pela transfobia e a lesbofobia, os nomes das desaparecidas. Ela nos relembra das agressões — que também são simbólicas — sofridas por nossa ex-presidenta Dilma Rousseff. O poema termina com uma pergunta sobre a efetividade:

> de que adianta minha insônia e meu jejum e esse
> poema se na papua nova guiné não iriam entendê-lo
> e mesmo a compreensão dele não salvaria a vida da
> mulher e mesmo no brasil onde se pode entendê-lo já
> se sabe que poemas tal qual leis não mudam nada tudo
> sobre isso já foi legislado e dito em todas as línguas
> também em português mas meu deus
> de que adiantaria meu silêncio?
> de quem estaria meu silêncio a serviço?

É 23 de outubro de 2018 e Isabel Iorio publica uma carta às suas companheiras do Movimento Respeita! (IORIO, 2019, p. 109-110). Ela diz que sua irmã pediu que ela tomasse cuidado, que evitasse beijar na rua: "sei que é uma merda pedir isso".

Tatiana Nascimento, em seus poemas para o fim do mundo, lembra que a bala é menor que a luta (NASCIMENTO, 2019, p. 27).

Escrevo, para respirar, um poema para Rosa Luxemburgo. O ano é 2019.

> **Rosa**
>
> A única coisa
> que me tira
> o chiclete
> grudado

na sola
do sapato
é estudar
a Rosa Luxemburgo
Marx
Alexandra Kollontai
os revolucionários e revolucionárias antigos
o mundo
fodido deles
que era fodido
como o meu
é fodido

e a Rosa escreve a pergunta
Reforma social ou
Revolução
?

?

???

?

responde
que as duas estão imbricadas
as reformas fazem sentido
dentro
de um contexto
de uma visada
revolucionária

E eu leio balançando a cabeça sim
sim

SIM SIM
yes
yes

Não é uma teoria
o pensamento de Rosa Luxemburgo
não é uma teoria
no sentido de teoria
como um conjunto coerente
metodicamente articulado
de conceitos e teses
mas um ideário
construído na luta política
e muitas vezes sujeito

às tensões &
 contradições

ou
        no mínimo

às tensões &
ambiguidades

A única coisa que descola
o chiclete da sola do meu sapato é assistir uma aula
sobre Rosa Luxemburgo
ler em voz alta
a historiadora que estuda mulheres
revolucionárias
as feministas antigas

Liberdade é sempre a liberdade de quem pensa de modo diferente
escreveu Rosa Luxemburgo

E eu leio balançando a cabeça sim
sim

SIM SIM
Yes Yes

É Frigga Haug que diz que se aprenda
com Rosa Luxemburgo
como estudar os acontecimentos mundiais
que se aprenda como Rosa Luxemburgo os relata
com que métodos
decompõe os eventos
como liga as doutrinas com as ideias
comuns da população
e assim
como ela encoraja a pensar criticamente
com a própria cabeça

com a própria cabeça
SIM SIM
YES YES

consciência
organização
iniciativa
antes que a barbárie triunfe

derrubar toda a situação
na qual há quem seja degradado
subjugado
abandonado
desprezível

E eu leio balançando a cabeça sim
sim

SIM SIM
Yes yes

o que me ajuda a olhar de frente
o chiclete grudado na sola do sapato
de quem morre
de tiro
de fome

de quem compra uma corda ou se enforca
com o cinto
do uniforme ou
morre de trabalhar
morre de uniforme

os afogados no lixo líquido da mineradora
os corpos destroçados da Vale
mais uma vez

Identificou-se
controlou-se
protocolou-se
preencheram-se longas folhas de papel
sempre de cabeça erguida
mantendo-se perante a agonia dos outros
uma atitude tão corajosa
e imperturbável
quanto a dos heróis antigos
perante a própria
morte

os carbonizados no Flamengo
crianças, sim, meninos
mas aquilo foi
descaso com o trabalhador
a criança que jogava futebol
trabalhava
pro Flamengo
isso tem que ser dito
força de trabalho
degradada
abandonada
subjugada
desprezível

no Brasil estamos assim
reformar a previdência

morrer de trabalhar
agora
ou mais tarde
pra quem tem sorte

No Brasil estamos assim
SIM SIM
YES YES

Em 2019, Taís Bravo, escritora sapatão carioca, publicou *Houve um ano chamado 2018* (BRAVO, 2019). Ela dedicou o livro "para as que perderam". É dezembro de 2019 e eu me desloco com minhas amigas para ver Angélica Freitas e Juliana Perdigão cantarem suas canções de atormentar, blasfemando contra os filhos dos coronéis, dos senhores de engenho (FREITAS, 2017). É 2019 e Tatiana Pequeno (pequeno, 2019) se pergunta por "onde estão as bombas". Escrevo no diário, pensando em Jarrid Arraes, Maggie Nelson, Adrienne Rich, Danielle Magalhães, Noemi Jaffe, Marielle Franco:

Vocês são só um buraco

Um buraco com meu nome
pedaço de terra com meu nome
um barbante com meu nome
outra mulher com meu nome
um cachorro de coleira com meu nome
uma linha de telefone
um livro com meu nome
um embrulho com meu nome
todos os animais que já comi
com meu nome
um homem com meu nome
um grão de arroz gravado com meu nome
um dente de leite com meu nome
minha namorada com meu nome
uma mulher morta com meu nome
um furacão com meu nome

um desastre com meu nome
meu corpo com meu nome

*

Acordamos doentes, as duas. Você já não estava bem desde a noite passada, passada, inclusive, dentro de um ônibus de viagem, as duas apertadas uma contra a outra e a janela embaçando com nossos calores e frios. Mas aí chegamos em casa e quase prontas pra dormir você insiste em me chupar e meter dois dedos na minha buceta porque eu pedi.
Hoje fiquei sentada no meio daquela sala cheio de tipos e máquinas de fazer livros, dentinhos de letras, minipontuações, tijolinhos de tipografia, pensando sobre o que escrever, desenhar ou pintar, já que era isso que eu tinha que fazer ali (que tenho que fazer ali todas as semanas); mas eu só conseguia pensar no governador do Rio de Janeiro dizendo *mira na cabecinha* e sua recente admissão, em uma entrevista, que no Rio a polícia usa *snipers* na favela.

Eles miram de longe e matam

Mirar na cabecinha é política de estado
quem falou que em nossa constituição é proibida a pena de morte?
O genocídio da população negra
da população marginalizada favelada   esse abate genérico e generalizado de pessoa
de jovens negros   isso é institucionalizado no Brasil

É política de estado matar   mirar na cabecinha

E foda-se se o policial confunde fuzil com guarda-chuva foda-se se não repara no uniforme da escola cobrindo o corpo do menino

O governador do Rio de Janeiro posa de xerifão do Rio de Janeiro e adora

E então eu não consegui escrever nada e fiquei rabiscando em uma folha A3
tráfico de drogas, milícia, jogo do bicho,
tráfico de drogas, milícia, jogo do bicho, tráfico,
milícia, bicho, tráfico,
milícia, bicho.

Eu também tenho alguns desejos para minha escrita.

Hoje eu acordei com seu corpo febril, a cabeça coberta como sempre, do meu lado. E abri o livro da Maggie Nelson que eu li no final do ano passado. *Argonautas*. E o meu livro, se você abre na primeira página está escrito meu nome, belo horizonte, 2018, 3a feijoada da astrogilda, em lápis grafite, que era pra eu lembrar de escrever um conto sobre a Astrogilda que é amiga da minha tia e faz feijoadas especiais na casa dela.

Em vez disso as palavras eu te amo *saltam da minha boca como feitiço quando você me fode por trás pela primeira vez, minha cara esmagada contra o piso do seu úmido e fascinante apartamento de solteiro.* E aí a Maggie Nelson explode um Wittgenstein na primeira página, no segundo parágrafo e eu fico pensando em escrever sobre filosofia enquanto seus dois dedos se movimentam por dentro de mim, centro de gravidade do meu corpo. *As palavras mudam de acordo com quem as fala, não há remédio para isso. Como quando você sussurra* você é só um buraco, deixa eu te encher inteira. Uma vez eu te escrevi que eu era uma mulher vazia e você uma banheira, um rio, um lago, o oceano. Expulsou as bolhas e me encheu de água, *glut glut*. Inteira de água, *glut glut.*

Está escrito um monte de coisa nas margens do livro da Maggie Nelson, eu fico tentando sistematizar tudo aquilo que eu anotei e pensei e escrevi, lendo o livro da Maggie Nelson.

Você abriu um furo na minha solidão, ela escreveu.
E eu escrevi, por cima, um pedaço de poema do Frank O'Hara *isso não é um furo na sua meia, é uma mão na sua perna.* Sempre me dá um arrepio.

Daí fiquei pensando que isso não é um buraco na minha solidão é a sua mão na minha solidão aberta.

Como um buraco pode ser a metáfora de algo sozinho, sozinho ou em falta, porque um buraco é vazio. Mas se você preencher um buraco, tapá-lo, por quanto tempo aquilo continua sendo um buraco? Se eu faço um buraco na terra e depois tampo de terra o buraco está tampado, mas o que o define ainda como buraco é o fato de ter sido cavado?

Tem gente que se incomoda com a história de que Djuna Barnes, em vez de se identificar como lésbica, preferia dizer que "só amou Thelma".

Mas *você é só um buraco*. E eu fico remoendo ainda o *mira na cabecinha* e queria muito escrever um poema mas sabe quando a realidade ultrapassa a linguagem e as imagens não dão conta?
Então continuo preenchendo o caderno com a tríplice: jogo do bicho/tráfico de drogas/milícia. Estão dizendo que é por aí que está o motivo do assassinato da Marielle.

Crime organizado no Brasil esbarra na política do Estado.
A política de estado no Brasil é só um buraco.

Na minha frente várias cópias do poema de Danielle Magalhães, *esboço para um ensaio não escrito*. E ela pergunta, em itálico, *o que é política?*

A política não é natural na polis, o escravo era o outro na república, o poeta era
o outro, as mulheres eram o outro,
os bárbaros eram o outro, o outro
era aquele e aquela que não podiam participar da política,
da coisa pública.

coisa pública parece péssimo: coisa pública, máquina de estado, máquina pública.

O estado é responsável pela morte dessas pessoas. E hoje eu levantei querendo ficar na cama.

Poesia nunca teve a menor chance
de existir fora da história

Eu estou pensando nisto em um país onde as palavras são roubadas das bocas como o pão é roubado das bocas
onde poetas não vão pra cadeia por serem poetas
mas por serem de pele escura, mulheres, pobres.
Estou escrevendo isto em um tempo no qual tudo o que escrevemos pode ser usado contra aqueles que amamos
onde o contexto nunca está dado
ainda que tentemos explicá-lo exaustivamente

eu preciso saber essas coisas

Adrienne Rich escreveu e eu copio e eu transcrevo no caderno pra deixar mais fixado, na minha memória, no meu corpo, na minha mão.

Pra que quando eu decidir escrever isso tudo volte pelos meus dedos porque eu já conheci como é escrever isso.

Porque eu preciso saber essas coisas e eu preciso e eu quero escrever sobre essas coisas, porque sobre o que mais poderíamos falar hoje?

****

Enfim, fico pensando no que Marília Floôr Kosby (KOSBY, 2017) escreveu no final de *Mugido [ou diário de uma doula]*, que ela gostaria que seu livro fosse "antídoto para tudo isso". O ano é 2020: o secretário da Cultura Roberto Alvim publicou na rede social da Secretaria Especial da Cultura um vídeo em que divulga o Prêmio Nacional das Artes. Sua estética, os ornamentos da cena, a trilha sonora, a postura e a impostação da voz de Roberto Alvim coroam o conteúdo de sua declaração absurda, na qual cita trecho de discurso sobre a arte alemã de Joseph Goebbels, ministro da Propaganda de Hitler. A versão de Alvim é esta: "a arte brasileira da próxima década será heroica e será nacional. Será dotada de grande capacidade de envolvimento emocional e será igualmente imperativa, posto que profundamente vinculada às aspirações urgentes de nosso povo, ou então não será nada" (*Folha de São Paulo*, 17 jan. 2020). Dois dias depois do discurso de Goebbels, o ministro nazista promoveu a famosa queima de livros em Berlim.

É contra isso que somos antídoto. Eu me apego a esse desejo-destino de Marília Floôr Kosby. Mas também quero ser revolta: e me atiro à tecnologia bélica que Tatiana Nascimento lança em seus poemas. E por isso procuro tantos outros gritos (uni-vos!). Eu quero mostrar os nossos dentes de volta, eu quero declarar guerra.

POW POW
Poema escrito pensando em Tatiana Pequeno e Estela Rosa

Toda vez que falo
sobre armas
as pessoas me olham
com olhos de louca
dois pesos e duas
medidas em cada mão

Mas uma coisa que as pessoas
não sabem
é que um tiro
reverbera no corpo inteiro
de quem atira
a começar pelo olho
dominante
o olho que mira
depois
quase ao mesmo tempo os dedos
não só o dedo do gatilho
o dedo que aperta até o ponto certo

da mira
e depois estrala

Todos os dedos
que seguram a arma
o cano quente pow pow
o barulho no crânio
o impacto nos cotovelos
a tensão segura nos trapézios
a inclinação das coxas
os pés
o desejo de dar um tiro pow pow

(Eu nunca levei um tiro
mas me acostumei
a reconhecer a morte na carcaça
dos bichos
eu nunca matei um animal de propósito
nem nunca matei nada com uma arma
mas me acostumei com o grito dos porcos
e com as galinhas nos sacos
esperando para morrer mais tarde
Tudo isso para chegar aqui
sem ter nada a dizer
os olhos lotados
de restos)

Quando eu levanto uma glock
o sentimento é de aprender uma língua
que não era minha
que não era pra ser minha
que ninguém acredita que eu sei
e portanto tagarelam os planos
de me exterminar nessa língua deles
sem imaginar que eu respondo
pow pow pow também

REFERÊNCIAS

ABDO, L.; JOURDAN, L. (ORG.) (2018). *Ã Revista Literária*. Belo Horizonte: Impressões de Minas, p. 29.

ALBINATI, C. (2010) *Cuerpo de Mujer*. Cuba. Dispon.vel em: <https://vimeo.com/46660090>. Acesso em: 12 dez. 2019.

ANAST, P. (2008). Lesbos islanders in bid to reclaim the term 'lesbian' from homosexual women. *The Telegraph*. Atenas. 11 jun. 2008. Disponível em: <https://www.telegraph.co.uk/news/worldnews/europe/greece/2108042/Lesbos-islanders-in-bid-to-reclaim-the-term-lesbian-from-homosexual-women.html>. Acesso em: 01 jul. 2019. Tradução minha.

__________. (2008). Lesbos islanders lose lesbian ban court case. *The Telegraph*. Atenas. 22 jul. 2008. Disponível em: <https://www.telegraph.co.uk/news/worldnews/europe/greece/2445282/Lesbos-islanders-lose-lesbian-ban-court-case.html>. Acesso em: 10 set. 2019.

ANGELA. (2018). *Poema resultado da oficina ministrada por mim às mulheres do MST no curso Feminismo e Marxismo*. Circulação Interna. Belo Horizonte.

ANZALDÚA, G. (2000). Falando em línguas: uma carta para as mulheres escritoras do terceiro mundo. *Revista de Estudos Feministas*. v. 8, n. 1. Florianópolis: UFSC.

AULER, L. (2018). Por que não houve grandes artistas lésbicas. *Jornal da Borda*, n. 5, fev. de 2018. Disponível em: < http://tendadelivros.org/jornaldeborda/wp-content/uploads/2019/04/AF-borda-5.pdf >. Acesso em: 12 dez. 2019.

BACCHETTA, P. (2009). Co-formações/co-produções: considerações sobre poder, sujeitos subalternos, movimentos sociais e resistência. *In:* TORNQUIST, C. S. [et al.]. *Leituras de resistência: corpo, violência e poder.* Trad. Daniela da Silva Luiz. Florianópolis: Ed. Mulheres, p. 528.

BAUMAN, Z. (2005). *Identidade. Entrevista a Benedetto Vecchi.* Trad. Carlos Alberto Medeiros. Rio de Janeiro: Zahar.

BBC NEWS. (2019). *Quem foi Cassandra Rios, a escritora mais censurada da ditadura militar.* 31 mar. 2019. Disponível em: <https://g1.globo.com/pop-arte/noticia/2019/03/31/quem-foi-cassandra-rios-a-escritora-mais-censurada-da-ditadura-militar.ghtml >. Acesso em: 19 nov. 2019.

BEAUVOIR, S. de. (1980). *O segundo sexo: fatos e mitos.* Tradução Sérgio Miliet. São Paulo: Difusão Europeia do Livro.

BECHDEL, A. (2018). *Fun Home: uma tragicomédia em família.* Trad. André Conti. São Paulo: Todavia.

__________. (2008). *The essential dykes to watch out for.* Nova York: Houghton Mifflin Harcourt.

BHAZ. (2019). *Truck do desejo: carnaval.* Disponível em: <https://bhaz.com.br/eventos/truck-do-desejo-carnaval-2019/>. Acesso em 13 nov. 2019.

BLACK, W. R. (2014). How watermelons became a racist trope. *The Atlantic.* 08 dez. 2014. Disponível em: <https://www.theatlantic.com/national/archive/2014/12/how-watermelons-became-a-racist-trope/383529/>. Acesso em: 03 jul. 2018.

BOLSONARO, J.: Eu sou homofóbico, sim! E com muito orgulho!. *YouTube.* Disponível em: <https://www.youtube.com/watch?v=ACsxp9nNrnE>. Acesso em: 19 nov. 2019.

BOSTON WOMEN'S HEALTH BOOK COLLECTIVE. (1973). *Our Bodies, Ourselves.* Boston: Simon e Shuster.

BRABANT, M. (2008). Lesbos islanders dispute gay name. *BBC NEWS.* Atenas. 01 maio 2008. Disponível em: < http://news.bbc.co.uk/2/hi/europe/7376919.stm>. Acesso em: 01 jul. 2019. Tradução minha.

BRANTES, S. (2016). *Quase todas as noites*. Rio de Janeiro: 7Letras, p. 47.

BRASIL, L. A. de A. (2019). *Escrever ficção: um manual de criação literária*. São Paulo: Companhia das Letras.

BRAVO, T. (2018). *Houve um ano chamado 2018*. Juiz de Fora: Edições Macondo.

BRIDGES, J. T. (2005). *From typologies to portraits: Catherine Opie's photographic manipulations of physiognomic imagery*. Virginia Commonwealth University. Richmond, Virginia.

BRODELL, R. (2019). *Herói(na)s Butch*. Trad. Daniel Lühmann. A Bolha Editora. 18 ago. 2019. Disponível em: <https://abolha.com/2019/08/18/butch-heroes/>. Acesso em: 12 nov. 2019.

BRUXAS DE BLERGH. (2018). *Bruxas de Blergh, n. 1*. Produção independente. Belo Horizonte, setembro, 2018. Disponível em: https://issuu.com/bruxasdeblergh/docs/bruxas_de_blergh.compressed. Acesso em: 12 jul. 2019.

__________. (2019). *Senhoras de Blergh, n. 2*. Produção independente. Belo Horizonte, julho, 2019.

BUARQUE DE HOLLANDA, H. (2018). *Explosão feminista: arte, cultura, política e universidade*. São Paulo: Companhia das Letras, p. 17.

BURCHILL, J. (1986). *Girls on film*. Nova York: Pantheon.

CABANILLAS, N. (2016). Normalizar la existencia lesbiana. *Estudos Feministas*, Florianópolis, 24(3): 398, set./dez./2016. p. 941-958.

CANDIDO, A. (2018). Literatura, sociedade e formação humana — lutar, construir reforma agrária popular. *Boletim da Educação*, n. 14. Jul. 2018. MST. São Paulo. p. 17-29.

CANI, B. (2013). *Concha*. Produção independente.

CARNEIRO, S. (2014). Epistemicídio. *Geledés*. 04 set. 2014. Disponível em: <https://www.geledes.org.br/epistemicidio/>. Acesso em: 20 nov. 2019.

CARSON, A. (2003). *If not, winter. Fragments of Sappho*. New York: Vintage Books.

CARTA CAPITAL. (2018). *Eleito, Bolsonaro insiste em fakenews sobre kit gay*. 30 out. 2018. Disponível em: <https://www.cartacapital.com.br/educacao/bolsonaro-insiste-em-fakenews-sobre-kit-gay/>. Acesso em: 20 nov. 2019.

CENTURIÓN., J. (2018). *Genero sob Ataque*. Peru, Costa Rica, Brasil, Colômbia. Disponível em: < https://www.youtube.com/watch?v=Aj3St_zUM7M>. Acesso em: 19 nov. 2019.

CHICAGO, J. (2017). A mulher como artista. *In: História da Sexualidade: Catálogo*. Org. Adriano Pedrosa e André Mesquita. Trad. Fábio Bonillo. São Paulo: MASP.

CLARK, S. (2006). *Pensando com demônios:* a ideia de bruxaria no princípio da Europa moderna. São Paulo: EDUSP.

CLARKE, C. (2013). Intimidade não é luxo. *In:* NASCIMENTO, T.; BOTELHO, D. *Sinais de luta, sinais de triunfo: traduzindo a poesia negra lésbica de Cheryl Clarke*. Revista Língua & Literatura. v. 15. n. 24 ago. 2013. p. 60. Tradução de Tatiana Nascimento.

__________. (2006). living as a lesbian underground: a futuristic fantasy. *In:* ______. *The days of good looks*: the prose and poetry of Cheryl Clarke, 1980 to 2005. New York: Da Capo Press.

__________. (2006). Saying the least said, telling the least told: the voices of black lesbian writers. *In:* ______. *The days of good looks*: the prose and poetry of Cheryl Clarke, 1980 to 2005. New York: Da Capo Press.

CONGRESSO EM FOCO. (2018). Pesquisa mostra que 84% dos eleitores de Bolsonaro acreditam no kit gay. *Congresso em foco*. 01 novembro 2018. Disponível em: <https://congressoemfoco.uol.com.br/eleicoes/pesquisa-mostra-que-84-dos-eleitores-de-bolsonaro-acreditam-no-kit-gay/>. Acesso em 20 out. 2019.

CONJUNTINHO. (2019). *In:* ENCICLOPÉDIA Itaú Cultural de Arte e Cultura Brasileiras. São Paulo: Itaú Cultural. Disponível em: <http://enciclopedia.itaucultural.org.br/obra36351/conjuntinho>. Acesso em: 29 dez. 2019. Verbete da Enciclopédia.

COOK, B. W. (1979). Women alone stir my imagination: lesbianism and the cultural tradition. Signs: *Journal of Women in Culture and Society*, v. 4, n. 4, p. 719-720, summer.

CORBIN, A. (2012). O encontro dos corpos *In:* CORBIN, A.; COURTINE, J.; VIGARELLO, G. *História do corpo: da revolução à grande guerra.* Trad. João Batista Kreuch, Jaime Clasen. 4 ed. Petrópolis, RJ: Vozes.

CORINE, T. A. (1998). *Cunt coloring book.* São Francisco: Last Gasp.

CORREA, A. (2018). Regina Duarte compara Bolsonaro a seu pai: 'homofóbico da boca para fora'. *Metro World News*. 26 out. 2018. Disponível em: https://www.metrojornal.com.br/entretenimento/2018/10/26/regina-duarte-compara-bolsonaro-seu-pai-homofobico-da-boca-para-fora.html. Acesso em: 12 jul. 2018.

COSTA, J., SOARES, G. (2011). Movimento lésbico e movimento feminista no Brasil: recuperando encontros e desencontros. *Revista Labrys*, Estudos Feministas.

COSTA, S. F. (2018). Vulvas e feitiços contra o Brasil de Temer. *Blimunda*, n. 72. Maio 2018. Disponível em: https://www.josesaramago.org/blimunda-72-maio-de-2018/. Acesso em: 07 jul. 2019.

COTTINGHAM, L. (1996). Notes on lesbian. *Art Journal*, Nova York, vol. 55, n. 4, We're Here: Gay and Lesbian Presence in Art and Art History, Inverno, p. 72. Disponível em: <https://www.jstor.org/stable/777658>. Acesso em: 12 nov. 2019. Tradução minha.

CRENSHAW, K. W. (1989). Demarginalizing the intersectional of race and sex: a black feminist critique of antidiscrimination doctrine. *Feminist Theory and Antiracist Politics.* University of Chicago: Legal Forum, v. 14.

CRUZ, V.; BRAGON, R.; FLOR, A. (2011). Sob pressão, Dilma faz concessões ao Congresso. *Folha de* S. *Paulo*. Brasília. 26 de maio de 2011. Disponível em: https://www1.folha.uol.com.br/fsp/poder/po2605201102.htm. Acesso em: 19 nov. 2019.

DAEHN, R. (2019). Diretora Ishtar Yasin investiu no mundo da artista Frida Kahlo em novo filme. *Correio Brazilense*. 24 ago. 2019. Disponível em: < https://www.correiobraziliense.com.br/app/noticia/diversao-e-arte/2019/08/24/interna_diversao_arte,778871/filme-frida-kahlo.shtml>. Acesso em: 10 dez. 2019.

DAVIS, A. (2016). *Mulher, raça e classe*. Trad. Heci Regina Candiani. São Paulo: Boitempo.

DELFIM, J. (2019). Courbet sem Courbet: A contestação do padrão heteronormativo. *In:* TOGNON, M.[et. al.] (ORG.). *Atas [do] encontro de história da arte:* arte em confronto: embates no campo da História da Arte, 10 a 14 de set., Campinas, SP: UNICAMP/IFCHI/CHAA. 2019. p. 499. Disponível em: <https://www.ifch.unicamp.br/eha/atas/2018/eha2018completo.pdf>. Acesso em: 12 dez. 2019.

DERRIDA, J. (2011). A estrutura, o signo e o jogo no discurso das ciências humanas. *In: Id. A escritura e a diferença*. Trad. Maria Beatriz M. N. da Silva, Pedro L. Lopes e Pérola Carvalho. São Paulo: Perspectiva.

__________. (2001). *Mal de arquivo*: uma impressão freudiana. Trad. Claudia Morais Rego. Rio de Janeiro: Relume Dumará.

__________. (2012). Pensar em não ver. *In:* ______ *Pensar em não ver — escritos sobre as artes do visível (1979 — 2004)*. Santa Catarina: EDUSC.

__________. (2012). Rastro e arquivo, imagem e arte. Diálogo. *In:* ______ *Pensar em não ver — escritos sobre as artes do visível (1979 — 2004)*. Santa Catarina: EDUSC.

DESTAK JORNAL. (2019). *HQ mostra realidade dos romances entre casais lésbicos*. Disponível em: <https://www.destakjornal.com.br/diversao---arte/detalhe/hq-mostra-realidade-dos-romances-entre-casais-lesbicos>. Acesso em: 12 nov. 2019.

DIAS, M. C. *Carta aberta da Profª. Dr.ª Maria Clara Dias*. Anpof. 2018. Disponível em: http://anpof.org/portal/index.php/pt-BR/artigos-em-destaque/1697-carta-aberta-prof-dr-maria-clara-dias. Acesso em: 20 dez. 2019.

DI CERTO, A. (2006). *The unconventional photographic self-portraits of John Coplans, Carla Williams, and Laura Aguilar.* Georgia State University.

DIDI-HUBERMAN, G. (2012). *Quando as imagens tocam o real.* Trad. Patrícia Carmello e Vera Casa Nova. Belo Horizonte: Pós, v. 2, n. 4.

__________. (2017). *Quando as imagens tomam posição — O olho da história* I. Trad. Cleonice Paes Barreto Mourão. Belo Horizonte: Editora UFMG.

DOS SANTOS, T. N.; BOTELHO, D. (2013). Sinais de luta, sinais de triunfo: traduzindo a poesia negra lésbica de Cheryl Clarke. *Revista Língua & Literatura*. Frederico Westphalen. v. 15. n. 24. p. 49-72.

EKINE, S. (2016). Narrativas contestadoras da África Queer. *Cadernos de Gênero e Diversidade*. Trad. Catarina Rea. v. 02, n. 02, jul. — dez. Salvador: UFBA.

EL PAÍS. (2019). *Google conserta seu algoritmo para que a palavra 'lésbica' não seja mais sinônimo de pornô*. 08 ago. 2019. Disponível em: <https://brasil.elpais.com/brasil/2019/08/08/tecnologia/1565280236_871191.html>. Acesso em: 12 dez. 2019.

EPSTEIN, R. (2017). Introduction. *In:* EPSTEIN, R. (Ed.) *Laura Aguilar: show and tell.* Los Angeles: Vicent Price Art Museum, East Los Angeles College, UCLA Chicano Studies Research Center Press. p.1-2.

FÉRES, L. (2019). *Um poema de dona Gertrude Stein*. 27 maio 2019. Disponível em: https://medium.com/@leticiaferes/um-poema-de-dona-gertrude--stein-2271f6d3f60a. Acesso em: 13 dez. 2019.

FERRO, M. (2007) *Cómo se cuenta la história a los niños en el mundo entero.* Trad. Sergio Fernández Bravo. México: Fondo de Cultura Económica. Colección Popular. Tradução minha.

FLIP. (2017). *Fruto estranho*: Adelaide Ivánova. YouTube. 29 julho 2017. Disponível em: https://www.youtube.com/watch?v=sameT-Ia618. Acesso em: 12 dez. 2019.

FLORES, G. G. (2017) *Safo — Fragmentos completos.* Edição Bilíngue. São Paulo: Editora 34.

FLORESTA, C. (2018). Amazonas das sete lanças *In: Três poemas de Cecília Floresta.* Revista Gueto. Disponível em: <https://revistagueto.com/2018/01/24/tres-poemas-de-cecilia-floresta/>. Acesso em: 12 dez. 2019.

__________. (2016). Ensaboa. *In:* __________. *Poemas Crus.* São Paulo: Patuá. p. 23.

__________. (2019). Fahrenheit 451. *In:* __________. *Genealogia.* São Paulo: Móri Zines.

FOCO IN CENA. (2014) *Mulher com Mulher vira Jacaré.* Olivia Viana. Performer convidada: Janaína Tábula. (MG/Brasil). Performance no Memorial. 2014. Disponível em: http://www.focoincena.com.br/mulher-com-mulher-vira-jacare/8998. Acesso em: 29 jun. 2021.

FOLHA DE SÃO PAULO. (2020). *Em vídeo, Alvim copia Goebbels e provoca onda de repúdio nas redes sociais: frase, estética e trilha sonora usadas no pronunciamento levam a comparações com propaganda nazista.* 17 jan. 2020. Disponível em: <https://www1.folha.uol.com.br/ilustrada/2020/01/em-video-alvim-cita-goebbels-e-provoca-onda-de-repudio-nas-redes-sociais.shtml?origin=folha>.

FREITAS, A. (2017). Alcachofra. *In:* __________. *Um útero é do tamanho de um punho.* São Paulo: Companhia das Letras, p. 24-27.

__________. (2017). *Crianças* KIDS. Produção Independente. __________. (2007). Epílogo. *In:* __________. *Rilke Shake.* Rio de Janeiro: 7Letras, p. 37.

__________. (2007). Liz & Lota. *In:* __________. *Rilke Shake.* Rio de Janeiro: 7Letras, p. 29.

__________. (2017). Mulher de respeito. *In:* __________. *Um útero é do tamanho de um punho.* São Paulo: Companhia das Letras, p. 39.

__________. (2007). *Rilke Shake.* Rio de Janeiro: 7Letras.

__________. (2017). *Um útero é do tamanho de um punho.* São Paulo: Companhia das Letras.

__________. (2007). Na banheira com Gertrude Stein. *In:* __________. *Rilke Shake.* Rio de Janeiro: 7Letras, p. 32.

GAGLIONI, C. (2019). O que há de ilegal na censura de Crivella na Bienal do Rio. *Nexo Jornal.* 06 set. 2019. Disponível em: < https://www.nexojornal.com.br/expresso/2019/09/06/O-que-h%C3%A1-de-ilegal-na--censura-de-Crivella-na-Bienal-do-Rio>. Acesso em: 13 nov. 2019.

GALINDO, M. (2019). Sejamos indigestas para o patriarcado. *In:* (ORG.) PEDROSA, A.; CARNEIRO, A.; MESQUITA, A. (2019). *Histórias das mulheres, histórias feministas*: v. 2, antologia. Trad. Denise Bottman. São Paulo: MASP. p. 246- 251.

GARCIA, M. (2014). *Um teste de Resistores.* Rio de Janeiro: 7Letras, p. 122.

GIUSTI, I. (2019). *Como o "criança viada" virou militância, motivo de histeria reacionária e um crime.* 15 set. 2017. Disponível em: <https://medium.com/@Irangiusti_/como-o-crian%C3%A7a-viada-virou--milit%C3%A2ncia-motivo-de-histeria-reacion%C3%A1ria-e-um--crime-e97b50a12f8b >. Acesso em: 10 nov. 2019.

GREENE, E. (ORG.) (1996). *Reading Sappho: contemporary approaches.* Berkeley, Los Angeles, London: University of California Press.

GROSFOGUEL, R. (2008). Para descolonizar os estudos de economia política e os estudos pós-coloniais: transmodernidade, pensamento de fronteira e colonialidade global. *Revista Crítica de Ciências Sociais*, n. 80, p 115-147, mar. 2008.

GRUPO SOMOS. (1979) Grupo SOMOS: uma experiência. *Lampião da Esquina.*

GUASCH, A. M. (2011). Deconstrucción, relacionalidad y redes tecno-culturales: 1990-2010. *In: Arte e archivo 1920-2010: genealogías, tipologias e discontinuidades.* Madrid: Akal Arte Contemporáneo.

GUILHERME, J. O. (2017). *Relacionamento homoafetivo: uma etnografia entre dois casais de mulheres ticuna.* TCC de Graduação (Antropologia) — Universidade Federal do Amazonas.

GUIMARÃES, L. (2008). Negras jovens e feministas: nossos passos vêm de longe, 2008. I Encontro de Jovens Feministas, *Jornal de Borda*, n. 3. Disponível em: http://tendadelivros.org/jornaldeborda/wp-content/uploads/2016/06/borda-3-2016_04_28-ALTA.pdf. Acesso em 20 nov. 2019.

GUTIÉRREZ, R. (2018). A vessel among vessels: for Laura Aguilar: Memories of a dyke bar in East LA conjure and are conjured by the work of Laura Aguilar. *The New Inquiry*. 18 jun. 2018. Disponível em: https://thenewinquiry.com/a-vessel-among-vessels-for-laura-aguilar/. Acesso em: 16 jul. 2019.

HABINEK, T. (1996). Series Editor's Foreword. GREENE, E. (ORG.) *In: Reading Sappho: contemporary approaches*. Berkeley, Los Angeles, London: University of California Press.

HAMMOND, H. (2019). Artistas lésbicas. *In:* (ORG.) PEDROSA, A.; CARNEIRO, A.; MESQUITA, A. *Histórias das mulheres, histórias feministas*: v. 2, antologia. Trad. Denise Bottman. São Paulo: MASP, p. 82-83.

HANS HOLBEIN THE YOUNGER. Museo Nacional Thyssen-Bornemisza. Madrid. Disponível em: <https://www.museothyssen.org/en/collection/artists/holbein-hans-joven/portrait-henry-viii-england>. Acesso em: 01 out. 2021.

HARAWAY, D. (1995). Saberes localizados: a questão da ciência para o feminismo e o privilégio da perspectiva parcial. *Cadernos Pagu*, n. 5, p. 07-41.

__________. (2009). Manifesto Ciborgue. *In:* TADEU, T. (ORG.) *Antropologia do ciborgue: as vertigens do pós-humano*. Belo Horizonte: Autêntica Editora.

HILL COLLINS, P. (2019). Pensamento feminista negro: o poder da autodefinição. *In:* LORDE, A. [et al]; HOLLANDA, H. B. de. (Org). *Pensamento feminista: conceitos fundamentais.* Rio de Janeiro: Bazar do Tempo, p. 271-310.

HOKI, L. (2019). Doces e Azedas. *In:* SOARES, M. R.; BRANDÃO, S.; FARIA, T. (ORGS.) *Lesbianidades plurais: outras produções de saberes e afetos*. Salvador, BA: Editora Devires, p. 11-29.

__________. (2018). *Alessandra*. Poema resultado da oficina ministrada por mim às mulheres do mst no curso Feminismo e Marxismo. Circulação Interna. Belo Horizonte.

__________. (2018). *Esther*. Poema resultado da oficina ministrada por mim às mulheres do MST no curso Feminismo e Marxismo. Circulação Interna. Belo Horizonte.

__________. (2018). *Renata*. Poema resultado da oficina ministrada por mim às mulheres do MST no curso Feminismo e Marxismo. Circulação Interna. Belo Horizonte.

__________. (2018a). *Fica viva (If you burn)*. Produção independente. Belo Horizonte.

__________. (2018b). *Resistentes*. Produção independente. Belo Horizonte.

HOOKS, B. (2013). *Ensinando a transgredir: a educação como prática da liberdade*. Trad. Marcelo Brandão Cipolla. São Paulo: Editora WMF Martins Fontes, p. 4.

__________. (2000). *Feminism is for everybody:* passionate politics. Londres: Pluto Express, p.15

__________. (2017). *O olhar opositivo — a espectadora negra*. Trad. Maria Carolina Morais. 2017. Disponível em: https://foradequadro.com/2017/05/26/o-olhar-opositivo-a-espectadora-negra-por-bell-hooks/. Acesso em: 12 dez. 2019.

__________. (2019). O olhar opositor: mulheres negras espectadoras. *In:* __________. *Olhares negros: raça e representação*. Trad. Stephanie Borges: São Paulo: Elefante, p. 214-241.

IORIO, M. I. (2019). Estudo da tração na sutileza da diferença. *In:* __________. *Aos outros só atiro meu corpo*. São Paulo: Editora Urutau, p. 55.

__________. (2019). Por isso inventaram os quartos. *In:* ________. *Aos outros só atiro meu corpo*. São Paulo: Editora Urutau, p. 57.

IVÁNOVA, Adelaide. *Mimimi. Site* Escrevo. Disponível em: <http://escrevo.etc.br/para-ler-escritoras-9/>.

JÉSSICA, de Londrina/PR, e as minorias. Quem é o preconceituoso? YouTube. 2018. Disponível em: https://www.youtube.com/watch?v=4vU5QRfSfTA. Acesso em: 13 nov. 2019.

JUNQUEIRA, R. D. (2018). A invenção da "ideologia de gênero": a emergência de um cenário político-discursivo e a elaboração de uma retorica reacionária antigênero. *Psicologia Política*, 18(43), p. 449-502.

KAPLAN, L. (2011). Translating is sexy. *Modos de usar & Co: Revista de poesia e outras textualidades conscientes*. Tradução de Marília Garcia. 3 jul. 2011. Disponível em: <http://revistamododeusar.blogspot.com/2011/07/leslie-kaplan.html >. Acesso em: 12 dez. 2019.

KILLOUGH, A. (2014). Boston Herald apologizes for Obama cartoon after backlash. CNN *Politcs*. Washington. 1º out. 2014. Disponível em: < http://edition.cnn.com/2014/10/01/politics/boston-herald-cartoon/>. Acesso em: 03 jul. 2018.

KILOMBA, Grada. (2015). *While I write*. 11 maio 2015. Disponível em: <https://www.youtube.com/watch?v=UKUaOwfmA9w>. Acesso em: 28 jun. 2021.

__________. (2012). *Plantation memories: episodes of everyday racism*. Munster: Unrast, p. 124, apud RIBEIRO, Djamila. Feminismo negro para um novo marco civilizatório. *In: Histórias da sexualidade: antologia*. Org. Adriano Pedrosa, André Mesquita. São Paulo: MASP, 2017.

KORICH, H. (2013). *Cassandra Rios: a Safo de Perdizes*. Brasil, 62 min.

KOSBY, M. F. (2017). *Mugido*. Rio de Janeiro: Garupa.

KUUSINEM, A. M. (2006). *Shooting from the wild zone:* a study of the chicana art photographers Laura Aguilar, Celia Álvarez Muñoz, Delilah

Montoya, and Kathy Vargas. Tese de Doutorado da Faculty of Arts of the University of Helsinki. Finlândia, p. 149.

LAMPIÃO DA ESQUINA. (1979). n.12.

LANHOSO, C. A. (2019) *O Boletim ChanaComChana e as sociabilidades lésbicas na Ditadura Militar (1964-1988)*. Pesquisa de mestrado. Universidade Federal de Minas Gerais.

LEMOS, B. K. S. (2019). Katia Sepúlveda. *In:* LEME, M.; PEDROSA, A.; RJEILLE, I. (ORGS.). *Histórias das Mulheres, Histórias feministas.* São Paulo: MASP. p. 284.

LESBIAN HERSTORY ARCHIVES. Disponível em: <http://www.lesbianherstoryarchives.org/digital.html>. Acesso em: 21 dez. 2018.

LÉSBICAS QUE PESQUISAM. (2019). Disponível em: <https://www.lesbicasquepesquisam.com/sobre>. Acesso em: 12 dezembro 2019.

LESSA, P. (2003). O que a história não diz não existiu: a lesbiandade em suas interfaces com o feminismo e a história das mulheres. *Em Tempo de Histórias,* n. 7, p. 1.

LIMA, P. (2018). Um beijo para as fortonas. *Vice*. 06 abr. 2018. Disponível em: <https://www.vice.com/pt_br/article/xw7vpn/fortonas-guilhotina-4>. Acesso em: 11 set. 2019.

LIPPARD, L. (2017). Trocas vastas: a contribuição do feminismo para a arte dos anos 1970. *In:* PEDROSA, A.; MESQUITA, A. (ORGS.). *História da sexualidade: catálogo.* Trad. Fábio Bonillo. São Paulo: MASP, p. 62.

LIV, S. (2017). *A origem do mundo: uma história cultural da vagina ou a vulva vs o patriarcado.* 1. ed. São Paulo: Quadrinhos na Cia, p. 40.

LOMAS, D. (2001). Lenguajes corporales: Kahlo y la imaginería médica. *In:* REIMAN, K. C.; SÁENZ, I. *Crítica Feminista en la teoría e historia del arte.* Cidade do México: Universidad Iberoamericana, p. 332.

LORD, C. (2015). Dedicatória: um pronto-ário. *In: Caderno Sesc_Vídeobrasil 11: aliança de corpos vulneráveis: feminismos, ativismo bicha e cultura visual*/realização do Serviço Social do Comércio e Associação Cultural

Videobrasil; curadoria de Miguel A. López. São Paulo: Edições Sesc São Paulo: Vídeobrasil, il. bilíngue (português/inglês). Trad. Alexandre Barbosa de Souza. p. 47.

LORDE, A. (1984 a). Age, race, class, and sex: woman redefining difference. *In:* ______. *Sister outsider*: essays and speeches. New York: The Crossing Press Feminist Series, p. 114-123. Tradução de Tatiana Nascimento.

__________. (2019). *Irmã outsider*. Belo Horizonte: Autêntica Editora. Tradução de Stephanie Borges.

__________. (1984 b). Poetry is not a luxury. *In:* ______. *Sister outsider:* essays and speeches. New York: The Crossing Press Feminist Series, p. 36-39. Tradução de Tatiana Nascimento.

LOTUFO, M. (2018). Breve nota sobre a poesia de Adrienne Rich. *In:* RICH, A. *Que tempos são estes e outros poemas*. Trad. Marcelo Lotufo. São Paulo: Edições Jabuticaba, p. 5-11.

LOVELOVE6. (2018). *Fortona*. Produção independente.

LUPION, B. (2016). O que é e para que serve a imunidade parlamentar. *Nexo*. 25 jan. 2016. Disponível em: <https://www.nexojornal.com.br/expresso/2016/01/25/O-que-%C3%A9-e-para-que-serve-a-imunidade-parlamentar>. Acesso em: 19 nov. 2019.

PORTER, L. (2017). *Man with an axe*. Instalação site-specific. Obra de Liliana Porter. Disponível em: <http://lilianaporter.com/pieces/737/assets/1652>. Acesso em: 13 nov. 2019.

MARQUES, A. M. (2011). Carta a Safo. *In:* _______. *Da arte das armadilhas*. São Paulo: Companhia das Letras, p. 39-40.

MASSUELA, A. (2018). Quem é e sobre o que escreve o autor brasileiro. *Revista Cult*. 5 de fev. de 2018. Disponível em: <https://revistacult.uol.com.br/home/quem-e-e-sobre-o-que-escreve-o-autor-brasileiro/>. Acesso em: 12 nov. 2019.

MATTHAEI, J. (2002). Por que os/as economistas feministas/marxistas/anti-racistas devem ser economistas-feministas-marxistas-anti-racistas.

In: FARIA, N.; NOBRE, M. (ORG.). *Economia feminista.* São Paulo: SOF Sempreviva Organização Feminista, p. 44-70.

MATTHEWS-GRIECO, S. (2010). Corpo e sexualidade na Europa do Antigo Regime. *In:* CORBIN, A.; COURTINE, J.; VIGARELLO, G. *História do Corpo. 1. Da Renascença às Luzes.* Trad. Lúcia M.E. Orth. 4 ed. Petrópolis, RJ: Vozes.

MBEMBE, A. (2002). The power of the archives and its limits. *In:* HAMILTON, C. (Ed.). *Refiguring the archive.* Ciudad del Cabo: David Phillip, p. 19-24.

MENDES, L. Roteirista critica machismo no universo nerd e roupas de heroínas Rebeca Puig junta feminismo e cultura pop no site Collant sem decote: ela cita atores de 'Vingadores': 'Acham que chamar mulher de vadia é ok'. *G1.* 03 ago. 2015. Disponível em: http://g1.globo.com/pop-arte/noticia/2015/08/roteirista-critica-machismo-no-universo--nerd-e-roupas-de-heroinas.html. Acesso em: 11 set. 2019.

MENDONÇA, H. (2017). *Queermuseu: O dia em que a intolerância pegou uma exposição para Cristo.* 13 set. 2017. Disponível em: https://brasil.elpais.com/brasil/2017/09/11/politica/1505164425_555164.html. Acesso em: 10 nov. 2019.

MICHAEL F. Poetry foundation. Disponível em: https://www.poetryfoundation.org/poets/michael-field. Acesso em: 20 out. 2019.MINISTÉRIO Público Federal. *Nota Oficial sobre o Projeto Escola sem Homofobia.* 14 janeiro 2011. Disponível em: http://www.mpf.mp.br/pfdc/eventos/2011/audiencia-publica-avaliacao-programas-federais-respeito-diversidade-sexual-nas-escolas/projeto-escola-sem-homofobia/nota-oficial-sobre-o-projeto-escola-sem-homofobia/view. Acesso em: 22 jun. 2021.

MIRANDA, R. (2019). Cinco poemas de Rafaela Miranda. *In*: *Mulheres que escrevem.* 08 ago. 2019. Disponível em: <https://medium.com/mulheres-que-escrevem/cinco-poemas-de-rafaela-miranda-14598cc43007.>. Acesso em: 19 nov. 2019.

MIRANDA, R. (2019). Cultura Pop ou a culpa não é minha. *In:*______. Cinco poemas de Rafaela Miranda. *Mulheres que escrevem*. 8 ago. 2019. Disponível em: https://medium.com/mulheres-que-escrevem/cinco--poemas-de-rafaela-miranda-14598cc43007. Acesso em: 28 jun. 2021.

MOLINA, F. (2019). O discurso dos pequenos 'Bolsonaros bolivianos'. *El País*. 20 out. 2019. Disponível em: https://brasil.elpais.com/brasil/2019/10/19/internacional/1571518966_843982.html. Acesso em 20 out. 2019.

MOMBAÇA, J. (2016) Desmontando a Caravela Queer. *In:* MOMBAÇA, J. [et. al.] *Forum Doc. Bh 20 anos* — Festival do Filme documentário etnográfico fórum de antropologia e cinema.

MONDZAIN, M. (2015). A imagem entre proveniência e destinação. *In:* ALLOA, E. (ORG.). *Pensar a imagem.* Trad. Carla Rodrigues, Fernando Fragozo, Alice Serra e Mariana Poyares. Belo Horizonte: Autêntica Editora, p. 39-53.

MOREIRA, R; BAHIA PONTES, N. (1972). *Lesbian Mothers*. Disponível em: <https://www.youtube.com/watch?reload=9&v=N76wudd_IP4>. Acesso em 12 nov. 2019.

MOSCHKOVICH, J. (2015). *In:* ANZALDÚA, G.; MORAGA, C. *This bridge called my back : writings by radical women of color.* Fourth Edition. Albany, NY: State University of New York Press, p. 73.

MULVEY, L. (2017). Prazer visual e cinema narrativo. *In:* PEDROSA, A.; MESQUITA, A. (ORG.). *Histórias da sexualidade: antologia.* São Paulo: MASP.

MUSEU NACIONAL THYSSEN BORNEMISZA. *Hans Holbein the Younger*. Disponível em: https://www.museothyssen.org/en/collection/artists/holbein-hans-joven/portrait-henry-viii-england Acesso em: 07 jul. 2021

NASCIMENTO, T.; BOTELHO, D. (2013). Sinais de luta, sinais de triunfo: traduzindo a poesia negra lésbica de Cheryl Clarke. *Revista Língua & Literatura*. v. 15. n. 24. ago. 2013. p. 51. Tradução de Tatiana Nascimento.

NASCIMENTO, T. (2019). *07 notas sobre o apocalipse, ou poemas para o fim do mundo.* Rio de Janeiro: Garupa e Kzal, p.21-23.

__________. cuíer paradiso. Disponível em: <https://medium.com/@arianaoalves/4-poemas-de-tatiana-nascimento-3f0c3971b432>. Acesso em: 10 dez.. 2019.

__________. cuíer paradiso (v. 2018). *In:*__________. *07 notas sobre o apocalipse, ou poemas para o fim do mundo.* Rio de Janeiro: Garupa e Kzal, 2019. p. 15-18.

__________. (2019). *Cuírlombismo literário:* poesia negra LGBTQI desorbitando o paradigma da dor. São Paulo: n-1 Edições, p. 11.

__________. (2019). O amor é uma tecnologia de guerra (cientistas sub notificam arma biológica) indestrutível::. *In:*__________. *07 notas sobre o apocalipse, ou, poemas para o fim do mundo.* Rio de Janeiro: Garupa e Kzal, p.21-23.

NATURAL HISTORY MUSEUM. "La Specola". Disponível em: <https://www.cdaomero.com/eng-visit-florence/la-specola.php>. Acesso em: 21 nov. 2019.

NBC (2008). *Greek islanders seek to reclaim term "Lesbian".* NBC *News.* Atenas. 30 abr. 2008. Disponível em: <http://www.nbcnews.com/id/24386702/ns/world_news-europe/t/greek-islanders-seek-reclaim-term-lesbian/#.xxgkrwRKgfE>. Acesso em: 10 set. 2019.

NELSON, M. (2017). *Argonautas.* Trad. Rogério Bettoni. Belo Horizonte: Autêntica Editora, p. 73.

NOBRE, M. (2002). Introdução à economia feminista. *In:* FARIA, N.; NOBRE, M. (ORGS.). *Economia feminista.* São Paulo: SOF Sempreviva Organização Feminista.

NOCHLIN, L. (2001). ¿Por qué no han existido grandes artistas mujeres? *In:* CORDEIRO REIMAN, K.; SÁENZ, I. *Crítica feminista en la teoría e historia del arte.* Cidade do México: Universidad Iberoamericana, p.17-44.

NOGUEIRA, F. (2015). O movimento de arte pornô no Brasil: "genealogias ficcionais" das pornografias do Sul. *In: Caderno Sesc_Vídeobrasil 11: aliança de corpos vulneráveis: feminismos, ativismo bicha e cultura visual*/ realização do Serviço Social do Comércio e Associação Cultural Videobrasil; curadoria de Miguel A. López. São Paulo: Edições Sesc São Paulo: Vídeobrasil, 144 p., il. bilíngue (português/inglês).

PELÚCIO, L. (2012). Subalterno quem, cara pálida? Apontamentos às margens sobre pós-colonialismos, feminismos e estudos queer. *In: Dossiê Saberes Subalternos*. Contemporânea. v. 2, n. 2. jul. — dez. 2012 p. 395-418.

PENNAFORT, R. (2011). Cancelamento de exposição no Rio deixa artista norte-americana chocada. *Estadão*. 30 nov. 2011. Disponível em: < https://cultura.estadao.com.br/noticias/geral,cancelamento-de-exposicao-no-rio-deixa-artista-norte-americana-chocada,805090 >. Acesso em: 10 nov. 2019.

PEQUENO, T. (2019). *Onde estão as bombas*. Juiz de Fora: Edições Macondo.__________. (2016). Poesia lésbica escrita por mulheres: dupla marca de subjetividade contra o rochedo da inexistência. *Revista Cult*. 24 nov. 2016. Disponível em: <https://revistacult.uol.com.br/home/indiciar-duplamente-o-silencio-mulher-lesbiandade-e-poesia/>. Acesso em: 12 nov. 2019.

PERES, M. C. C.; SOARES, S. F.; DIAS, M. C. (2018). *Dossiê sobre lesbocídio no Brasil: de 2014 até 2017*. Rio de Janeiro: Livros Ilimitados.

PÉRET, F. (2018). *Uma mulher*. Belo Horizonte: Guayabo Edições. Disponível em: < http://umamulher.org/umaMulher.html>. Acesso em: 21 nov. 2019.

PIOVEZAN, A. (2005). *Amor romântico x deleite dos sentidos: Cassandra Rios e a identidade homoerótica feminina na literatura (1948-1972)*. Qualificação de mestrado em Estudos Literários — Faculdade de Letras, Universidade Federal do Paraná, Curitiba, Paraná.

PORTINARI, D. (1989). *O discurso da homossexualidade feminina*. São Paulo: Editora Brasiliense.

PRADO, M. A. M.; CORRÊA, S. (ORG.). (2018). Retratos transnacionais e nacionais das cruzadas antigênero. *Rev. psicol. polít.*, vol. 18 n. 43, São Paulo set./dez. 2018. Disponível em: <http://pepsic.bvsalud.org/scielo.php?script=sci_issuetoc&pid=1519=549-20180003X&lng=pt&nrm-iso>. Acesso em: 12 nov. 2020.

PRECIADO, P. B. (2013). ¿Quién defiende al niñx queer?. Barcelona: Macba. <www.macba.cat/PDFs/pei/BPreciado_La%20infancia.pdf>. Acesso em: 07 fev. 2014.

__________. (2004). De-titled: gender and the architecture of the double signature in Droit de Regards (Roman-photo de Marie-Françoise Plissart suivi d'une lecture de Jacques Derrida). *In: Quaderns de filologia. Estudis literaris.* Vol. IX. Valência: Universitat de València, p. 145-183.

PROCURADORIA GERAL DA REPÚBLICA. (2011). Nota oficial sobre o Projeto Escola Sem Homofobia. Disponível em: <http://pfdc.pgr.mpf.mp.br/informacao-e-comunicacao/eventos/direitos-sexuais-e-reprodutivos/audiencia-publica-avaliacao-programas-federais-respeito-diversidade-sexual-nas-escolas/projeto-escola-sem-homofobia/nota-oficial--sobre-o-projeto-escola-sem-homofobia>. Acesso em: 19 nov. 2019.

PUAR, J. K. (2015). Homonacionalismo como mosaico: viagens virais, sexualidades afetivas. *Revista Lusófona de Estudos Culturais.* v. 3, n. I.

RAGO, M. (1998). Epistemologia feminista, gênero e história. *In:* PEDRO, J. M.; GROSSI, M. P. (ORGS.). *Masculino, feminino, plural.* Florianópolis: Editora Mulheres.

RIBEIRO, D. (2017). Feminismo negro para um novo marco civilizatório. *In:* PEDROSA, A.; MESQUITA, A. (ORGS.). *Histórias da sexualidade: antologia.* São Paulo: MASP.

RIBEIRO, V. C. (2008). Apropriação na arte contemporânea: colecionismo e memória. *In: Anais do 17° Encontro Nacional da Associação Nacional de Pesquisadores em Artes Plásticas Panorama da Pesquisa em Artes Visuais* — 19 a 23 de ago. 2008 — Florianópolis. Disponível em: http://www.anpap.org.br/anais/2008/artigos/075.pdf. Acesso em: 12 dez. 2019.

RICH, A. (2010). Heterossexualidade compulsória e existência lésbica - Compulsory heterossexuality and lesbian existence. *Bagoas.* Trad. Carlos Guilherme do Valle. n.5. Rio Grande do Norte: UFRN.

__________. (2018). *Que tempos são estes e outros poemas.* Trad. Marcelo Lotufo. São Paulo: Edições Jabuticaba.

RIOS, C. (1972). *Copacabana Posto 6 — A madrasta.* Rio de Janeiro: Mundo Musical, 2 ed.

__________. (2000). *Mezzamaro flores e cassis: o pecado de Cassandra.* São Paulo: Cassandra Rios Editora.

__________. (1972). *Mutreta.* São Paulo: Edições MM, p.27.

__________. (2017). Todas as mulheres. *In:* MACHADO, A.; MOURA, M. (ORGS.) *Poesia gay brasileira — Antologia.* Coedição Belo Horizonte: Editora Machado e São Paulo: Amarelo Grão Editorial.

RJEILLE, I.; ANTIQUEIRA, L. (2019). Kaj Osteroth & Lydia Hamann. *In:* LEMOS, B. [et al]. *Histórias das mulheres, histórias feministas.* LEME, M.; PEDROSA, A.; RJEILLE, I. (ORGS.). São Paulo: MASP.

ROMANA, G. (2020). O flerte antigo da 'Namoradinha do Brasil' com o governo Bolsonaro: convidada para assumir o comando da Secretaria de Cultura, atriz Regina Duarte já manifestava apoio ao atual presidente antes das eleições de 2018. *Revista Veja.* 20 jan. 2020. Disponível em: https://veja.abril.com.br/politica/o-flerte-antigo-da-namoradinha-do--brasil-com-o-governo-bolsonaro/. Acesso em: 22 jun. 2021.

ROSA, E. (2019). *Um rojão atado à memória.* Rio de Janeiro: 7Letras.

RUBIN, G. (2017). *Políticas do sexo.* Trad. Jamille Pinheiro Dias. São Paulo: Ubu Editora.

SAFRA, A. (2012). *Dedos não brocham.* São Paulo: Editora Draco.

SAPPHO Fragments, LOEB Classics. (1982). P. 117. Disponível em: <https://www.loebclassics.com/view/sappho-fragments/1982/pb_LCL142.117.xml?readMode=recto>. Acesso em: 21 nov. 2019.

SCOTT, J. (1995). *Gênero: uma categoria útil de análise histórica.* Educação & Realidade. jul/dez.SEDGWICK, E. K. (2007). A epistemologia do armário. Trad. Plínio Dentzien. *Cadernos pagu (28)*, jan. — jun. 2007.

SMITH, H. (2008). Gay rights: lesbos islanders go to court in bid to reclaim the word lesbian. *The Guardian*. Atenas. 10 jun. 2008. Disponível em: <https://www.theguardian.com/world/2008/jun/10/gayrights.greece>. Acesso em: 01 jul. 2019.

SOARES, D. M. (2018). A vida sem amaciante. *In:* ABDO, L.; JOURDAN, L. (ORGS.) Ã Revista Literária. Belo Horizonte: Impressões de Minas.

SONTAG, S. (2003). *Diante da dor dos outros*. Trad: Rubens Figueiredo. São Paulo: Companhia das Letras.

STRASSMANN, D. (2002). A economia feminista. *In:* FARIA, N.; NOBRE, M. (ORGS.). *Economia feminista*. São Paulo: SOF Sempreviva Organização Feminista.

SPIRIT FANFICTION. Disponível em: https://www.spiritfanfiction.com/. Acesso em: 13 nov. 2019.

SULLIVAN, L. L. (2000). Chasing Fae: the watermelon woman and black lesbian possibility. *Callaloo*, v. 23, n. 1, winter, p. 448-460.

TODOROV, T. (1993). *Nós e os outros — a reflexão francesa sobre a diversidade humana.* Trad. Sergio Goes de Paula. Rio de Janeiro: Jorge Zahar Editor.

__________. (1999). *O homem desenraizado*. Trad. Christina Cabo. Rio de Janeiro, São Paulo: Editora Record.

REVISTA FÓRUM. *TSE diz que "Kit Gay" nunca existiu e proíbe Bolsonaro de disseminar Fake News: até agora a defesa da coligação "O Povo Feliz de Novo" já conseguiu a derrubada de cerca de 100 urls originais e mais de 146 mil compartilhamentos com alcance de aproximadamente 20 milhões de visualizações.* 16 out. 2018. Disponível em: https://revistaforum.com.br/politica/tse-diz-que-kit-gay-nunca-existiu-e-proibe-bolsonaro-de--disseminar-fake-news/. Acesso em 20 out. 2019.

VALENZUELA, M. (2017). Tempering of an artist. *In:* EPSTEIN, R. (Ed.). *Laura Aguilar: show and tell.* Los Angeles: Vicent Price Art Museum, East Los Angeles College, UCLA Chicano Studies Research Center Press, p.19-21.

VIDA, G. (Ed.). (1978). *Our right to love.* Nova York: Prentice-Hall.

WALKER, A. (2019). À procura dos jardins de nossas mães. *In:* PEDROSA, A; CARNEIRO, A.; MESQUITA, A. (ORGS.). *Histórias das mulheres, histórias feministas:* v. 2. Antologia. Trad. Denise Bottman. São Paulo: MASP.

WELZER-LANG, D. (2000). A construção do masculino: dominação das mulheres e homofobia. Trad. de Miriam Pillar Grossi. *Cadernos Pagu,* ano 9, p. 461.

WILSON, E. (2004). Lady of Lesbos. *The Guardian.* 02 fev. 2004. Disponível em: https://www.theguardian.com/books/2004/feb/02/classics. Acesso em: 23 jun. 2019.

WITTIG, M. (2019). *O corpo lésbico.* Trad. Daniel Lühmann. Rio de Janeiro: A Bolha Editora.

__________. (2017). O pensamento *straight. In:* PEDROSA, A., MESQUITA, A. (ORGS.) *Histórias da sexualidade: antologia.* São Paulo: MASP.

__________. (1980). The straight mind. *Feminist Issues,* n. 1, p. 103-111.

WOOLF, V. (2014). *Um teto todo seu.* São Paulo: Editora Tordesilhas.

YABLONSKY, L. (2008). Body of Evidence. *The New York Times.* 13 ago. 2008. Disponível em: < https://www.nytimes.com/2008/08/17/style/tmagazine/17opiew.html> . Acesso em: 29 jun. 2021.

YASIN, I.(2018). *Dos Fridas.* Trailer disponível em: <https://vimeo.com/289570180>. Acesso em: 10 dez. 2019.

YOUTUBE. (2018). *Karol Eller declara apoio a Bolsonaro.* Disponível em: <https://www.youtube.com/watch?v=33-Ewici784>. Acesso em: 13 nov. 2019.

YOUTUBE. (2018). *Dilma Rousseff vetou o 'Kit Anti-Homofobia' que segundo Fernando Haddad "nunca existiu"*. Disponível em: <https://www.youtube.com/watch?v=9C9qeAvuHvs>. Acesso em: 19 nov. 2019.

ZANELE M. *We live in fear*. Disponível em: <https://www.youtube.com/watch?v=hseX8psucZc >. Acesso em: 21 dez. 2017.

ZANELE M., South African, b. 1972. Artsy. Disponível em: <https://www.artsy.net/artist/zanele-muholi>. Acesso em: 21 dez. 2017.

ZELIC, H. (2016). Carta para minha amiga escritora. *Mulheres que escrevem*. 17 jul. 2016. Disponível em: <https://medium.com/mulheres-que-escrevem/carta-para-minha-amiga-escritora-6f3c3fb7f0f5>. Acesso em: 29 jun. 2021.

__________. (2018). *Durante um terremoto*. São Paulo: Editora Patuá.

__________. (2018). Os Clássicos. *In: Durante um terremoto.* São Paulo: Editora Patuá.

LEÍNER HOKI

é mato-grossense. Artista visual, escritora, pesquisadora e educadora popular. Mestre em Artes pela Universidade Federal de Minas Gerais, onde também graduou-se em Artes Visuais, com habilitação em Desenho. Ela acredita que escrever é uma forma de lamber as perguntas.